स्मृतिशेष

स्मृतिशेष

शिवपूजन सहाय

राजकमल प्रकाशन

ISBN : 978-81-7178-335-9

मूल्य : ₹895

पहला संस्करण : 1994
दूसरा संस्करण : 2024

प्रकाशक : राजकमल प्रकाशन प्रा.लि.
1-बी, नेताजी सुभाष मार्ग, दरियागंज
नई दिल्ली-110 002
शाखाएँ : अशोक राजपथ, साइंस कॉलेज के सामने, पटना-800 006
पहली मंजिल, दरबारी बिल्डिंग, महात्मा गांधी मार्ग, प्रयागराज-211 001
1, अनमोल सोराबजी संतुक लेन, धोबी तलाव, मरीन लाइंस, मुम्बई-400 002
वेबसाइट : www.rajkamalprakashan.com
ई-मेल : info@rajkamalprakashan.com

मुद्रक : बी.के. ऑफसेट
नवीन शाहदरा दिल्ली-110 032

SMRITISHESH
Biographical sketches by Shiv Pujan Sahay

'जीवनसंगिनी'
स्व. बच्चन देवी
की स्मृति में

'वे न सुशिक्षिता थीं,
न साहित्य की सेविका ही।
पर, साहित्य-सेवकों की सेविका अवश्य थीं।
अनेक प्रमुख साहित्य-प्रेमियों के स्वागत-सत्कार का
सौभाग्य उन्हें प्राप्त हो चुका था।
मैं उन्हें साहित्य की शिक्षा न दे सका था,
पर प्रेम का पाठ उन्हीं से पढ़ा था।
गृहिणीत्व, पत्नीत्व और मातृत्व का
विशद विकास होने से वे स्वयं ही
साहित्य की मनोज्ञ मूर्त्ति बन गई थीं।'

—शिवपूजन सहाय

'जा थल कीन्हे बिहार अनेकन
ता थल काँकरी बैठि चुन्यो करै।
जा रसना सों करी बहु बातन
ता सों विचित्र चरित्र गुन्यो करै।
'आलम' जौन से कुंजन में करी
केलि तहाँ अब सीस धुन्यो करै।
नैननि में जे सदा रहते तिनकी
अब कान कहानी सुन्यौ करै।'

प्रस्तावना

'स्मृतिशेष' आचार्य शिवपूजन सहाय के साहित्यिक संस्मरणों का अंतिम संपूर्ण प्रामाणिक संकलन है। आधी सदी से भी अधिक लंबे अपने साहित्यिक जीवन में उन्होंने शताधिक संस्मरणों की रचना की थी एवं अनेक संस्मरणात्मक टिप्पणियाँ लिखी थीं, जो समय-समय पर विभिन्न पत्र-पत्रिकाओं में प्रकाशित हुई थीं। जब बिहार राष्ट्रभाषा परिषद् द्वारा 'शिवपूजन रचनावली' चार खंडों में प्रकाशित हुई तब उसके अंतिम खंड में पहली बार जीवनियाँ और संस्मरण शीर्षकांतर्गत उनमें से लगभग अस्सी रचनाएँ संकलित हुई थीं। उसके बाद 1958 से 1962, जीवन के अंतिम चार वर्षों की अवधि में लिखे गये संस्मरण एवं संस्मरणात्मक टिप्पणियाँ 'वे दिन : वे लोग' तथा 'बिंब : प्रतिबिंब' नामक दो संकलनों में क्रमशः 1965 एवं 1967 में प्रकाशित हुए। जो संस्मरण, 1958 से पूर्व के लिखे, संकलित होने से रह गये थे, वे भी अधिकांशतः निधनोपरांत प्रकाशित इन दोनों संग्रहों में संकलित हो गये थे। इस तरह जीवनी और संस्मरण तथा टिप्पणियों के रूप में लिखी ये स्फुट रचनाएँ, जिनकी संख्या डेढ़ सौ से भी अधिक है, उपर्युक्त तीन ग्रंथों में प्रकाशित हुई थीं। इन रचनाओं में कुछ तो संक्षिप्त जीवनियाँ थीं, कुछ यात्रा-विवरण और कुछ साहित्यिक समारोहों के संस्मरण थे। लेकिन लगभग तीन-चौथाई रचनाओं में व्यक्ति-विशेष से संबद्ध संस्मरण थे। इस संपूर्ण संस्मरण-सामग्री को तीन मुख्य भागों में विभाजित करना उचित प्रतीत हुआ। पहली कोटि में वैसी रचनाएँ रखी जा सकती हैं जिनका संबंध साहित्येतर व्यक्तियों से था। इनका महत्त्व पूर्णतः तात्कालिक था। दूसरी कोटि में वैसी रचनाएँ थीं जो स्पष्टतः आत्मकथात्मक थीं और जिनको आत्म-संस्मरणों की कोटि में रखा जा सकता था। इन्हीं रचनाओं अथवा अंशों को कालक्रम से सहेजकर 'मेरा जीवन' नामक पुस्तक प्रकाशित की गई। तीसरी कोटि में वैसी रचनाएँ हैं जिनमें हिन्दी के विशिष्ट एवं अब दिवंगत साहित्यकारों के संस्मरण हैं। प्रस्तुत पुस्तक में इसी अंतिम कोटि की संपूर्ण उपलब्ध सामग्री प्रस्तुत की कई है। अभिप्राय यह है कि आचार्य शिव के संस्मरण-साहित्य की स्थायी महत्त्व की सारी सामग्री आत्म-संस्मरण एवं साहित्यिक-संस्मरण की

इन दो कोटियों में विभाजित होकर अपने अंतिम प्रामाणिक रूप में संकलित हो जाये।

प्रस्तुत संकलन में आचार्य शिव की वैसी सभी रचनाएँ संगृहीत हैं जिन्हें साहित्यिक संस्मरणों की कोटि में रखा जा सकता है; अथवा यों कहें कि 'मेरा जीवन' का पूरक ग्रंथ है 'स्मृतिशेष'। वैसी रचनाएँ जो पूर्णतः आत्मकथात्मक थीं 'मेरा जीवन' में आ गईं, और शेष सभी साहित्यिक संस्मरण जो व्यक्तिपरक थे एवं जिनका स्थायी साहित्यिक महत्त्व था, इस पुस्तक में संगृहीत हैं। 'मेरा जीवन' में संगृहीत संस्मरणों में से लगभग आधे संस्मरण ऐसे हैं जिनमें संस्मृत व्यक्तियों पर लिखे संस्मरण 'स्मृतिशेष' में भी पाये जायेंगे। लेकिन जहाँ 'मेरा जीवन' में सामग्री के चयन का दृष्टिकोण आत्मकथात्मक रहा है, वहीं 'स्मृतिशेष' में संकलित सामग्री हिंदी के दिवंगत साहित्यकारों के अत्यंत दुर्लभ संस्मरण प्रस्तुत करती है। जहाँ 'मेरा जीवन' में आत्म-संस्मरणकार पर दृष्टि केंद्रित रहती है, 'स्मृतिशेष' में वही दृष्टि संस्मृत साहित्यकार पर केंद्रित हो जाती है।

'स्मृतिशेष' में कुल पचहत्तर साहित्यिक संस्मरण संगृहीत हैं। इनमें संस्मृत व्यक्तियों का काल 1839 से 1962, अर्थात् लगभग सवा सदियों का है; अपवाद हैं केवल पं. किशोरीदास वाजपेयी जिनका निधन 1981 में हुआ। वाजपेयीजी को छोड़कर शेष सभी साहित्यकार शिवजी के जीवनकाल में ही दिवंगत हो चुके थे। वाजपेयीजीवाला संस्मण 1961 में प्रकाशित हुआ था, जब वे जीवित थे। अन्य संस्मरणों में से भी दशेक ऐसे थे, जो संस्मृत व्यक्ति के जीवनकाल में ही प्रकाशित हुए थे। शेष सभी संस्मरण संस्मृत व्यक्ति के निधनोपरांत लिखे गये थे। विभिन्न समयों एवं संदर्भों में लिखे गये इन संस्मरणों में क्रियारूपों की ऐसी विविधता थी जो इन रचनाओं के एक लंबे अंतराल के बाद के इस पुनर्मुद्रण के कारण अनेक स्थलों पर भ्रमोत्पादक हो जाती थी। ऐसे स्थलों पर थोड़ी संपादकीय स्वतंत्रता का उपयोग किया गया है। प्रसंगानुसार क्रियारूपों में आवश्यक किंतु अत्यल्प परिवर्तन करना इसीलिए अनिवार्य लगा जिससे उनका कालक्रम-दोष दूर हो सके, और आज के पाठक के लिए यह सारी महत्त्वपूर्ण साहित्यिक सामग्री एक सहज अन्विति लिए उपलब्ध हो सके। प्रस्तुत संकलन की परिकल्पना 'मेरा जीवन' के पूरक ग्रंथ के रूप में हुई है और इसके संपादन में भी मूल दृष्टिकोण "एक लंबी कालावधि में बिखरी सामग्री में छिपी हुई एकता और तारतमिकता की पहचान"* को उजागर करना ही है।

'शिवपूजन रचनावली' का प्रकाशन किन परिस्थितियों में हुआ था, हिंदी-संसार

---

* 'मेरा जीवन' की समीक्षा ('हिंदी के लिए जिया गया जीवन'), 'आलोचना'-76 (जन.-मार्च, '86) : समीक्षाकार, डॉ. दिनेश्वरप्रसाद।

उनसे अपरिचित नहीं। प्रथम खंड का प्रकाशन 1956 में हुआ था तथा अंतिम चतुर्थ खंड 1959 में प्रकाशित हुआ था। सरकारी अनुदान के समाप्त हो जाने के कारण बहुत सारी सामग्री समाविष्ट होने से रह गई। रचनाओं को पिछली लगभग अर्द्धशती की अवधि में प्रकाशित अनेक दुर्लभ एवं पुरानी पत्र-पत्रिकाओं से खोज निकालना एवं प्रतिलिपित करना एक दुष्कर कार्य था, जिसे आचार्यजी के भागिनेय (अब स्व.) सिद्धेश्वरीप्रसाद ने बड़े परिश्रम से, किंतु जल्दीबाजी में किया था। उन दिनों गंभीर रूप से बीमार होने के कारण आचार्यजी संपादन-संशोधन का कार्य भी मनोनुकूल नहीं कर पाये थे। 'रचनावली' (खंड 3, जिसमें उनके विविध-विषयक लेख संकलित हैं) में आचार्यजी ने इस प्रसंग की ओर संकेत किया था–

> हमारी दीर्घकालीन रुग्णता में बिहार-सरकार ने चिकित्सा के लिए आर्थिक सहायता देने के साथ ही हमारी समस्त रचनाओं को परिषद् द्वारा प्रकाशित कराने का भी आर्थिक प्रबन्ध कर दिया था। खेद है कि अनेक प्रारंभिक रचनाएँ मिली ही नहीं। प्रस्तुत रचनाओं में भी कुछ अधूरी ही हैं। कुछ में तो दो-तीन लेख, एक ही विषय के होने से, सम्मिलित कर दिये गये हैं। किन्तु, ऐसे स्थलों में भी कोई नवीन परिवर्त्तन नहीं किया गया है। हाँ, कई जगह ऐसी बातें काटकर निकाल दी गई हैं, जिनकी अब कोई आवश्यकता या सार्थकता नहीं है। समयाभाव के कारण सबको हम दुबारा पढ़ नहीं सके, इसलिए जहाँ-तहाँ फालतू बातों का रह जाना संभव है। हम इनके निरीक्षण-परीक्षण के निमित्त पर्याप्त अवकाश नहीं पा सके।···

'रचनावली' के विभिन्न खंडों की कई पाद-टिप्पणियों में भी उन्होंने संपादन-संशोधन संबंधी अपनी मान्यताएँ स्पष्ट की हैं।–

- इस लेख के आरम्भिक अंश में कुछ बातें उस समय की थीं; जब यह छपा था। अब असामयिक होने के कारण वे बदल दी गई हैं। (2/290)
- इस लेख के कई वाक्य और कुछ अंश, असामयिक होने के कारण, काटकर निकाल दिये गये हैं। (3/297)
- इसमें से कहीं-कहीं का कुछ अंश काटकर निकाल दिया गया है; क्योंकि वह अशाश्वत और असामयिक था। (3/517)

अभिप्राय यह है कि आज जब अंतिम रूप से इन संस्मरणों को एक कालक्रम में सहेजने का अवसर आया है तो इनकी अन्विति एवं शाश्वतता को दृष्टिकेंद्र में रखकर यत्र-तत्र थोड़ा संपादकीय परिवर्त्तन वांछनीय प्रतीत हुआ। फिर भी अपने इस दुस्साहस के लिए मैं विनयपूर्वक अपना दोष स्वीकार करता हूँ और हिंदी

के उदार पाठकों से क्षमाशीलता की आशा करता हूँ।

संस्मरणों को संस्मृत व्यक्तियों के जीवन-कालक्रम के अनुसार ही सजाने की चेष्टा रही है, यद्यपि इसमें भी यत्र-तत्र थोड़ा काल-विपर्यय अपरिहार्य प्रतीत हुआ। फिर भी प्रयत्न यही रहा है कि संस्मरणों का क्रम ऐसा रहे कि कालक्रम की तारतमिकता यथासंभव अक्षुण्ण रहे, और पाठक को पूरी संस्मरण-शृंखला में कथासूत्र का कहीं व्यवधान न लगे।

'मेरा जीवन' और 'स्मृतिशेष' के प्रकाशन के साथ ही आचार्य शिवपूजन सहाय का संपूर्ण संस्मरण-साहित्य हिंदी संसार के सामने अपने शाश्वत रूप में प्रस्तुत हुआ है, और ईशकृपा से उनकी अनेक स्फुट असंकलित शेष रचनाएँ भी एक अलग खंड में यथाशीघ्र प्रकाशित हो सकेंगी, ऐसी आशा है।

—मंगलमूर्त्ति

पुनाइचक, पटना-23
रामनवमी, सं. 2046
अप्रिल, 1989

अनुक्रम

'ईश' कवि
1839-1914

सन् 1857 ई. के गदर के समय से उज्जैन-वंशावतंस बाबू कुँवर सिंह की वीरता और रणधीरता इतिहास-प्रसिद्ध है। शाहाबाद-जिले (बिहार) के जगदीशपुर नामक कस्बे में बाबूसाहब की राजधानी थी। जगदीशपुर से एक-डेढ़ कोस दक्खिन-पच्छिम, हरी-भरी अमराइयों से घिरा हुआ, दिलीपपुर नाम का एक बड़ा-सा गाँव है। बाबूसाहब के कुछ वंशधर दिलीपपुर के सुप्रतिष्ठित रईस हैं। 'ईश' कवि वहीं (दिलीपपुर) के निवासी थे। उनका शुभ जन्म संवत् 1896 वि. आश्विन-पूर्णिमा को जगदीशपुर के गढ़ में हुआ था। उनके पिताजी का नाम बाबू तुलसीप्रसाद सिंह था। वे संस्कृत, हिन्दी, उर्दू और फारसी के प्रकाण्ड पंडित थे। उनके तीन पुत्र और दो कन्याएँ थीं। कन्याओं का विवाह उत्तर प्रदेश के प्रतापगढ़ जिले की 'भदरी सम्सपुर' रियासतों में हुआ था। उनके पुत्रों में ज्येष्ठ पुत्र थे महाराज कुमार बाबू विश्वनाथप्रसाद सिंह, जिनके बाबू गौरीशंकरप्रसाद सिंह, बाबू दुर्गाशंकरप्रसाद सिंह[1] और बाबू उमाशंकरप्रसाद सिंह नाम के तीन पुत्र हुए।

'ईश' कवि का पूरा नाम था—महाराजकुमारबाबू नर्मदेश्वरप्रसाद सिंह। उनके हृदय में युवावस्था से ही काव्यानुराग उत्पन्न हुआ। किन्तु वे छत्तीस वर्ष की अवस्था से ग्रंथ-रचना करने लगे। उनकी सबसे पहली रचना का नाम है 'शिवा-शिवशतक', जिसको सुप्रसिद्ध संग्रहकार डुमराँव-राज्य-निवासी पंडित नकछेदी तिवारी 'अजान' कवि ने 1892 ई. में काशी के भारत-जीवन प्रेस से प्रकाशित कराया था। यह 'शतक' पहले 'शैवशाक्त-मनरंजिनी' नाम से 'कविवचनसुधा'[2] में छप चुका था।

---

1. श्रीदुर्गाशंकरप्रसाद सिंह बिहार में हिन्दी के सुपरिचित साहित्यसेवी हैं (1971 में दिवंगत)। उन्होंने हिन्दी में अनेक पुस्तकें लिखी हैं, जो प्रकाशित हो चुकी हैं। उनकी एक बड़ी पुस्तक ('भोजपुरी के कवि और काव्य') बिहार-राष्ट्रभाषा-परिषद् (पटना) से प्रकाशित हुई है, जो उनके अनेक वर्षों के शोध का परिणाम है।
2. भारतेन्दु हरिश्चन्द्र द्वारा प्रकाशित प्रसिद्ध पत्रिका।

उक्त 'अजान' कवि की सहकारिता से ही उन्होंने डुमराँव में मिले हुए 'मदनमंजरी'-नामक काव्य-ग्रंथ का संशोधन और संपादन कर भारत-जीवन प्रेस द्वारा प्रकाशित कराया था।

उनकी दूसरी रचना का नाम है—'शृंगार-दर्पण', जिसको दिलीपपुर-निवासी काव्य-मर्मज्ञ श्रीमान् पंडित धनंजय पाठक ने 1889 ई. में स्वयं प्रकाशित किया था। पाठकजी महाराज के पास प्राचीन हिन्दी-काव्य-ग्रंथों की हस्तलिपियों का दर्शनीय संग्रह था। उनके पास 'सरस रस' नामक प्रसिद्ध काव्य-ग्रंथ की बड़ी प्रामाणिक हस्तलिखित प्रति सुरक्षित थी।

'ईश' कवि की तीसरी प्रकाशित गद्य-रचना है—'धर्मप्रदर्शिनी', जिसको उन्होंने 1906 ई. में स्वयं प्रकाशित कर विद्वानों और राजों-महाराजों में वितरित किया था। यह तीन सौ पृष्ठों का एक आदर्श नीति-ग्रंथ है और इसके प्रत्येक पृष्ठ से उनका पाण्डित्य प्रकट होता है। इसके अन्त के 19 पृष्ठों में उनकी भक्ति-वैराग्यपूर्ण कविताएँ हैं। कुछ उदाहरण देखिए—

ईश लसो तुम मम हिये, जो हिय तव कर माँह।
ज्यों कर में दर्पण लसत, दर्पण में मुख छाँह।। 1।।

हम जानत नहिं आपको, तुम जानत हौ मोहिं।
जब तुम मोहि जनाइ हो, जानि भूलिहौं तोहि।। 2।।

सब नैनन में नैन तुव, प्रतिबिम्बित दिन रैन।
तेरे ई नैनान में, बिलसत सबके नैन।। 3।।

'शिवा-शिवशतक' और शृंगार-दर्पण' के भी कुछ उदाहरण देखिए—

कवित्त

सरद घटा के संग चपला छटा है कैधों घनसार माँह कैधो केसर लकीर है।
कैधों सत्यजुग माँह द्वापर की सीव सोहैं कैधों हास्य संग ही किरन रस वीर है।
मलै सो मिली है कैधों चम्पक की लतिका यों ईश्वरप्रसाद शिवा-शिव की नजीर है।
देवगुर दिप्ति कला मसि पै परी है कैधों रजत अटा सों लगी कंचन जँजीर है।। 1।।

अगुन गुनाकर त्रिसूलधर सूलहर हौ साकार निराकार बहु नाम हो अनाम।
अंजना के पति हो निरंजन कृपाल काल ग्यानातीत ग्यानगम्य घोर रूप हो ललाम।
गोचर अगोचर अरूप हो अनंत रूप व्यक्त हो अव्यक्त तमगुनी हो प्रकासधाम !
कामद हो काम दहो सर्वधारी सर्वद हो सर्व सर्व ते परे हो तुमको करौं प्रनाम।। 2।।

—'शिवा-शिवशतक'

बरवै

वेणी-वर्णन :

देखि पीठ पर बेनी हिए विचार।
मेरु सिखर ते निकरी जमुना धार ।। 1।।

नेत्रपुतली-वर्णन :

चिक बरुनी पल परदा गृह सित नैन।
मरकत आसन सोहत पुतरी मैन ।। 2।।

काजल-वर्णन :

स्याम रूप पीवत ये नैन सदाहिं।
पलक अधर सोइ स्याही कजरा नाहिं ।। 3।।

नाक-वर्णन :

नासा दीप - सिखा है संसै नाहिं।
लखो धूम भ्रू छायो ऊपर ताहि ।। 4।।

कपोल-तिल-वर्णन :

रच्यौ काम करिगरवा या जबहिं कपोल।
बसि गइ तासु पुतरिया मनहुँ अलोल ।। 5।।

पायजेब-वर्णन :

जटित नीलमनि पग में पायल जाग।
मनहुँ जगत की अँखियाँ पग रहिं लाग ।। 6।।

नेत्रदीर्घता-वर्णन :

जेहि हरि उदर माहँ बहु लोक रहंत।
बड़े सोउ गुनि नैनन में निबसंत ।। 7।।

उनकी रचनाओं में प्राचीन कवियों के भावों की छाया भी कहीं-कहीं मिलती

है।[1] उनकी एक अप्रकाशित रचना है 'पंचरत्न'। इसे उन्होंने अपने अंतिम जीवनकाल में रचा था। वि. संवत् 1971 की फागुन सुदी अष्टमी को प्रातःकाल अपने निवास-स्थान पर उनका स्वर्गवास हो गया, इसलिए 'पंचरत्न' प्रकाशित न हो सका। इस अप्रकाशित ग्रंथ में पाँच 'तरंग' हैं। प्रथम तरंग में 'देवस्तुति', द्वितीय में 'रास-विलास-वर्णन', तृतीय में 'समस्या-पूर्त्तियाँ', चतुर्थ में 'ऋतुवर्णन' और पंचम में भक्तिवैराग्यपूर्ण भजन हैं। 'देवस्तुति' में 'श्रीविहारी नवरत्न' शीर्षक के अंदर जो नव कवित्त हैं, वे सुखसागर कवि की 'चित्तविनोदिनी' में संगृहीत होकर छप चुके हैं। 'चित्तविनोदिनी'-नामक पुस्तक संवत् 1957 में भारत-जीवन प्रेस से निकली थी। उसके रचयिता बाबू रामशरण सिंह ('सुखसागर' कवि) आजमगढ़ जिले के 'रोआँ'-ग्रामनिवासी थे और पूर्वोक्त जगदीशपुर के निवासी महाराज कुमार बाबू रघुनाथप्रसाद सिंहजी रईस के दरबार में कारिंदा थे।

'पंचरत्न' से कुछ उदाहरण :

छोटी-छोटी रेख भृकुटी की अति नीकी लसैं, अधखुली पलकों में आँखें मनो भरी लाज।
उन्नत सो भाल रंचि उन्नत सो नासिका है, गोल-गोल अरुन कपोल सुख सोभा साज।
अधर सो पानि लाल आँगुरी छबीली छोटी, तामे छोटे-छोटे नख हीर के कनी से राज।
साँवरे सलोने अंग-अंग द्युति की तरंगें, सोई जसुदा के गोद प्रगट बिहारी आज।।1।।

बाहन तो निज बूढ़ो ही बल पै दासन को गज बाजि सुचाल जू।
आपु बाघम्बर धारो सदा जरि अम्बर औरन हेत रसाल जू।
साँप को हार गरे निज राजत दीनन देत मनान को माल जू।
नेकु निहारे निहाल करो सिव साईं तिहारी नई यह चाल जू।।2।।

–प्रथम तरंग

बन ऊजरी फूली अगस्त कली सर ऊजरी सोही कुमोदिनियाँ।
नभ ऊजरी तारे कतारे लसी जनु ऊजरी हीरन की कनियाँ।
भई ऊजरी चंद दुचंद प्रभा अति ऊजरी पूनो की चाँदनियाँ।
रितु पाइ कै ऊजरी सारद की भई ऊजरी रंग सभी दुनियाँ ।।1।।

–द्वितीय तरंग

तृतीय तरंग में डुमराँव-नरेश स्व. महाराजा राधाप्रसाद सिंह, काशीनरेश

---

1. उदाहरणार्थ अंतिम दो छंदों (6, 7) में क्रमशः द्विजदेव (··· टटकी।···गयंदन की मटकी।··· लोगन की अँखियाँ अटकीं।।) तथा भिखारीदास (··· ते हरि 'दास' बसे इन नैनन, एते बड़े दृग राधिका तेरे।।) की छाया दृष्टिगोचर होती है।

स्व. महाराजा ईश्वरीप्रसाद-नारायण सिंह, स्वनामधन्य स्व. भारतेन्दु हरिश्चन्द्र और सूर्य्यपुराधीश स्व. राजा राजराजेश्वरीप्रसाद सिंहजी ('प्यारे' कवि) तथा काशीस्थ भारत-जीवन प्रेस की दी हुई समस्याओं की पूर्त्तियाँ संगृहीत हैं। यहाँ केवल भारतेन्दुजी की एक समस्या की पूर्त्ति देखिए–

समस्या-पूर्त्ति

छिति छाई बिछाई सुचाँदनी-सी यह चाँदनियाँ चित चोरै लगी।
कछु सीतल हीतल को करती सुखदाइनी नैन-चकोरै लगी।
जनु कीरति 'ईस' दिगीसन लों तन ताप तिनूकनि तोरै लगी।
सरदीय सुधाकर की किरनैं दिन द्वै ते पियूष निचोरै लगी।। 1।।

–तृतीय तरंग

'ऋतु-दर्शन'

दृग कंज अली अलकावलि है किसलय पद पानि लसे बिलसे।
ससि आनन अंबर जोन्ह जरी कुसुमावली भूषन से सरसे।
कविकोकिल 'ईस' कलाप करै बिकसी कली मंदहि मंद हँसे।
कहि कौन जसी जुन होत बसी सुरभी रितु पातुर के दरसे।। 1।।

–चतुर्थ तरंग

भजन

सिव आजु बने सुख सावन हैं।
गरल कंठ छबि श्याम घटा की बृषभ बायु चढ़ि आवन है।
छन छन छटा न यह चपला की तीनो नैन डरावन है।
घरहरात घनघोर घटा ज्यों डमरू सबद सुनावन है।
सेत बासुकी हार बिराजत बकुल पाँति मनभावन है।
बरसत धारा धराकास लौं लटकों जटा सुभावन है।
'ईस' कृपा जेहि के उर अंतर ऐसो ध्यान सुहावन है।
ताके भीतर बाहर हूँ यह सावन मोद बढ़ावन है।। 1।।

–पंचम तरंग

पं. नित्यानंद मीमांसक

1839-1924

मनीषिमण्डली-मण्डन मीमांसक-मौलि-मणि श्रीनित्यानन्दजी काशी की विद्वन्मणि-माला के नायक मणि थे। संवत् 1896 वि. की पौष शुक्लाष्टमी को उनका शुभ जन्म हुआ था। पंजाब-प्रान्त के काँगड़ा-जिले का हरिपुर-मुलेर नामक गाँव उनका जन्म-स्थान है। उनके पिता का नाम था पण्डित भीमसेनजी। नित्यानंदजी काश्मीर और मण्डी आदि देशी रियासतों के कुल-पूज्य पुरोहित वडू-सारस्वत ब्राह्मण थे। लड़कपन से ही उनकी आस्तिकता और प्रत्युत्पन्नमतित्व देखकर लोग चकित रहते थे। केवल 22 वर्ष की अवस्था में घर से सिर्फ लोटा-धोती लेकर वे अमृतसर भागकर चले आये। वहाँ पण्डित मेलारामजी से व्याकरण और न्याय पढ़ा। अपनी विपन्नावस्था के कारण पेड़ की सूखी पत्तियाँ जलाकर और एक पैसा रोज के चने चबाकर बड़ी मननशीलता और श्रद्धा के साथ विद्याध्ययन करते रहे। अपने पाण्डित्य के प्रताप से लाखों रुपये कमाये और अन्त समय अपने सुयोग्य अधिकारियों के लिए प्रचुर सम्पत्ति भी छोड़ गये।

संवत् 1932 वि. में नित्यानंदजी काशी आये। यहाँ आकर न्याय, वेदान्त और मीमांसा-शास्त्रों का अध्ययन किया। श्रीराधामोहन भट्टाचार्य से नव्यन्याय और साम्ब शास्त्री के पिता स्वामी शास्त्री से मीमांसा, वेदान्त आदि पढ़ा। जगत्प्रसिद्ध त्र्यम्बक शास्त्री के पिता अमृत शास्त्री से आयुर्वेद भी पढ़ा और उसके बड़े मर्मज्ञ थे। अनेक प्रकार के उत्तमोत्तम रस वे स्वयं बना लिया करते थे। पाक-शास्त्र के तो अद्भुत पण्डित थे। बड़ा ही सुस्वादु भोजन बनाते थे। प्रायः कहा करते थे कि रसोई उसी के हाथ की मीठी होती है, जो सदाचारी, उदार, शान्तिप्रिय, धर्मनिष्ठ, विचारवान् और शुद्ध प्रकृति का होता है। स्वयं भी बड़े आस्तिक, स्पष्टवादी, सरल-हृदय, साधु-प्रकृति, आत्माभिमानी और सत्यप्रिय थे। पठन-पाठन और भगवद्भजन के सिवा उनका कोई कर्त्तव्य ही नहीं था।

वे केवल शास्त्रानुशीलन के व्यसनी थे। और कोई भी व्यसन उन्हें छू तक न गया था। वासनाओं और आडम्बरों का लेश भी उनमें न था। पुराने विचार के सीधे-सादे सात्त्विक पुरुष थे। प्रतिभा-शक्ति विलक्षण थी। लगातार आठ-आठ घंटे तक सौ-सौ छात्रों को पढ़ाते रह जाते थे। आँखों की ज्योति कुछ मंद हो जाने और घरवालों के लाख मना करने पर भी मृत्यु के एक साल पहले तक, वे अनवरत दो-दो, तीन-तीन घंटे तक कण्ठाग्र ही अनेक विद्वानों को पढ़ाते रह जाते थे।

शास्त्रार्थ करने में वे बड़े प्रचंड थे। कई बार मंडी-राज्य के दरबार में उनके

साथ काशी के जगन्मान्य विद्वान महामहोपाध्याय बाल-सरस्वती बाल शास्त्री का शास्त्रार्थ हुआ था। अध्ययन-काल समाप्त होने के बाद लगभग बीस वर्ष तक मण्डी, सुखेत और विलासपुर आदि पंजाबी राज्यों में प्रधान राजपंडित रहे। उस समय समूचे पंजाब में उनकी गणना अद्वितीय विद्वानों में थी। कई वर्ष तक वे काश्मीर-नरेश महाराज रणवीर सिंह के दरबार के प्रधान पंडितों में थे। महाराज बहादुर उनको बहुत मानते थे। महाराज रणवीर सिंहजी के आग्रह से ही वे काशी की जम्बू-पाठशाला में अध्यापन करने लगे। उन्होंने जीवन-भर में लगभग चार सहस्र साधुओं और ब्राह्मणों को विद्याध्ययन कराया था।

द्वारका-पीठ के जगद्गुरु शंकराचार्य स्वर्गीय स्वामी माधवतीर्थजी महाराज, माननीय मालवीयजी और साहित्याचार्य प्रोफेसर रामावतार शर्मा, आदि उनके परम भक्त थे। काशी की विद्वन्मण्डली उनको बड़ी श्रद्धा की दृष्टि से देखती थी। वास्तव में उस समय काशी में वे ही एकमात्र वयोवृद्ध और ज्ञानवृद्ध विद्वान रह गये थे। उनके लोकान्तरित होने से काशी में एक भी कोई प्राचीन विद्वान नहीं रह गया। उनकी अवस्था का कोई विद्वान उस समय भी वहाँ नहीं था। स्वामी विशुद्धानंदजी महाराज और साधु-वेला तीर्थ के उदासीन-प्रवर श्रीस्वामी हरनाम दासजी महाराज आदि उनके घनिष्ठ मित्रों में थे। जगत्प्रसिद्ध नैयायिक गौतमावतार श्रीसीताराम शास्त्री, सुब्रह्मण्य शास्त्री (जोधपुर) और महामहोपाध्याय केशवानंद स्वामी आदि भी उनके शिष्यों में थे।

कैलाशवासी होने से दो-तीन महीने पहले तक वे प्रतिदिन तीन बार गंगा-स्नान करते थे। आजीवन बारहों महीने उनका यही नियम रहा। दो बजे रात से दस बजे दिन तक वे केवल धार्मिक कृत्यों में ही व्यस्त रहा करते थे। रोज ही कई हजार गायत्री-जप करते थे। संध्याकाल के चार घंटे जप-ध्यान में ही बीतते थे। शेष समय में विद्यार्थियों को पढ़ाया करते थे। कर्मकांड और धर्मशास्त्र में भी उनकी अमोघ गति थी। न्याय-वेदांत के सभी उच्च कोटि के कठिन और जटिल ग्रंथ, हजारों बार पढ़ाने के कारण, कंठस्थ थे। देहावसान के एक वर्ष पूर्व तक वे काशी के कितने ही विद्वानों को मीमांसा-शास्त्र पढ़ाया करते थे।

मार्गशीर्ष-कृष्ण 13, संवत् 1981 वि. सोमवार (24 नवंबर 1924) को अर्द्धरात्रि के बाद, केदार घाट पर, गौरीकुंड और गंगाजी में गोते लगाते हुए, 89 वर्ष की अवस्था में, उनका शरीरपात हो गया। अंत समय में अतिसार से उनका शरीर निर्मल हो गया था। दस दिनों तक तो वे केवल गंगाजल पीकर ही व्रत करते रहे। उनका शव-संस्कार बड़े समारोह से हुआ। उसमें काशी के बड़े-बड़े प्रतिष्ठित विद्वान सम्मिलित हुए थे।

पण्डित नित्यानंद मीमांसकजी के ज्येष्ठ पुत्र सर्वतंत्र-स्वतंत्र पण्डित-रत्न षड्दर्शन-भास्कर श्रीपद्मनाभ शास्त्री थे। शास्त्रीजी को उन्होंने स्वयं 1903 ई. में

अपने स्थान पर अध्यापक नियुक्त करा दिया था। पाठशाला के हिन्दू-कॉलेज में मिल जाने पर शास्त्रीजी उसी में पढ़ाते रहे। फिर हिन्दू-विश्वविद्यालय खुलने पर वे उसमें मीमांसा-शास्त्र के अध्यापक नियुक्त हुए। वे भी काशी के विद्वत्समाज के एक प्रधान स्तंभ और न्याय, सांख्य, योग और मीमांसा-शास्त्रों के धुरन्धर विद्वान थे। उनके दार्शनिक व्याख्यान बड़े रोचक और ओजस्वी होते थे। बंबई में एक बार महात्मा गांधी के सभापतित्व में जैन-दर्शन और आस्तिक-दर्शनों के साम्य पर उनका बड़ा ही प्रभावशाली और गंभीर भाषण हुआ था। उनके आयुष्मान् पुत्र पण्डित केदारनाथ शर्मा सारस्वत उन्हीं की जगह पर विश्वविद्यालय में नियुक्त हुए।

पण्डित नित्यानंद मीमांसकजी भारतवर्ष में पूर्व-मीमांसाशास्त्र के एक ही विद्वान थे। उनके उठ जाने से उस शास्त्र का एक प्रकार से लोप-सा हो गया। शुद्धाचार, विद्यानुराग तथा शास्त्र-चिन्तन से मनुष्य को इहलोक-परलोक में कितना सुख, सौभाग्य और कितनी शान्ति-समृद्धि प्राप्त होती है, इसके वे ज्वलंत आदर्श थे।

भारतेन्दु हरिश्चन्द्र
1850-1885

भारतेन्दु की सर्वतोमुखी प्रतिभा वस्तुतः विस्मयकारिणी है। जिस रंग में आप उन्हें देखेंगे उसी रंग में शराबोर पायेंगे। कविता, नाटक, इतिहास, आख्यायिका, व्यंग्य-विनोद, जीवनचरित, धर्मग्रन्थ, जो कुछ लिखना चाहा, आश्चर्यजनक सफलता के साथ लिखा। इतना ही नहीं, उनको आप विश्व-रंगमंच पर अनेक रूपों में देखेंगे–कवि, नाट्यकार, साहित्य-निर्माता, अभिनेता, समाज-सुधारक, देशभक्त, व्याख्याता, दानी, धर्मनिष्ठ, भक्ति-परायण, विलासी, विनोदी, लोक-सेवक, शिक्षा-प्रचारक, पत्र-सम्पादक, देशपर्यटक, संगीत-मर्मज्ञ, चित्रकलानुरागी, सभा-चतुर, अन्वेषक, समालोचक, स्वाध्यायशील, पुरातत्त्वप्रेमी, मित्रवल्लभ,–चाहे जिस रूप में, चाहे जिस कला में–'जे तो निहारिए नेरे ह्वै नैननि तेतो खरी निकरै सी निकाई।'

भारतेन्दुजी का रूप जितना सुन्दर था, उनका हृदय उससे कहीं अधिक आकर्षक था। विश्व-रंगमंच पर उनका प्रत्येक स्वाँग अभिनव-छटा दिखाता है। उनमें असीम गुण थे। वे सर्वगुण-सम्पन्न थे। उनका यश दिगन्तव्यापी हुआ। इसीलिए उस समय के सभी प्रसिद्ध पुरुषों की मैत्री उन्हें सुलभ हुई। स्वनामधन्य ईश्वरचन्द्र विद्यासागर, बंग-साहित्य-सम्राट् बंकिमचन्द्र, विद्वद्वर राजा राजेन्द्रलाल

मित्र, श्रीकृष्टोदास पाल, श्रीकेशवचन्द्र सेन आदि बंगीय महापुरुष उनके मित्रवर्ग में थे। उदयपुर, छतरपुर, किशनगढ़, काशी, ओरछा, रीवाँ, दरभंगा, डूमराँव, सूर्यपुरा और मझौली के राजा-महाराजा उनके गुण-ग्राहक और चाहक थे।

लगभग सोलह-अठारह वर्ष की अवस्था से उन्होंने साहित्यसेवा का श्रीगणेश किया। यों तो बचपन ही से कविता करने लग गये थे; पर युवक होने पर जो लेखनी उठाई तो साहित्य में युगान्तर उपस्थित करके ही छोड़ा। 1885 ई. में, केवल पैंतीस वर्ष की उम्र में, गोलोकवासी हुए। किन्तु सत्रह-अठारह वर्ष के अन्दर ही जो कुछ कर गये वह बड़े-बड़े दीर्घजीवी भी न कर पाये।

उनकी ग्रंथावली छः बड़े-बड़े खण्डों में विभक्त है। उसमें छोटे-बड़े लगभग पौने दो सौ ग्रंथ हैं। पत्र-पत्रिकाओं, कवि-समाजों और सभा-सोसाइटियों के लिए लिखी गई स्फुट रचनाओं की कोई गणना नहीं। हिसाब लगाकर देखा जाय तो जान पड़ेगा कि सत्रह-अठारह वर्ष का समय अहर्निश लिखते ही बीता। हजारों पेज लिखा भी और संसार के अन्यान्य सुखों का उपभोग भी किया। सम्भवतः प्रत्येक क्षण आनन्द में ही बिताया। साहित्य-निर्माण से छुट्टी मिली, तो चित्र-संग्रह में लग गये। उससे अवकाश मिला, तो संगीत-सरिता में बह चले। कभी नाटक खेल रहे हैं, कभी ताश-शतरंज-चौपड़। कहीं सभा में व्याख्यान दे रहे हैं, कहीं कवि-समाज में समस्या-पूर्त्तियाँ सुना रहे हैं। मित्रों में बैठ गये तो हँसी के फव्वारे छूटने लगे। बालकों में मिल गये, तो पूरे कुँवर-कन्हैया बन रहे। ठीक अपने प्यारे इष्टदेव श्रीकृष्ण की भाँति हर रंग में चोखे ! सचमुच हिन्दी-साहित्य के इतिहास में ऐसा अनूठा पुरुष कहीं कठिनता से मिलेगा। गद्य और पद्य पर समान अधिकार। ब्रजभाषा और खड़ी बोली पर भी वैसा ही प्रभुत्व। बात-बात में विनोद और पग-पग पर परिहास। धुन सवार हो गई तो एक ही दिन में 'अन्धेर नगरी' प्रहसन लिख डाला। कलम उठाते ही हिन्दी-गद्य का परिष्कार होने लगा। नवीन परिमार्जित शैली के प्रवर्त्तक बनते देर ही न लगी। कविता की तो धारा ही पलट दी। हिन्दीवालों को रागरंग छोड़कर देश-दशा पर ध्यान देने का मार्ग सुझाया। साहित्य का कायाकल्प कर डाला। और नाट्यकार ऐसे सच्चे कि अन्तिम समय में जब दासी समाचार पूछने आई तो कहा कि 'हमारे जीवन के नाटक का प्रोग्राम नित्य नया छप रहा है ? जिसके पहले दिन ज्वर की, दूसरे दिन शूल की और तीसरे दिन खाँसी की सीन तो हो चुकी; अब देखें, लास्ट नाईट कब होती है !'

साहित्यिक मित्र भी उनके समतूल ही मिले थे। कहते हैं कि भारतेन्दु-सखा 'प्रेमघन'जी भी नाटक खेलने के बड़े शौकीन थे। पहले-पहल 'सत्य हरिश्चन्द्र' का अभिनय होने लगा तो स्वयं भारतेन्दु ही सत्यप्रतिज्ञ हरिश्चन्द्र की भूमिका धारण करने को उद्यत हुए; पर शर्त यह लगा दी कि मेरे योग्य 'शैव्या' मिलेगी तो पार्ट करूँगा। इस पर प्रेमघनजी तैयार हो गये। भारतेन्दुजी ने कहा–'तुम्हारे तो पिता

जीवित हैं, मूँछों का सफाया कैसे होगा ?' प्रेमघनजी छूटते ही बोल उठे–'हिन्दी के लिए गर्दन तक कटा सकता हूँ, मूँछ निगोड़ी क्या चीज है !' इसी प्रकार पण्डित प्रतापनारायण मिश्र भी खासकर नाटक में स्त्री-पात्र बनने के लिए ही सदा केशपाश रखते थे। ये बातें भारतेन्दुजी की सर्वांग सुन्दर आदर्श जीवनी के सुप्रसिद्ध लेखक आरा-निवासी बाबू शिवनन्दनसहायजी कहा करते थे।

वे जब कभी भारतेन्दुजी के संबंध में नाना प्रकार की रोचक बातें सुनाने लगते, तब यही जान पड़ता था कि इनके पास भारतेन्दु-संबंधी बातों का खजाना भरा पड़ा है। कहानी की तरह कहना शुरू करते थे और कहते-कहते कभी थकते न थे। मैं जब आरा में रहता था, तब उनके सत्संग से बहुत पुरानी साहित्यिक बातें जानने का सौभाग्य प्राप्त होता था। वे भारतेन्दु मित्र-मंडली के सदस्य पं. अंबिकादत्त व्यास, पं. रमाशंकर व्यास, पं. प्रतापनारायण मिश्र, बाबू राधाकृष्ण दास और महाराज कुमार बाबू रामदीन सिंह के सुपरिचितों और मित्रों में थे; इसलिए भारतेन्दु के विषय में उनकी जानकारी बड़ी गहरी थी। उनका जन्म भारतेन्दुजी के जन्म से दस वर्ष पीछे हुआ था, सन 1960 ई. में; और सन 1885 ई. में भारतेन्दुजी के गोलोकवासी होने के समय वे 25 वर्ष के उत्साही युवक थे; अतएव भारतेन्दुजी के जीवनकाल में जो अनेक साहित्यिक घटनाएँ हुई थीं उनकी स्मृति मस्तिष्क में संचित थी। आरंभ ही से साहित्यानुरागी होने के कारण साहित्यिक सामग्री का संकलन करने में बड़ी दिलचस्पी लेते थे। भारतेन्दुजी की जीवनी लिखने के लिए मसाला जुटाने में उन्होंने वर्षों बड़ा परिश्रम किया था। जब अपने कागजों का बस्ता दिखलाने लगते थे, तब उनका अथक परिश्रम और अध्यवसाय तथा लगन देखकर चकित रह जाना पड़ता था। एक बार उन्होंने भारतेन्दुजी के विषय में कुछ किंवदंतियाँ सुनाई थीं, और कहा था कि 'भारतेन्दुजी हिन्दी के औलिया बादशाह थे।' वास्तव में बात भी ऐसी थी।

एक दिन भारतेन्दुजी अपने मित्र पं. सुधाकर द्विवेदी के साथ राजघाट पर रेलवे का पुल देखने गये थे। पुल अभी नया ही नया बँध रहा था। हजारों कुली लगे थे। नई-नई कलें आई थीं। जब देखकर लौटे, तब पंडितजी ने एक दोहा कहा, जिस पर संतुष्ट होकर भारतेन्दुजी ने तुरंत उन्हें सौ रुपया पुरस्कार दिया। यह बात बहुत प्रसिद्ध है। भारतेन्दुजी के मित्र पं. रमाशंकर व्यास ने भारतेन्दुजी के अस्त होने पर 'चंद्रास्त' नाम की एक पुस्तिका प्रकाशित की थी, उसमें यह घटना छपी थी; किंतु पं. अंबिकादत्त व्यास के साथ भी ऐसी ही एक घटना हुई थी, जो आज तक कहीं प्रकाशित नहीं हुई–केवल किंवदंती के रूप में ही रह गई। वह घटना इस प्रकार है–

भारतेन्दुजी एक बार राजघाट के रेलवे पुल पर टहलने गये। उनके साथ अंबिकादत्त व्यास भी थे। साहित्यिक चर्चा हो रही थी। भारतेन्दुजी के पास उस

समय द्रव्य का अभाव हो गया था। तब भी उस दिन उनके शरीर पर लगभग एक डेढ़ हजार की पोशाक थी। काश्मीरी दुशाले का अँगरखा, पाजामा, टोपी, चादर–सब बेशकीमती सामान। सोने की घड़ी और हाथी-दाँत की छड़ी भी थी। उस समय 'मानस-शंकावली' वाले पंडित वंदन पाठक पधारे। उनके साथ एक गरीब ब्राह्मण भी था। पाठकजी तेल बहुत लगाते थे; इसलिए उनके कपड़े बहुत मैले रहते थे। घुंडीदार कंटोप पहने हुए नाटे कद के आदमी थे। भारतेन्दुजी उनको 'स्नेहसिक्त गुसाईंजी' कहा करते थे। आते ही पूछा–'किधर चले ?'

पाठकजी ने अपने साथ के गरीब ब्राह्मण की ओर इशारा करके कहा–इस बेचारे दरिद्र ब्राह्मण की कन्या सयानी हो गई है, विवाह के लिए द्रव्य नहीं है, आपका नाम सुनकर आया है। पाठकजी की बात सुनकर भारतेन्दुजी मुस्कुराए। द्रव्याभाव था सही; पर हृदय बड़ा उदार था। बोले–इस समय मेरे पास रुपये तो नहीं हैं; पर अपनी कुल पोशाक दिये देता हूँ, शहर में बेचने से कन्या के विवाह योग्य द्रव्य निकल आवेगा। इतना कहकर दुशाले की कुल पोशाक, घड़ी-छड़ी आदि दे ही डाली और व्यासजी की चादर लेकर ओढ़ ली। इस पर व्यासजी ने एक दोहा कहा (वह दोहा इस समय मुझे याद नहीं है) जिसका आशय यह है कि सतयुग में राजा हरिश्चंद्र ने काशी की पश्चिमी सीमा पर सर्वस्व दान किया था और कलियुग में दानी हरिश्चंद्र ने काशी की पूर्वी सीमा[1] पर सर्वस्व-दान किया। इस उक्ति पर प्रसन्न होकर भारतेन्दुजी ने अपने हाथ की नग-जड़ी अँगूठी निकालकर एक हाथ से व्यासजी की उँगली में पहना दी और दूसरे हाथ से उनका मुँह बंद कर दिया, कि अब आगे कुछ मत कहो–मेरे पास यहाँ कुछ है नहीं।

अभाव ही के दिन थे। एक बार कोई सुपरिचित सज्जन आ पहुँचे। भारतेन्दुजी बने-ठने बैठे थे। गले में मोती की माला और देह पर कीमती दुशाला। आलमारी से इत्र की शीशी निकालकर चिराग में ढाल दी। चिराग जलने लगा और खुद मस्ती में झूम-झूमकर कविताएँ पढ़ने लगे। आगंतुक सज्जन ने हँसकर कहा–इतने अभाव में भी ऐसे बन-सँवरकर अलबेला छैला बने बैठे हैं ! भारतेन्दुजी पान की गिलौरियाँ मुँह में भरकर मसनद से पीठ टेकते हुए हँसते-हँसते बोले–क्या सचमुच आपको आज की सज-धज बहुत पसंद आई ?

वे बोले–खासकर इस वक्त इस माला और दुशाला की फबन बड़ी निराली मालूम होती है। यह सुनकर भारतेन्दुजी ठठाकर हँसे और फिर बात पलटकर दूसरी साहित्यिक चर्चा छेड़ दी। जब वे महाशय उठकर जाने लगे तब भारतेन्दुजी ने दुशाला उन्हें ओढ़ाकर माला उनके गले में डाल दी और कहा–जो चीज आपको पसंद है वह आपकी नज़र हैं। वे महाशय दंग रह गये। हजार आनाकानी की,

---

1. काशी की पश्चिमी सीमा के पास हरिश्चंद्र घाट है और पूर्वी सीमा के पास राजघाट।–ले.

लाख पीछा छुड़ाया, पर भारतेन्दुजी अड़ गये कि डीठ गड़ाकर जाते हैं किधर। मीठी धमकी से उन्हें क़ायल किया और वे बने-ठने ही विदा हुए।

भारतेन्दुजी बहुभाषाभिज्ञ भी थे। एक बार युवावस्था में आरा नगर की एक बरात में काशी से आये थे। उस समय लोगों के आग्रह से उन्होंने छब्बीस पंक्तियों में तेरह भाषाओं की लिपियाँ लिखी थीं। उनकी वह अमूल्य हस्तलिपि आरा की नागरी-प्रचारिणी सभा को बाबू रामकृष्णदास अग्रवाल[1] ने दी थी। मैं सभा का सहायक मंत्री था और उस हस्तलिपि को शीशे में मढ़ाकर अखिल-भारतवर्षीय हिन्दी-साहित्य-सम्मेलन के पटनावाले दशम अधिवेशन की प्रदर्शनी में ले गया था। प्रदर्शनी के प्रबन्धक थे बाबू जगतनारायण लाल (तत्कालीन प्रधानमंत्री, हिन्दू महासभा)। उनको उस हस्तलिपि के खो जाने का बड़ा दुख हुआ। पता नहीं, उसे प्रदर्शनी से किसने गायब कर दिया। आज वह चीज होती तो भारतेन्दु-अर्द्ध-शताब्दी के अवसर पर उसकी शोभा निराली ही दीख पड़ती। उसी के साथ एक हस्तलिखित ग्रंथ भी खो गया था जो उक्त सभा से ही प्रदर्शनी में आया था। वह परमानन्द कवि-कृत बिहारी सतसई की संस्कृत-टीका थी। उसी टीका पर भारतेन्दुजी ने परमानन्द कवि को पाँच सौ रुपया पुरस्कार दिया था। इन दोनों अमूल्य वस्तुओं की स्मृति बराबर खलती रही।

पं. बालगोविंद मिश्र 'कमलेश'

1844-1935

गया जिले के जहानाबाद सब-डिवीजन (अब जिला) में, 'अरवल' थाने के अंतर्गत, 'बेलखरा' एक गाँव है। विक्रम संवत् 1901 में, चैत्र शुक्ल प्रतिपदा को, उसी गाँव में 'कमलेश'जी का शुभ-जन्म हुआ था। उनका मुख्य नाम पंडित बालगोविंद मिश्र था, पर ज्योतिष-गणना के अनुसार 'कमलेश' नाम पड़ा था। पहले वे 'कमलापति' नाम से रचना करते थे। उनके पितामह पंडित बखुरीराम मिश्र, पिता रामबक्स मिश्र और बड़े चाचा पंडित शिवबक्स मिश्र नक्षत्र-विद्या और गणित-ज्योतिष के उद्भट विद्वान थे। वे लोग रात में तारों को बेधकर पंचांग-निर्माण करते थे, जिसे देहात के ब्राह्मण लिखकर ले जाते थे। उन लोगों के बनाये हुए पंचांग आज तक उनके वर्त्तमान वंशधरों के पास होंगे। वे पंचांग हस्तलिखित थे। स्याही की अच्छाई

1. वे आरा-निवासी सच्चे हिन्दी-प्रेमी थे। उन्होंने आरा की ना. प्र. सभा को अपना एक भवन दान-स्वरूप दे दिया था, जो अभी तक सभा के अधिकार में है।

के कारण वे कुछ ही दिनों के लिखे जान पड़ते थे। उन्हें देखकर इन विद्वानों की श्रमशीलता और लगन का परिचय मिलता था।

कमलेशजी शाकद्वीपीय ब्राह्मण थे। उनका कुल विद्वत्ता और सदाचार के लिए प्रसिद्ध था। उनके पितामह, 'निर्णयसिन्धु'-प्रणेता श्रीकमलाकर भट्ट के शिष्य थे। बड़े चाचा (श्रीशिवबक्स मिश्र) ने काशी के स्वनामधन्य विद्वान् श्रीरामनिरंजनस्वामी से शिक्षा पाई थी। शिवबक्स मिश्र टिकारी-राज्य (जिला गया) के प्रधान राजपंडित थे। वेद, धर्मशास्त्र और ज्योतिष के पारंगत विद्वान थे—हिन्दी, संस्कृत और फारसी में उनकी रची हुई कविताएँ प्राप्त हुई हैं—वेद, शास्त्र, पुराण, स्मृति आदि की पन्द्रह हजार पोथियाँ उन्होंने लिख-लिखाकर एकत्रित की थीं। अपने समय के वे बड़े धुरन्धर पंडित थे।

कमलेशजी के पितामह ने एक अँगरेज को संस्कृत पढ़ाया था। उसने उनकी जीविका का उत्तम प्रबन्ध गया-जिले के 'टेहटा' गाँव में कर दिया था, जहाँ आजकल रेलवे-स्टेशन है। वे उसी गाँव में रहा करते थे। अन्त में अपने घर आकर अपने गाँव की संस्कृत-पाठशाला चलाने लगे। घर की खेती और पाठशाला का अधिकतर काम कमलेशजी के पिता के जिम्मे था। पितामह और पिता, दोनों, मुनिवृत्ति-धारी थे। संस्कृत-विद्या का अध्ययन-अध्यापन और यथालाभ-संतोष के साथ जीवन-यापन—यही उनका सुख-साधन था। आदर्श सद्गृहस्थ बनकर संस्कृत-विद्या के मनन में लीन रहना ही उनका एकमात्र व्रत था।

कमलेशजी संस्कृत, पाली, हिन्दी, अरबी, फारसी, बँगला, मराठी, गुजराती आदि कई प्रमुख भाषाओं के पंडित थे। आरम्भ में उन्होंने अपने पिता (श्रीरामबक्स मिश्र) से विद्या ग्रहण की थी। लगातार ग्यारह वर्षों तक वे उनसे वेद, व्याकरण, ज्योतिष और काव्य-साहित्य पढ़ते रहे। फिर काशी जाकर वहाँ के प्रसिद्ध पंडित श्रीसखाराम भट्ट से व्याकरण और धर्मशास्त्र पढ़ा। इसके बाद सुविख्यात विद्वान् श्रीगंगाधर शास्त्री के पिता श्रीनृसिंहदत्त शास्त्री से साहित्य पढ़ा। उन्हीं दिनों वे भारतेन्दुजी के सहाध्यायी रहे। भारतेन्दुजी के लिखे हुए पच्चीस पत्र उनके वंशधरों के पास थे। उनमें भारतेन्दुजी के रचे हुए कुछ संस्कृत के गीत भी मिले थे। उन्हें देखने से पता लगता था कि भारतेन्दुजी संस्कृत के गेय पद भी बनाते थे। पर कमलेशजी के वंशधर उन पत्रों की मूल प्रतियाँ किसी को देना नहीं चाहते थे।

कमलेशजी ने अपने जीवन के बाईसवें वर्ष में पढ़ाई छोड़ी। उसके बाद वे काशिराज के यहाँ, रामनगर-दरबार में, पाँच वर्षों तक रहे। उसके बाद लगभग तीन वर्षों तक विजयानगरम् के महाराज के संस्कृत-विद्यालय (काशी) में साहित्य के अध्यापक थे। वि. संवत् 1931 से 1950 तक तीर्थाटन और देशी रजवाड़ों की राजधानियों में वे भ्रमण करते रहे। संवत् 1951 से 1954 तक मिथिला-नरेश (दरभंगा) के दरबार में थे। श्रीमान् महाराज लक्ष्मीश्वर सिंह उनकी कविता से बड़े

प्रभावित हुए थे।

कविताएँ उनकी संस्कृत और हिन्दी में हैं। गजल, विहाग, दादरा, कजली आदि गीतों को संस्कृत में बड़े ललित ढँग से रचा है। विद्वद्वर पंडित अमरनाथ झा (भूतपूर्व वाइस चांसलर, प्रयाग-विश्वविद्यालय) ने उन्हें पढ़कर बड़ी प्रसन्नता प्रकट की थी।

कमलेशजी के वंशधरों ने निश्चय किया था कि युद्ध के बाद उनकी कृतियाँ प्रकाशित करा दी जायँ। अपने रचे हुए संस्कृत-गीतों की पुस्तक का नाम उन्होंने 'कमलेश-विलास' रक्खा था। उनकी हिन्दी-रचनाएँ (कवित्त आदि) पुराने हिन्दी-कवियों की रचना के समान ही सुहावनी हैं।

दरभंगा-दरबार में लौटने के बाद कमलेशजी अपने जिले में ही रहने लगे। कुछ दिनों तक टिकारी के राज-हाईस्कूल में हिन्दी के अध्यापक थे। उस समय भी विद्याव्यसन छूटा नहीं था। बंगाल की संस्कृत-परीक्षा में उत्तीर्ण होकर उन्होंने 'काव्य-निधि' की उपाधि प्राप्त की। इसके बाद ही उनके जीवन में कई दुःखद घटनाएँ घटीं। संवत् 1959 में उनके प्रथम पुत्र श्रीप्रभाकर मिश्र का बीस वर्ष की अवस्था में ही देहान्त हो गया। वे काशी के व्याकरणाचार्य के पाँच खंड, न्याय के चार खंड और बंगाल की साहित्योपाधि-परीक्षा पास कर चुके थे। काशी के क्वींस-कालेज से उन्होंने प्रवेशिका परीक्षा भी पास की थी। उनकी मृत्यु के एक पखवारे बाद ही उनके छोटे भाई श्रीरामदूत मिश्र, इस संसार से उठ गये। इन दो होनहार पुत्रों के वियोग से कमलेशजी का साहित्यिक हृदय बहुत व्यथित हो उठा।

अब उनके दो ही पुत्र और रह गये थे—श्रीनित्यानंद मिश्र और श्रीरघुनाथ मिश्र, काव्य-व्याकरण-पुराणतीर्थ। बीच के इन दो पुत्रों में बड़े से उनका कुछ मतभेद हो गया, जिससे विरक्त होकर कमलेशजी पड़ोस ही के 'बासटाँड' गाँव में जा बसे। सबसे छोटे पुत्र उनके साथ वहीं चले गये। किन्तु, वे भी संवत् 1975 में विरक्त होकर न जाने कहाँ-किधर निकल गये। उनकी विरक्ति का कारण भी विचित्र ही है। अपनी परम प्यारी पुस्तकों के वियोग से दुखी हो, वे वैरागी हो गये। विरक्ति से पूर्व वे देवकुंड (च्यवनाश्रम, गया), चित्रकूट और मुड़वारा (मध्यप्रदेश) की संस्कृत-पाठशालाओं तथा कटनी (मध्यप्रदेश) के हाईस्कूल में हेडपंडित थे।[1] वहाँ एक महाशय ने उनके अठारह सौ रुपये मूल्य के संस्कृत-ग्रंथों

1. श्रीरघुनाथ मिश्र के पुत्र श्रीमोहनशरण मिश्र भी अरवल (गया) के हाई स्कूल में हेड पंडित थे। उन्हीं की कृपा से इस लेख की सामग्री प्राप्त हुई थी। श्रीमोहनशरणजी ने 'कमलेशविलासः' नामक एक पुस्तक प्रकाशित की थी जो 1955 ई. में छपी थी। लगभग 80 पृष्ठों की उस पुस्तक में 'कमलेश'जी का चित्र, जीवन-चरित, संस्कृत और हिन्दी-काव्य, भारतेन्दुजी की हस्तलिखित एक चिट्ठी का चित्र आदि प्रकाशित हुई थी। प्रकाशक थे—श्रीचन्द्रकान्त मिश्र, कमलेशकुटीर, बासा, टाँड़ (गया)।

को, छुट्टी में जाली चिट्ठी बनाकर, हथिया लिया। बस, इसी बात से मर्माहत होकर वे चुपचाप कहीं गुम हो गये। उसी वर्ष, संवत् 1975 में ही, पूज्य महामना मालवीयजी ने, कमलेशजी की कविता से प्रसन्न होकर, उन्हें श्रीमद्वाल्मीकीय रामायण की एक पोथी पुरस्कार-स्वरूप दी थी।

कमलेशजी के साहित्यिक मित्रों की संख्या तो अगणित है; पर मुख्य मित्रों में भारतेन्दुजी सर्वप्रधान रहे; क्योंकि वे तो सहपाठी ही थे, जिसका प्रमाण उनकी पचीस चिट्ठियाँ हैं। भारतेन्दुजी के सिवा डॉक्टर ग्रियर्सन, महाराजकुमार बाबू रामदीन सिंह, पंडित विजयानन्द त्रिपाठी, प्रोफेसर अक्षयवट मिश्र, बाबू शिवनन्दन सहाय, पंडित केशवराम भट्ट आदि साहित्यसेवी भी कमलेशजी के स्नेही मित्र थे।

ग्रियर्सन साहब 1887 ई. में गया-जिले के कलक्टर थे। पाँच साल वहाँ रहे। उसी समय कमलेशजी से उनका परिचय हुआ। ग्रियर्सन साहब दो साल के लिए गया से बदलकर हवड़ा चले गये और फिर 1896 ई. में बिहार के अफीम-विभाग के अफसर होकर लौटे। इस पद पर दो वर्ष रहे। इस समय तक उनका भाषा-संबंधी शोध चल रहा था। पाली-भाषा पर जो कुछ ग्रियर्सन साहब ने लिखा, उसमें कमलेशजी ने उन्हें काफी सहायता दी थी; क्योंकि कमलेशजी पाली भाषा के पूर्ण मर्मज्ञ थे। उनकी संस्कृत-हिन्दी-रचनाएँ 'बिहार-बन्धु' 'पाटलिपुत्र', 'साहित्यसरोवर', 'प्रियंवदा' आदि पत्र-पत्रिकाओं में छपी थीं। 'बालगोविन्द' और 'गोविन्द', दोनों नामों से वे अपनी रचनाएँ छपवाते थे। 'साहित्यसरोवर' और 'प्रियंवदा' का तो सम्पादन भी किया था। इस सम्पादन-कार्य के व्याज से वे केवल अपनी साहित्यिक अभिरुचि की पूर्त्ति करते रहे। उन दिनों वे अधिकतर गया-नगर के दौनापुर मुहल्ले में रहते थे।

संवत् 1992 में, अगहन सुदी एकादशी को, कमलेशजी का शरीरांत हुआ। 'हरदी-छपरा' में श्मशान घाट पर उनके शव का फोटो खींचा गया। संवत् 1993 में अखिल-भारतवर्षीय हिन्दी-साहित्य-सम्मेलन का महाधिवेशन नागपुर में हुआ था, जिसके सभापति थे देशपूज्य डाक्टर राजेन्द्र प्रसाद। उसी अवसर पर कमलेशजी के लिए शोकपूर्ण प्रस्ताव स्वीकृत हुआ था। कमलेशजी बानवे वर्ष की आयु भोगकर परलोकगामी हुए थे। यह केवल उनके संयमी जीवन की महिमा थी। वे भारतेन्दुजी से छः-सात साल बड़े थे; क्योंकि भारतेन्दुजी का जन्म संवत् 1907 में हुआ था; फिर भी सहपाठी के नाते दोनों में बड़ा गाढ़ा स्नेह था।

पं. बदरीनारायण चौधरी 'प्रेमघन'

1855-1922

पंडित बदरीनारायण चौधरी 'प्रेमघन' हिन्दी के धुरन्धर कवि और यशस्वी महारथी थे। वे मिरजापुर के प्रसिद्ध एवं प्रतिष्ठित रईस और जमींदार थे। उनका शुभ जन्म संवत् 1912 की श्रीजन्माष्टमी के दिन हुआ था। इसीलिए वे घनश्याम श्यामसुन्दर के बड़े प्रेमी थे। वे 'घन' (मेघ) के इतने बड़े अनुरागी थे कि उर्दू कविता में अपना उपनाम 'अब्र' (अभ्रमेघ) और हिन्दी-कविता में 'प्रेमघन' रखते थे। यहाँ तक कि वे 'आनन्द-कादम्बिनी' नाम से एक साहित्यिक मासिक-पत्रिका और 'नागरी-नीरद' नाम से एक सरस साप्ताहिक पत्र भी निकालते थे। इतना ही नहीं, उनकी कई पुस्तकों के नाम से भी 'घन' की घनिष्ठता सूचित होती है। जैसे–'वर्षा-विन्दु', 'कजली-कादम्बिनी', 'पीयूष-वर्षा' आदि। वे व्रजभाषा और अनुप्रास के अनन्य अनुरागी थे। उनकी पुस्तकों के नाम देखिए–'आनन्द-अरुणोदय', 'हार्दिक-हर्षादर्श', 'संगति-सुधा-सरोवर', 'शम्भु-सम्मिलन', 'वसन्त-मकरन्द-विन्दु' और 'वृद्ध-विलाप' आदि। सन् 1912 ई. में कलकत्ता में जो अखिल भारतवर्षीय हिन्दी-साहित्य-सम्मेलन का महाधिवेशन हुआ था, उसके प्रधानाध्यक्ष की हैसियत से दिया हुआ उनका भाषण इतना सुन्दर, मधुर, ललित और विद्वत्तापूर्ण था कि वह सम्मेलन-परीक्षा की पाठ्य-पुस्तकों में रखा गया। वे वास्तव में सच्चे साहित्य-विलासी, मनमौजी कविता-रसिक, प्रेमानन्द की मूर्त्ति और भारतेन्दु हरिश्चन्द्र के अन्तरंग मित्र थे।

14 फरवरी 1923 को चौधरीजी गोलोकवासी हो गये। उनके उठ जाने से 'नागरी' वस्तुतः अनाथ हो गई। वे नागरी और फारसी लिपि के सम्बन्ध में कैसी चोज-भरी और मार्के की बात कह गये हैं। देखिए–

कैसे हिन्दी के कोउ सुद्ध सबद लिखि लैहैं।
अरबी अच्छर बीच लिखेहुँ पुनि किमि पढ़िपैहैं।।
निज भाषा को सबद लिखो पढ़ि जात न जामैं।
पर भाषा को कहौ पढ़ै कैसे कोउ तामैं।।
लिख्यौ हकीम औसधी में 'आसू - बोखारा'।
उल्लू बनो मौलवी पढ़ि 'उल्लू - बेचारा'।।
साहिब 'किस्ती' चही, पठाई मुनसी 'कसबी'।
'नमक' पठायो भई 'तमस्सुक' की जब तलबी।।
पढ़त 'सुनार' 'सितार' 'किताब' 'कबाब' बनावत।
'दुआ' देत हूँ 'दगा' देन को दोस लगावत।।

मेम साहिबा 'बड़े-बड़े मोती' चाह्यो जब।
'बड़ी-बड़ी मूली' पठवायो तसिल्दार तब।।

बाबू रामदीनसिंह
1855-1903

उन्नीसवीं सदी के अन्तिम और बीसवीं सदी के प्रथम प्रहर में भारतेन्दु-सखा बाबू रामदीनसिंह की साहित्य-सेवा ने अखिल हिन्दी-जगत् का ध्यान आकृष्ट किया था। उन्होंने ही सबसे पहले भारतेन्दु-साहित्य के प्रकाशन और प्रचार का प्रयत्न किया था। यदि अतिशयोक्ति न समझी जाय, तो वे भारतेन्दु की कीर्त्ति-पताका के दंड बने थे। वे अपने समय के साहित्य-सेवियों के लिए कल्पतरु कहे जाते थे। उस समय के अनेक प्रमुख साहित्यकारों के वे आश्रयदाता थे। अपने अभिन्न मित्र भारतेन्दु की तरह उन्होंने भी बहुत-से साहित्यिक व्यक्तियों की पुस्तकों की पांडुलिपियाँ मुँहमाँगा पुरस्कार देकर संगृहीत की थीं, जिनमें से बहुतेरी तो उनके जीवन-काल में ही प्रकाशित हो गईं और उनके निधन के बाद अनेक अप्रकाशित पड़ी रहीं। उनके द्वारा स्थापित खड्गविलास प्रेस (पटना) के संग्रहालय में प्रचुर प्रकाशित प्राचीन साहित्य और अप्रकाशित भी संचित था। वह साहित्य-भांडार वर्त्तमान युग के साहित्यिक अनुसंधायकों के लिए अत्यन्त महत्त्वपूर्ण था। किन्तु, दुर्भाग्यवश लोक-लोचन से ओट होने के कारण साहित्यिक शोधकार्य के लिए उसका सार्वजनिक सदुपयोग नहीं हो पाया। जिस प्रकार उनकी स्मृति में पटना-विश्वविद्यालय के तत्त्वावधान में, एक साहित्यिक व्याख्यान-माला चलती थी, जिसमें महाकवि 'हरिऔध', स्वनामधन्य मिश्र बन्धु, रायकृष्णदास आदि समर्थ साहित्य-सेवियों के भाषण हुए थे, उसी प्रकार यदि उनके प्रेस में संचित संग्रहालय पटना-विश्वविद्यालय के हिन्दी-विभाग के अन्तर्गत सुरक्षित रख दिया जाता, तो साहित्यिक शोध-कार्य में अभूतपूर्व प्रगति होती।

स्वर्गीय महाराज कुमार के सुयोग्य उत्तराधिकारी श्रीशारंगधरसिंहजी केन्द्रीय संसद् के मान्य सदस्य थे और पटना-विश्वविद्यालय के उपकुलपति भी रहे थे। यद्यपि उनके समान शिक्षा-प्रेमी और विद्यानुरागी को किसी प्रकार का सुझाव देना आवश्यक ही था, तथापि इस साहित्यिक आवश्यकता की ओर उनका ध्यान आकृष्ट किया गया, पर खेद है कि उसकी पूर्त्ति नहीं हुई।

हमें स्मरण है कि स्वर्गीय महाराजकुमार के ज्येष्ठ सुपुत्र स्वर्गीय रायबहादुर

रामरणविजयसिंहजी जब तत्कालीन बिहार-प्रादेशिक-साहित्य-सम्मेलन के (1925 ई. में सम्पन्न) मुँगेर-अधिवेशन के सभापति हुए थे, तब उनकी सेवा में सम्मेलन की ओर से एक शिष्ट-मंडल उपस्थित हुआ था और उसने उनसे अनुरोध किया था कि स्वर्गीय महाराजकुमार का स्मारक एक विशाल साहित्यिक संग्रहालय के रूप में, बिहार की राजधानी में, स्थापित किया जाय। हमें यह भी स्मरण है कि उन्होंने सम्मेलन का भवन-निर्माण हो जाने पर उसी में अपने दिवंगत पिता की पुण्य-स्मृति में 'रामदीन-स्मारक-संग्रहालय' स्थापित करने का वचन दिया था। किन्तु, जब 1937 के बाद सम्मेलन-भवन बनकर संग्रहालय को सुरक्षित रखने योग्य तैयार हुआ, उसके पूर्व ही दुर्दैव-वश वे इस धराधाम से विदा हो चुके थे।

उपर्युक्त संग्रहालय से कई अधिकारी विद्वानों ने काफी लाभ उठाकर भी उसकी सुरक्षा के लिए हिन्दी-जगत् का ध्यान कभी आकृष्ट नहीं किया। कुछ प्रतिष्ठित साहित्य-सेवियों ने तो उस संग्रहालय से बहुत-सी शोध-सामग्री हस्तगत करके उसे सदा के लिए अधिकृत ही कर लिया।

पं. चंद्रशेखरधर मिश्र

1859-1949

गुरोरधीताखिल वैद्यविद्यः पीयूषपाणिः कुशलः क्रियासु।
गतस्पृहो धैर्यधरः कृपालुः शुद्धोऽधिकारी भिषगीदृशः स्यात्॥

महात्मा गाँधी के विश्वविख्यात अमोघ अस्त्र 'सत्याग्रह' की जन्मभूमि होने के कारण बिहार का चंपारन जिला बहुत प्रसिद्ध है। उसी जिले में 'रत्नमाला' नाम का एक गाँव है, जो 'बगहा' डाकखाने के हलके में पड़ता है। वहाँ के निवासी पं. चंद्रशेखरधर मिश्र, हिन्दी के प्राचीन साहित्यसेवियों में से हैं। उनका जन्म पौष कृष्ण द्वितीया, संवत् 1915 को हुआ था। वे बिहार-प्रादेशिक हिन्दी-साहित्य-सम्मेलन के पाँचवें अधिवेशन (पटना, 1923 ई.) के सभापति हुए थे। उनकी साहित्यिक जीवनी 'हिन्दी-कोविद-रत्नमाला'[1] में प्रकाशित हुई थी।

मिश्रजी ने भारतेन्दु हरिश्चन्द्र के समय में उत्तर प्रदेश के पूरबी और बिहार

1. यह पुस्तक दो भागों में सचित्र छपी थी। इसके लेखक बाबू श्यामसुन्दरदासजी थे। इसके बाद उन्होंने 'हिन्दी के निर्माता' नामक पुस्तक दो भागों में तैयार की, जो इंडियन प्रेस (प्रयाग) की 'सरस्वती-सीरीज' में छपी थी।

के पच्छिमी जिलों में हिन्दी का बहुत प्रचार किया था। अनेक नगरों और ग्रामों में उन्होंने हिन्दी की सभाएँ स्थापित की थीं। भारतेन्दुजी से मिलकर वे प्रायः इस विषय में सलाह किया करते थे। हिन्दी के आरंभिक युग में 'विद्याधर्म-दीपिका' नामक एक हिन्दी-मासिक पत्रिका अपने खर्च से छपवाकर वे सब हिन्दी-प्रेमियों को मुफ्त बाँटते थे। उस समय के पत्रों में उनके अनेक लेख और कविताएँ छपी हैं। खड़ी बोली में कविता करने के लिए उस समय जब कवियों से प्रेरणा की गई तब उनकी ही कविता सबसे सुन्दर समझकर चुनी गई। उनके लेख अधिकतर हिन्दी के प्रचार के सम्बन्ध में होते थे। उनके साहित्यिक लेखों में अधिकतर संस्कृत-साहित्य की बातें रहती थीं। संस्कृत में भी बहुत अच्छी कविता करते थे। हिन्दी और संस्कृत की कविता और समस्या-पूर्त्ति करने में वे बड़े ही सिद्धहस्त थे। संस्कृत के महाकाव्यों के सुन्दर श्लोक उनके लेखों में जगह-जगह मिलते हैं। उनकी प्रतिभा सर्वतोमुखी थी।

मिश्रजी एक पीयूषपाणि वैद्य थे। पर स्वार्थ या लोभ तो उन्हें छू नहीं गया था। केवल परोपकार की प्रेरणा से ही रोगियों की दवा करते थे। हजारों असाध्य रोगियों को प्राणदान दिया था। अपने गाँव 'रत्नमाला' में उन्होंने एक आयुर्वेद-विद्यालय खोल रखा था। उसमें कई विद्वान अध्यापक थे। विद्यालय के संचालन का व्यय-भार वे स्वयं वहन करते थे। विद्यार्थियों को वहाँ भोजन-वस्त्र भी दिया जाता था। उनके दातव्य औषधालय में गरीब असमर्थ और असहाय रोगियों को मुफ्त दवा के अलावा भोजन, विश्राम-गृह और मार्ग-व्यय तक मिलता था। उनके पास प्रायः ऐसे रोगी देखे जाते थे, जो स्वजन की तरह उनके यहाँ निर्द्वन्द्व रहकर खाते-पीते, दवा कराते और चंगे होकर घर जाते थे। वास्तव में उनके श्रीचंद्रोदय औषधालय का नाम पूर्णतः सार्थक था।

शर्माजी को निखिल भारतवर्षीय वैद्य-महासम्मेलन की ओर से 'चिकित्सक-चूड़ामणि' की उपाधि मिली थी। बिहार-पण्डित-सभा (पटना) ने उन्हें 'वैद्यरत्न' की उपाधि से विभूषित किया था। इसी प्रकार 'विद्यालंकार', 'आयुर्वेदाचार्य', 'कवीन्द्र' आदि उपाधियाँ भी उनको मिली थीं। कलकत्ता की आयुर्वेद-सभा के अध्यक्ष महामहोपाध्याय कविराज गणनाथ सेन सरस्वती ने उक्त सभा की ओर से उन्हें एक मान-पत्र दिया था। वह अभिनन्दनोत्सव महामना मालवीयजी की अध्यक्षता में सम्पन्न हुआ था।

मिश्रजी ने गूलर की पत्ती और छाल तथा फल से अनेक भयंकर रोगों को दूर करने की एक नई चिकित्सा-प्रणाली निकाली थी। उनकी बनाई हुई 'उदुम्बर-सार' नामक दवा अनेक असाध्य रोगों पर अचूक राम-बाण सिद्ध हुई। 'उदुम्बर-सार' गूलर के पत्तों का सत है। कान, आँख, नाक, दाँत, जीभ और चमड़े के अनेक असाध्य रोगों (जैसे 'पायरिया', 'कैंसर', 'प्रमेह, सुजाक आदि) पर उसका

अभीष्ट प्रभाव देखा गया था। साँप, बिच्छू आदि के डंक पर भी वह दवा यथेष्ट गुणद सिद्ध हुई थी। उसकी व्यवहार-विधि भी उन्होंने प्रकाशित की थी, जिसमें सैकड़ों रोगों पर उसके प्रयोग की विधि बताई गई थी।[1] महामना मालवीयजी और डाक्टर राजेन्द्र प्रसादजी ने भी इस आविष्कार की बड़ी प्रशंसा की थी। गूलर तो सब जगह मिलनेवाली चीज है। निर्धन रोगियों के लिए मिश्रजी ने गूलर (उदुम्बर) को कल्पवृक्ष सिद्ध कर दिया था।

मिश्रजी ने संस्कृत में 'यज्ञांगप्रकाश' और हिन्दी में 'गूलर गुण विकाश' नामक पुस्तकें लिखी थीं। 'चिकित्सा चन्द्रोदय' और 'स्वास्थ्य-विधान' नामक पुस्तकें भी पहले की लिखी थीं। उनकी लिखी 'आरोग्य प्रकाश' नामक पुस्तक के कई संस्करण हुए थे और उसकी हजारों प्रतियाँ खप चुकी थीं। मैंने अनेक बार उनसे 'आत्मकथा' लिखने का साग्रह अनुरोध किया था और उन्होंने लिखना शुरू भी कर दिया था, पर उसे पूरा न कर सके और जो कुछ लिख चुके थे वह भी उनके देहान्त के बाद नहीं मिला। अगर वह छपी होती तो उसमें बहुत-सी पुरानी साहित्यिक बातें प्रकट होतीं।

मिश्रजी एक अच्छे प्रतिष्ठित जमींदार थे, किंतु उनका अधिकांश धन केवल परोपकार में ही खर्च हुआ। उनकी परोपकार-वृत्ति देखकर ही माननीय मालवीयजी उनका बड़ा सम्मान करते थे। मिश्रजी ने अपने गाँव में जो सार्वजनिक औषधालय और संस्कृत-विद्यालय खोल रक्खा था, अपनी सारी सम्पत्ति उन्हीं संस्थाओं को देकर वे स्वयं काशी-वास करते थे और 'आविष्कार' नामक एक मासिक निकालते थे। काशी छोड़कर कहीं आते-जाते नहीं थे। भदैनी मुहल्ले में लोलार्क-कुंड पर अपने ही मकान में रहते थे। उससे पहले जब कलकत्ता जाते थे, भारत-प्रसिद्ध चिकित्सक कविराज गणनाथ सेन के अतिथि होते थे। वहाँ अपने साथ शुद्ध चिकनी मिट्टी तक ले जाते थे; चावल-दाल और घी-आटा तो हर जगह साथ चलता ही था। नीम की छँटी-फटी दाँतून और नीम का खरका भी दाँत खोदने के लिए साथ रखते थे–यद्यपि दाँत इतने सघन थे कि खरका करने की जरूरत ही नहीं थी।

तब उनकी उम्र चौरासी वर्ष की थी, लेकिन उस उम्र में भी मोती की लड़ी-सी बतीसी देखकर अचरज होता था। उस समय भी इतने टाँठे थे कि मोटिया टाँघन की तरह खड़ाँऊ पहने खटाखट सीढ़ी पर चढ़ जाते थे। सो भी काशी की सीढ़ी। खड़ाँऊ ही बराबर पहनते थे, जूता नहीं। तेल की मालिश रोज-रोज कराते थे। खाते थे खूब बढ़िया चावल, चक्की का पीसा आटा, देहात का घी। उनकी रसोई की सफाई और पवित्रता देखने ही योग्य थी।

नियमित जीवन, नियमित आहार, यही उनके स्वास्थ्य का रहस्य था। प्रातः-संध्या पूजा-पाठ और रोगियों की सेवा-सहायता तथा बचे हुए समय में स्वाध्याय

---

1. यह पतली-सी पुस्तिका 'गूलर गुण विकाश' हमारे संग्रहालय में है।

और भगवद्-भजन। इतनी ही दिनचर्या थी–बँधी रुटीन। अगर बातचीत करने लगते तो पग-पग के प्रसंग पर संस्कृत और हिन्दी की सूक्तियाँ सुनाते जाते थे। पुराने संस्मरणों के तो कुबेर ही थे। स्मृतिशक्ति अद्भुत थी। आँखों की जोत और आँतों की क्रिया में रत्ती-भर बल नहीं पड़ा था। इसका कारण भी और कुछ नहीं, दृढ़ संयम ही था।

बाबू शिवनंदन सहाय

1860-1932

बाबू शिवनन्दन सहायजी 15 मई 1932 को, 72 वर्ष की अवस्था में स्वर्गवासी हुए। वे पं. प्रतापनारायण मिश्र और बाबू राधाकृष्ण दास के समकालीन लेखक थे। गोस्वामी तुलसीदास, भारतेन्दु हरिश्चन्द्र, गौरांग महाप्रभु, और सिक्ख गुरुओं की जीवनी बृहत् रूप में लिखने के कारण वे हिन्दी में प्रसिद्ध चरित-लेखक माने जाते थे। वे पं. अम्बिकादत्त व्यास के परम स्नेहभाजन और भारतेन्दु-युग की साहित्यिक घटनाओं के विश्वकोष थे। आधुनिक हिन्दी के आदि-युग की असंख्य स्मृतियाँ उनके साथ ही चली गईं। बिहार के आरम्भिक युग की साहित्यिक प्रगति से वे इतने अधिक परिचित थे कि बिहारप्रान्तीय हिन्दी-साहित्य-सम्मेलन के सभापति[1] चुने जाने पर जब वे अपने भाषण में पुराने लेखकों और कवियों तथा सम्पादकों की चर्चा करने लगे, तो पुरानी स्मृतियों का खजाना खुल पड़ा, स्वयं लिखते-लिखते थक गये। जब प्राचीन हिन्दी-संसार की कहानियाँ सुनाने लगते थे, तो घंटों शृंखला न टूटती थी।

बाबू शिवनंदन सहाय की लिखी हुई गोस्वामी तुलसीदासजी की जीवनी हिन्दी में सबसे पहली और सबसे अच्छी जीवनी मानी जाती है। भारतेन्दुजी की भी जीवनी उन्होंने लिखी है। आचार्य रामचन्द्र शुक्ल ने भी 'हिन्दी-साहित्य का इतिहास' नामक अपने प्रसिद्ध ग्रंथ में इन वृहत् जीवनियों का उल्लेख किया है और बाबू शिवनंदन सहाय को सबसे पहला सफल जीवनी-लेखक माना जाता है। उन्होंने चार जीवनियाँ और भी लिखी हैं, जिनमें 'सिक्ख-गुरुओं की जीवनी' और सीतारामशरण (डिप्टी भगवान प्रसाद) 'रूपकला'जी की जीवनी बड़ी खोज से लिखी गई है। बाबा सुमेर सिंह साहबजादा की जीवनी में साहित्यिक रंग बहुत चटक हैं। पूर्वोक्त दोनों

1. तृतीय अधिवेशन, सीतामढ़ी, 14-15 अक्तूबर, 1921।–सं.

जीवनियों में भारतेन्दु की जीवनी के लिए उन्होंने घोर परिश्रम किया था। भारतेन्दु के फुफेरे भाई बाबू राधाकृष्ण दास उनके मित्रों में थे–उन्होंने ही उस जीवनी का मसाला जुटाने में विशेष सहायता की थी।

बाबू शिवनंदन सहाय पटना की कचहरी में ट्रांसलेटर (अनुवादक) थे; मगर जीवनी की सामग्री संकलित करने के लिए बराबर काशी जाया करते थे। वे खुद कहते थे कि जितना सामान इकट्ठा किया था, उतना अगर छप जाता तो जीवनी दूनी-तिगुनी मोटी होती; लेकिन प्रकाशक[1] उतना मोटा पोथा छाप ही नहीं सकते थे। फिर भी एकत्र की हुई सामग्री का शेषांश उन्होंने संचित कर रखा था।[2]

बाबू शिवनंदन सहाय की स्मृति-शक्ति उस बुढ़ापे में भी ठीक थी। कवियों की वंशावली, काव्य-ग्रंथों की छंद-संख्या, साहित्यकारों की लिखी पुस्तकों की नामावली, देश-भर के पत्रों और संपादकों का इतिवृत्त, साहित्यिक संस्थाओं का विवरण-सहित परिचय–सब कंठस्थ। तुलसीकृत रामायण के हरएक काण्ड में कौन छंद कितने हैं–सब जबान की नोक पर। सिर्फ अपनी याददाश्त के बल पर उन्होंने इस सदी की दूसरी दशाब्दी में एक पुस्तक लिखी थी, जिसमें 'पिछले पचास वर्षों में बिहार में हिंदी की अवस्था' का दिग्दर्शन कराया था। उसके विषय में कहते थे–"अपने पास के कागज-पत्रों का सहारा लेता तो पोथा बन जाता, इसलिए संक्षिप्त सिंहावलोकन करके जबानी ही एक झलक-झाँकी दिखा दी है।" आजकल तो आकर-ग्रंथों का सहारा लिये बिना इतिवृत्तात्मक पुस्तक लिखना कठिन कर्म हो गया है !

साहित्य के सभी अंगों से उनको बड़ा प्रेम था। इतिहास की घटनाएँ कहानी की तरह सुनाते थे। 'बंगाल का इतिहास'-नामक पुस्तक भी लिखी थी। सिक्ख गुरुओं की बहादुरी की बातें बड़े अनुराग से कहते थे। धार्मिक विचारों में नानक-पंथी थे। पहले-पहल कविवर 'हरिऔध'जी के दर्शन उन्हीं के घर पर हुए थे। 'हरिऔध'जी भी नानकपंथी ही थे; क्योंकि उस समय उनके आने पर कड़ाह का जो प्रसाद बँटा था, उसमें से मैंने भी मृदुल-मधुर हलवा पाया था।

बाबू शिवनन्दन सहायजी अँगरेजी, फारसी, पंजाबी, बंगला आदि भाषाओं के भी अच्छे जानकार थे। उर्दू में शायरी भी करते थे। उनके काव्य-गुरु थे हरमन्दिर (पटना) के महन्त बाबा सुमेर सिंह। उनकी हिन्दी की समस्या-पूर्त्तियाँ उस समय

---

1. पटना के खड्गविलास प्रेस के स्वामी भारतेन्दु-सखा महाराजकुमार बाबू रामदीनसिंहजी।
2. व्रजनन्दन सहाय 'व्रजवल्लभ' जब रोगशय्या पर मरणासन्न थे तब मैं उनसे मिलने के लिए आरा गया था और उनसे पूछा था कि भारतेन्दु-जीवनी की वह शेषांश सामग्री और बेठन में बँधा वह कागजपत्र का बस्ता कहाँ है ? उन्होंने उत्तर दिया कि 'पण्डित अयोध्यासिंह उपाध्याय अरिऔध, सब समेटकर उठा ले गये–जीते-जी उसको लौटाया ही नहीं, मरने पर तो वह दुर्लभ ही हो गया।'

के पत्रों में छपा करती थीं। कानपुर से कविवर 'पूर्ण'जी का जो मासिक 'रसिकमित्र' निकलता था, उसमें उनकी समस्या-पूर्त्तियाँ मैंने देखी थीं। 'विचित्र संग्रह' और 'कृष्ण-सुदामा' तथा 'कविता-कुसुम' उनकी तीन कविता-पुस्तकें प्रकाशित हो चुकी हैं। एक गद्य-पद्यात्मक 'सुदामा' नाटक भी लिखकर छपवाया था। बातचीत के प्रसंग में शेख-सादी की 'गुलिस्ताँ-बोस्ताँ' के शेर प्रायः कहा करते थे। 'करीमा' और 'खालकबारी' तो मानो कंठाग्र ही कर डाला था। उनके लेखों, समालोचनाओं और ग्रंथों में कहीं-कहीं उर्दू-फारसी के शेर प्रकरणानुसार मिलते भी हैं।

एक बार भारतेन्दु-जयंती के अवसर पर एक भाषण बहुत लम्बा लिख डाला था, जो काशी के दैनिक 'आज' में क्रमशः प्रकाशित हुआ था। उसमें भारतेन्दु की जीवनी से अतिरिक्त नई बातें भी लिख दी थीं। भारतेन्दु के सम्बन्ध में कितनी ही मनोरंजक बातें प्रायः सुनाया करते थे। उन्हीं से सुनी हुई बहुतेरी बातें मैंने भारतेन्दु की शतवार्षिक जयंती के अवसर पर 'हंस', 'बालक' आदि के जयंती-अंकों में लिखी थीं। महाराजकुमार बाबू रामदीन सिंह, बाबा सुमेरसिंह साहबजादा, बाबू साहबप्रसाद सिंह आदि पुराने साहित्य-सेवियों के विषय में तरह-तरह की बातें हमेशा नई-नई ही बतलाते थे।

बिहार-प्रादेशिक हिन्दी-साहित्य-सम्मेलन के जब सभापति हुए (सीतामढ़ी, मुजफ्फरपुर में) तब बिहार के हिन्दी-साहित्य का सारा इतिहास ही अपने सुदीर्घ भाषण में लिख डाला। आज भी उसी के जगमग प्रकाश में अतीत के अंधकार-युग को टटोलना पड़ता है। बाबू रामदीन सिंह की उदाराशयता, बाबा सुमेरसिंह की शौकीनी और रसिकता की अनोखी कहानियाँ उनसे जो सुनी थीं; उन पर जब ध्यान जाता है तब आज का साहित्य-संसार छूछा-सा लगता है।

मैं बहुत दिनों से बिहार के हिन्दी-साहित्य के इतिहास की सामग्री एकत्र कर रहा था। उनसे एक बार प्रार्थना की कि साहित्य-सम्मेलन के उपर्युक्त भाषण में उल्लिखित बातों के अतिरिक्त जो कुछ भी आपकी जानकारी है सो सब लिखकर मुझे दे दीजिए, मैं उसका उपयोग यथास्थान करूँगा। उन्होंने कुछ दिनों बाद भारी पुलिंदा भेज दिया। दुर्भाग्य की बात, मुजफ्फरपुर-निवासी श्रीभुवनेश्वर सिंहजी 'भुवन' उसे अपनी 'वैशाली' पत्रिका में प्रकाशित करने के लिए आग्रहपूर्वक ले गये। आखिर उन्होंने उसका कोई उपयोग भी नहीं किया और कई बार उसे लौटाने का अनुरोध करने पर भी यही कहकर समय माँगते रहे कि कुछ बातें नोट करके शीघ्र भेज दूँगा। 'भुवन'जी मृत्यु-भुवन छोड़कर चले भी गये, मगर वह अमूल्य सामग्री नसीब न हुई।[1]

1. नोटबुक, डायरी, बहुमूल्य पुस्तक, महत्त्वपूर्ण चिट्ठी, सुन्दर पत्र-पत्रिका, खोज करके लिखे गये नोट आदि अमूल्य एवं अलभ्य वस्तुओं को आँखों से ओझल होने पर पुनः प्राप्त करना असंभव होता है। इन्हें दूसरों को देना या सुरक्षित स्थान से निकालकर कहीं बाहर भेजना दुर्भाग्य तो है ही, मूर्खता भी है। यह स्वानुभूति है।—ले.

बाबू शिवनन्दन सहाय का बुढ़ापा बड़े सुख से कटा। उनके एकमात्र सुपुत्र बाबू ब्रजनन्दन सहाय 'व्रजवल्लभ' उनके जीवन-काल में ही साहित्य-क्षेत्र में अपनी कीर्त्तिलता का विस्तार कर चुके थे। 'सौंदर्योपासक' और 'लालचीन'-नामक उपन्यास तथा 'मैथिल कोकिल विद्यापति' नामक ग्रंथ[1] लिखकर अपने पिता के समान ही यशस्वी बन गये थे। शायद हिन्दी-संसार में केवल इन्हीं दो पिता-पुत्र को एक ही साथ 'हिन्दी-कोविद-रत्नमाला' में गुम्फित होने का सौभाग्य प्राप्त हुआ। पुत्र-पौत्र से सम्पन्न-सुखी परिवार में बाबू शिवनन्दन सहायजी को वृद्धावस्था तक निश्चिन्तता से स्वाध्याय करते रहने का अवसर मिला। इनकी पैतृक संपत्ति में उनका घरेलू पुस्तकालय दर्शनीय है।

बाबू शिवनन्दन सहाय की सादगी बेजोड़ थी। घिसा स्लीपर, घुटनों तक धोती, गाढ़े का कुर्ता और मामूली दुपलिया टोपी, उलझी हुई दाढ़ी, कभी-कभी पेबंद लगा हुआ कुर्ता और उसके भी बटन खुले हुए ! वेश-भूषा, भाषा, स्वभाव, बोलचाल, सबमें सादगी। सरलता और साधुता की साक्षात् मूर्त्ति थे वे।

पं. अमृतलाल चक्रवर्त्ती

1863-1936

हिन्दी की सेवा के लिए अनेक बंगाली सज्जनों के नाम स्मरण किये जा सकते हैं। 'सरस्वती' और 'हिन्दी-वंगवासी' के मालिक बंगाली ही थे। इनकी स्तुत्य सेवा चिरस्मरणीय है। स्वर्गीय शारदाचरण मित्र को 'एक लिपि-विस्तार-परिषद्' और 'देवनागर' मासिक पत्र को हम हिन्दीवाले कभी नहीं भूल सकते। सबसे पुराने हिन्दी-प्रेमी बंगाली बाबू नवीनचन्द्र राय और संभवतः उन्हीं की विदुषी पुत्री श्रीमती हेमन्तकुमारी चौधरी को हिन्दी-संसार अच्छी तरह जानता है। हाँ, एक और हिन्दी-प्रेमी वंगमहिला हुईं, जिनका शुभ नाम था श्रीमती हेमन्तकुमारी देवी (भट्टाचार्य)। उन्होंने हिन्दी में कई पुस्तकें लिखीं और कई हिन्दी-लेख लिखकर बड़े-बड़े पुरस्कार भी पाये। इनके सिवा, और भी कई बंगाली सज्जन हुए, जिनका हिन्दी-अनुराग अभिनन्दनीय है। बाबू गिरजाकुमार घोष का नाम भी हिन्दी-साहित्य में अमर हो चुका है। 'उद्भ्रान्त प्रेम' के प्रथम हिन्दी-अनुवादक बाबू द्वारकानाथ मैत्र और कई हिंदी-पुस्तकों के लेखक बाबू कार्त्तिकेयचरण मुखोपाध्याय आदि

1. 'व्रजवल्लभ'जी ने ही सबसे पहले मैथिल कोकिल विद्यापति को वंगीय साहित्य-क्षेत्र से लाकर हिन्दी-साहित्य-मन्दिर में स्थापित किया था।

हिंदी-भक्त बंगाली सुविख्यात हैं। 'सरस्वती' के पाठक बाबू नलिनीमोहन सान्याल से खूब परिचित होंगे। वे भाषा-विज्ञान के पण्डित और हिंदी के प्रथम एम. ए. बंगाली थे।

इसी प्रकार और भी कितने ही हिंदी-प्रेमी बंगाली हैं, जो अवसर और प्रोत्साहन न मिलने के कारण ही नहीं उभरे। कवीन्द्र रवीन्द्र भी हिन्दी के महाकवि कबीरदास की रचनाओं के बड़े प्रेमी थे। नाटकाचार्य स्वर्गीय द्विजेन्द्रलाल राय के सुपुत्र संगीताचार्य्य दिलीपकुमार राय मीराबाई के पद गाते-गाते प्रेम से झूमने लग जाते थे, यह बात कलकत्ता की हिन्दू-महासभा[1] में असंख्य हिंदी-प्रेमी देख चुके थे। कलकत्ता में तुलसी-जयन्ती के अवसर पर श्रीगोविन्द लाल वन्द्योपाध्याय नाम के एक बंगाली सज्जन ने तुलसीदास पर हिन्दी में भाषण करते हुए अपूर्व भक्ति-रस बरसाया था। उन्होंने उक्त अवसर पर अपनी एक 'उक्तिकुसुमांजलि'-नामक पुस्तक भी बाँटी थी। उसमें हिन्दी के भक्त-कवियों के चुने हुए 300 दोहे सटीक संगृहीत थे।

पूर्वोक्त हिन्दी-लेखक और हिंदी-प्रेमी बंगाली सज्जनों में हम एक ऐसे व्यक्ति का नाम छोड़ आये, जिन्होंने हिन्दी की सेवा में अपना सारा जीवन व्यतीत किया और सुदूर बंगाल की देहात में निवास करते हुए भी बड़ी लगन से हिन्दी की सेवा करते रहे।

पण्डित अमृतलाल चक्रवर्त्ती सोलहवें अखिल-भारतवर्षीय हिन्दी-साहित्य-सम्मेलन (वृन्दावन) के अध्यक्ष मनोनीत हुए थे। उन्होंने व्रजभाषा की मधुरता पर मुग्ध होकर ही हिन्दी सीखना आरम्भ किया था। वे स्पष्ट कहा करते थे कि अपनी शोचनीय आर्थिक अवस्था में भी हम हिंदी लिख-पढ़कर ही संतुष्ट रहा करते हैं। कई बार हिन्दी लिखने-पढ़ने का लोभ-संवरण न कर सकने के कारण ही उन्होंने अच्छी-से-अच्छी नौकरी छोड़ दी। जिस समय, 1913 ई. में, ब्यावर (राजपूताना) के सेठ दामोदरदास राठी की मिल में वे 150) मासिक पा रहे थे, उस समय सेठजी उनको 800) मासिक पर मिल का मैनेजर बनाना चाहते थे; पर वे हिंदी लिखने के लिए इतने व्याकुल हो उठे कि वैसी अच्छी नौकरी छोड़कर 'श्रीवेंकटेश्वर-समाचार' का सम्पादन करने के लिए बम्बई चले गये। सेठजी ने वहाँ तक पीछा किया। पर उन्होंने यही कहकर पिण्ड छुड़ाया कि हिन्दी से अलग रहा नहीं जाता।

पहले-पहल 1884 में उन्होंने हिन्दी के क्षेत्र में प्रवेश किया था। उस समय इलाहाबाद-हाईकोर्ट में 40) मासिक वेतन पर वे पबलिक-प्रॉसिक्यूटर का ब्रीफ तैयार करते थे। वहीं 'प्रयाग-समाचार' के सम्पादक पण्डित देवकीनन्दन त्रिपाठी ने उनको हिंदी लिखने के लिए उत्साहित किया। जैसी हिंदी वे बोलते थे वैसी ही लिखने

---

1. पंजाबकेसरी लाला लाजपत राय के सभापतित्व में इसका अधिवेशन हुआ था—सन् 1924 ई. में।

लगे। अभ्यास बढ़ता गया। चसका लग गया, खूब लिखने लग गये, धड़ल्ले से बोलने भी लगे। उन्हीं दिनों प्रयाग में एक हिन्दू-सभा थी, जिसके सभापति थे म्योर-सेण्ट्रल-कॉलेज के संस्कृत-प्रोफेसर पण्डित आदित्यराम भट्टाचार्य्य, और सदस्य थे माननीय मालवीयजी आदि। उसी सभा के वार्षिकोत्सव में कालाकाँकर के राजा रामपाल सिंहजी चक्रवर्त्तीजी का ओजस्वी हिन्दी भाषण सुनकर अत्यन्त प्रसन्न हुए। 1885 में 100) पर वे राजा साहब के यहाँ नियुक्त हुए। पर हिन्दी का वियोग फिर अखरने लगा।

सन् 1886 ई. में वे अपने घर आये और वहाँ से कई बार बुलाये जाने पर भी लौटकर फिर नहीं गये। 'इण्ट्रेन्स' की परीक्षा की तैयारी करने लगे। परिवार के भरण-पोषण के लिए 'ट्यूशन' करके पढ़ते थे। ईश्वर की कृपा से उसी साल (1886 में) पास हो गये। पास होते ही 'भारत-मित्र' में नौकरी मिल गई। सुबह-शाम नौकरी करते थे और दिन में विद्यासागर-कॉलेज में पढ़ते थे। 1888 में एफ. ए. पास हुए और 1890 में अँगरेजी के बी. ए. (ऑनर्स) हुए। इसी साल उनके सम्पादकत्व में साप्ताहिक 'हिन्दी-वंगवासी' का जन्म हुआ; पर पढ़ाई न छूटी। 1894 में बी. एल. भी पास कर लिया। किन्तु उत्कट हिन्दी-प्रेम के कारण अदालत की कुर्सी तोड़ने का सौभाग्य प्राप्त न हुआ।

सन् 1900 ई. तक 'हिन्दी-वंगवासी' में रहकर वे बाबू बालमुकुन्द गुप्त के बुलाने से 'भारत-मित्र' में चले गये। उनमें वे छोटी-छोटी मौलिक कहानियाँ लिखने लगे। 'शिवशम्भु का चिट्ठा' भी उन्होंने ही शुरू किया था। पर उनका लिखा अंश न तो 'चिट्ठा' ही पुस्तकाकार छपा और न कहानियों का ही संग्रह प्रकाशित हुआ। हाँ, उनका लिखा 'सती सुखदेई'-नामक मौलिक उपन्यास 'भारत-मित्र' कार्यालय से निकला। हिन्दी-वंगवासी-कार्यालय से भी उनकी कई पुस्तकें निकलीं—बँगला-महाभारत के आदि-सभा और वन-पर्वों का तथा विलायत की चिट्ठी, भगवद्गीता और संस्कृत के एक ज्योतिष-ग्रंथ का हिन्दी-अनुवाद। इसके सिवा वहीं से उनका लिखा 'सिक्ख-युद्ध' नामक स्वतन्त्र ग्रंथ भी निकला। एक 'शिवाजी की जीवनी' भी उन्होंने वहीं लिखी थी, जो 'हिन्दी-वंगवासी' के उपहार में बाँटी गई थी। मासिक 'विश्वमित्र' में उन्होंने कुछ आत्मसंस्मरण लिखे थे, पर वे पुस्तकाकार धारण न कर सके। उनका 'चन्दा' उपन्यास भी बहुत दिनों तक सम्मेलन की उत्तमा-परीक्षा में स्वीकृत पाठ्य रहा।

'भारत-मित्र' में लगभग डेढ़-दो वर्ष रहकर वे 'वेंकटेश्वर' में (बम्बई) चले गये। पर वहाँ लार्ड कर्जन के दिल्ली-दरबार (1904) तक ही रहे। फिर प्रयाग में पण्डित द्वारकाप्रसाद चतुर्वेदी की सहयोगिता से चक्रवर्त्तीजी के ही सम्पादकत्व में 'उपन्यास-कुसुम' नामक मासिकपत्र निकला; पर एक ही अंक निकलकर बन्द हो गया; क्योंकि वे उसी समय भारत-धर्म-महामण्डल के मैनेजर नियुक्त होकर

मथुरा चले गये। 'मण्डल' में सवा दो वर्ष रहे–'निगमागमचन्द्रिका' का सम्पादन और यत्र-तत्र धार्मिक भाषण करके 'मण्डल' का संगठन करना उनका काम था। जब 'मण्डल' मथुरा से काशी आया, तब वे फिर 1905 में 150) पर सकुटुम्ब बम्बई के 'वेंकटेश्वर' में चले गये। किन्तु बंगाल में स्वदेशी-आन्दोलन आरम्भ होते ही फिर स्वदेश आये और 1906 से 1909 तक अपने थाने के इलाके में अकेले ही इतना स्वदेशी-प्रचार किया कि एक पैसे का भी विदेशी वस्त्र न बिकने पाया।

उस आन्दोलन के अन्त (1910) में चक्रवर्त्तीजी फिर 'भारत-मित्र' में आये। पर रासायनिक अनुसन्धान का ऐसा शौक चर्राया कि 1912 में 'भारत-मित्र' से अलग हो गये। फलतः पूँजी के अभाव से रसायनशाला भी उनको ऋणग्रस्त बनाकर कालग्रस्त हो गई। तब वे ब्यावर के उक्त सेठजी के यहाँ चले गये और वहाँ से हिन्दी के लिए बिलबिलाते हुए बम्बई को भागे, जिसकी चर्चा ऊपर हो चुकी है।

सन् 1914 ई. में योरोप का महाभारत आरम्भ हुआ। उसी साल चक्रवर्त्तीजी ने 'वेंकटेश्वर' को दैनिक कराया, किन्तु अनबन हो जाने के कारण एक ही वर्ष के बाद 200) की नौकरी छोड़कर 'कलकत्ता समाचार' में चले आये। पर 'समाचार' में भी एक ही वर्ष टिके और 1916 में फिर बम्बई के 'समाचार' में पहुँचे। इस बार वहाँ वेंकटेश्वर-सम्पादक के अतिरिक्त 100) पर बम्बई के प्रसिद्ध धनेश्वर गोस्वामी गोकुलनाथजी के अँगरेजी-हिन्दी-शिक्षक भी रहे। फिर दो वर्ष के बाद गोस्वामीजी ने 250) पर अपना सलाहकार नियुक्त कर लिया। इसलिए सम्पादन-कार्य छोड़ देना पड़ा।

गोस्वामीजी की अनुमति से चक्रवर्त्तीजी ने वंगभाषा में 'शुद्धाद्वैतदर्शन' नामक ग्रंथ लिखा। उनसे गोस्वामीजी इतने संतुष्ट रहते थे कि 1923 में बीमार होकर घर आने पर भी महीनों तक उनको 100) मासिक देते रह गये। किन्तु स्वस्थ होने पर उन्होंने गंगा-तट पर ही वृद्धावस्था बिताने का निश्चय किया; अतएव कहीं बाहर न जाकर स्वर्गीय देशबन्धुदास के यहाँ 300) पर आन्दोलक नियुक्त हुए; पर हिन्दू-मुस्लिम-पैक्ट के सम्बन्ध में मतभेद होने के कारण वह काम भी छोड़ बैठे। तब दानवीर बिड़लाजी की ओर से 150) पाने लगे–कलकत्ता के 'वणिक प्रेस' से निकलनेवाले साप्ताहिक 'श्रीसनातनधर्म' का सम्पादन करना और महाभारत की कथाएँ लिखना, यही काम था।

वे बहुत अच्छे वक्ता थे। उनकी वाणी में बहुत ओज और प्रवाह था। बोलते समय जोश से भरकर हाथ-पैर भी खूब हिलाते-पटकते थे। जैसी संस्कृत-बहुल भाषा लिखते थे वैसी ही बोलते भी थे। बंगाली होने के कारण बीच-बीच में लच्छेदार सामासिक शब्द भी स्वभावतः बोल जाते थे। जैसा भव्य डीलडौल था वैसा ही ऊँचा और घन-गंभीर कंठस्वर भी। प्रायः बोलते-बोलते इतना अधिक उत्तेजित हो

उठते कि मुँह से झाग आने लगता।

पढ़ने के समय गाजीपुर (युक्तप्रान्त) में रह चुके थे, इसलिए भोजपुरी भी बोल लेते थे–ठेठ देहाती भी। बंगाली होते हुए भी उन्होंने अपना सारा जीवन केवल हिन्दी की ही सेवा में बिताया। वे हिन्दी के जैसे उद्‌भट लेखक थे वैसे ही बँगला के भी; पर अपने योगक्षेम के लिए राष्ट्रभाषा को छोड़ अपनी मातृभाषा की शरण कभी न ली। जीवन के अंतिम दिनों में, जब उनकी कार्यक्षमता क्षीण हो गई और आर्थिक स्थिति भी शोचनीय ही नहीं–दयनीय हो गई, बँगला में पुस्तकें लिखने के लिए कलकत्ता के कई प्रकाशकों ने उन्हें प्रेरित किया और प्रलोभन भी दिये; किन्तु उन्होंने स्पष्ट कह दिया कि हिन्दी के सिवा किसी दूसरी भाषा में नहीं लिखेंगे; क्योंकि जीवन-भर यही लिखा है और आखिरी दम तक यही लिखते रहेंगे। बँगला के कई अखबार उन्हें साग्रह अपनाने को सहर्ष तैयार थे; यदि वे चाहते तो उन्हें सम्पादक की कुर्सी पर बिठाकर वे निहाल हो जाते; किन्तु उनका हिन्दी-सेवा-व्रत सदैव अटल रहा। अपनी टेक के वे ऐसे पक्के थे, और इस टेक के निबाहने में अद्‌भुत त्याग भी दिखाया। उपवास तक किया; पर किसी के आगे हाथ न पसारा।

वे कितनी सादगी से रहते थे ! देखकर श्रद्धा तो होती थी; पर करुण पीड़ा भी कुछ कम नहीं। वृन्दावन के सोलहवें साहित्य-सम्मेलन के सभापति तो चुन लिये गये; पर पास पैसे नहीं कि वहाँ जाने योग्य कपड़े बनवायें ! जमीन में बिछी हुई एक पुरानी दरी पर फटी सीतलपाटी सोने-बैठने के लिए, न जाने कब का पुराना एक कम्बल ओढ़ने के लिए ! ओढ़न-डासन का यह हाल; छाता-जूते का इससे भी गया-बीता ! सिर्फ दो ही कुर्ते और दो धोतियाँ, जिन्होंने साबुन के सिवा धोबी का मुँह कभी न देखा ! मैंने 'मतवाला'-सम्पादक श्रीमहादेवप्रसादजी सेठ से सारा हाल कहा, मुन्शी नवजादिक लालजी श्रीवास्तव से भी। दोनों सज्जन स्वयं उनके पास पहुँचे; बहुत आग्रह किया कि वृन्दावन जाने के योग्य कपड़े सिलवाये और खरीदे जायँ। पर वे तो रोने लगे। वे तो ईश्वर से भी अपनी गरीबी पर दया की भीख माँगनेवाले जीव नहीं थे, फिर मनुष्य की सहानुभूति उन्हें क्यों न विकल करती। रोते-ही-रोते कहने लगे–"मैं बिना कोई काम किये किसी प्रकार की आर्थिक सहायता किसी से भी नहीं ले सकता। बस इसी दशा में किसी तरह वृन्दावन चला जाऊँगा।"[1] आखिर वृन्दावन से लौटने के बाद कोई साहित्यिक काम करा लेने का आश्वासन देने पर मार्गव्यय और वस्त्रादि का मूल्य लेने को तैयार हुए।

---

1. उनकी उस करुणाजनक असहायावस्था को बन्धुवर पं. रमेशचंद्र त्रिपाठी देख चुके थे जो उन दिनों मेरे साथ 'उपन्यास-तरंग' (कलकत्ता) के सम्पादक थे, और बाद में 'श्रीकृष्ण-संदेश' के सम्पादकीय विभाग में रहे, जहाँ चन्द्रवर्त्तीजी के लिए चन्दे की रकम जमा की जा रही थी।

एक बार देशबन्धु चित्तरंजन दास ने उनके अभावों की करुण कहानी सुनी और उन्हें सादर बुलाकर अपने स्वराज-दल का प्रचार-कार्य करने के लिए दो सौ रुपये मासिक वेतन पर व्याख्याता नियुक्त किया। किन्तु संयोगवश एक बार उनके आत्माभिमान को जरा-सी ठेस लगी, तो तुरत ठुकरा दिया निगोड़ी नौकरी को। इसी तरह 'हिन्दोस्तान',[1] 'हिन्दी-वंगवासी'[2] और 'वेंकटेश्वर-समाचार'[3] का सम्पादकत्व भी आत्माभिमान की बलिवेदी पर ही उत्सर्गीकृत हुआ था। उन दिनों अखबार के मालिक की इच्छा अत्यन्त निरंकुश थी। सम्पादक को बिना दिखाए ही मालिक ने अपने एक कुटुम्बी के विवाह की सूचना अपने अखबार में छपवाने के लिए प्रेस में कम्पोज करा दी। जब प्रूफ आया सम्पादक के सामने, ब्रह्म जाग उठा। उधर हठीले मालिक अड़ गये, इधर सम्पादक। इस खींचतान में पूँजीपति की विजय हुई। श्रमजीवी सम्पादक ने तत्क्षण बिस्तर समेटा। मालिक ने पगड़ी तक पाँव पर रख दी; पर सम्पादक का स्वाभिमान तो समुद्र-शासक राम का अमोघ बाण-सन्धान था ! अभावों की आँच में, तपे हुए स्वाभिमान-स्वर्ण की दामिनी-दमक से मालिक के स्वर्ण-मदान्ध नेत्रों में चकाचौंध छा गई ! बेचारे सजलनयन भावुक सम्पादक चुपचाप निकल पड़े खुदा की राह पर !

पं. अमृतलाल चक्रवर्त्ती का जन्म बंगाल के 'नादरा' ग्राम (पोस्ट बोगरा, जिला चौबीस परगना) में, 1863 ई. के आश्विन मास में, हुआ था। उनके पिता पण्डित आनन्दचन्द्र चक्रवर्त्ती पुराने ढर्रे के आस्तिक एवं निष्ठावान् ब्राह्मण थे। माता श्रीमती इच्छामयी देवी बँगला पढ़ी-लिखी और बड़ी दयावती थीं। छोटे भाई प्रबोधचन्द्र चक्रवर्त्ती कलकत्ता में 'ईस्ट-बंगाल-रेलवे' के 'बुकिंग-सुपरवाइजर' थे। एकमात्र बहन भक्तिमती देवी 'यथा नाम तथा गुणः' के अनुसार बड़ी श्रद्धालु थीं। चक्रवर्त्ती जी के चार पुत्र और चार विवाहित कन्याएँ थीं। उनकी पत्नी श्रीमती हेमन्त कुमारी देवी बँगला और कुछ अँगरेजी भी जानती थीं। चक्रवर्त्तीजी के पिता ने 1879 में एक साधारण गृहस्थ की सुशीला बालिका से ही उनका विवाह किया था। उसी साल गाजीपुर के विक्टोरिया-स्कूल से उन्होंने अँगरेजी मिड्ल पास किया। वहाँ उनके मामा अफीम के महकमे में नौकर थे जिन्होंने बोगरा के छात्रवृत्ति-विद्यालय से हटाकर गाजीपुर के उक्त स्कूल में उन्हें भर्त्ती कराया था। बोगरा के विद्यालय में पाँच से ग्यारह वर्ष की उम्र तक चक्रवर्त्तीजी ने बँगला पढ़ी और एक वर्ष घर पर मुग्धबोध व्याकरण तथा रघुवंश। अर्थात् 12 वर्ष की अवस्था में मामा के

---

1. हिन्दी-दैनिक पत्र, जिसे कालाकाँकर-नरेश राजा रामपाल सिंह ने निकाला था।
2. हिन्दी-साप्ताहिक, कलकत्ता।
3. हिन्दी-साप्ताहिक, बम्बई।

यहाँ पढ़ने गये; पर पढ़ाई में बाधा पड़ने के कारण उसी नगर में अपने एक विद्वान् मौसेरे भाई के यहाँ चले गये। किन्तु अँगरेजी-मिडल पास करने और विवाहित होने के बाद ही पिता का देहान्त हो जाने से एकाएक उनके असमर्थ कन्धों पर कुटुम्ब-पालन का दुस्सह भार आ पड़ा। पर अल्हड़ नवयुवक और असहाय होने पर भी वे तनिक विचलित न हुए। लड़के पढ़ाकर परिवार के पालन-पोषण का काम चलाने लगे। दस बजे रात से पहले कभी उन्हें अपनी पाठ्य-पुस्तकें देखने का अवकाश नहीं मिलता था।

उसी समय के पढ़ाए हुए विद्यार्थियों में से एक इलाहाबाद-हाईकोर्ट के जज जस्टिस लाल गोपाल मुकुर्जी हुए, जिन्हें चक्रवर्त्तीजी ने दो वर्ष तक गाजीपुर में पढ़ाया था। पर जब पिता की मृत्यु के बाद गाजीपुर से घर आये तब जीविका के लिए कलकत्ता में बहुत खाक छानी। आखिर लाचार होकर, स्त्री के सुनहरे हार को बेचकर साग-भाजी का रोजगार शुरू किया। देहात से कलकत्ता के बाजार में नाव पर साग-भाजी लाते थे। मगर गाँववाले साग बेंचने के कारण जब जातिच्युत करने की धमकी देने लगे, तब सपरिवार फिर गाजीपुर चले गये और वहाँ से 20) मासिक वेतन तथा कुटुम्ब-भरण का व्यय पाकर एक धनी व्यापारी की दूकान पर प्रयाग चले गये, जहाँ पाँच वर्ष का उसका गड़बड़ हिसाब दुरुस्त कर मालिक को अत्यन्त सन्तुष्ट कर दिया। किन्तु किंचित् दुर्व्यवहार के कारण वह नौकरी भी छोड़ देनी पड़ी और उसी दिन इलाहाबाद के लोकोमोटिव डिपार्टमेण्ट में 20) मासिक पर नियुक्ति हो गई। पर वहाँ भी दुर्भाग्य ने पीछा न छोड़ा ! बड़े साहब से बिगड़कर नौकरी छोड़ बैठे और उसी समय पहले-पहल 'प्रयाग-समाचार' द्वारा हिन्दी-संसार में प्रविष्ट हुए। केवल प्रचण्ड स्वाभिमान के कारण ही चक्रवर्त्तीजी ने यावज्जीवन बार-बार दरिद्रता का आलिंगन किया। लक्ष्मी-सरस्वती के सापत्न्य के वे साक्षात् उदाहरण थे।

चक्रवर्त्तीजी ने हिन्दी की सेवा में अपना जीवन खपा दिया। उन्नति के अनेक अन्य मार्गों को सहर्ष त्यागकर एकमात्र हिन्दी की सेवा में ही लगन लगाये रहे, यद्यपि सदैव आर्थिक संकट ही झेलते रहे। आज हिन्दी की उन्नति देखकर छाती फूल उठती है, पर उस उन्नति की ज्वाला को अपनी हड्डियाँ जला-जलाकर धधकाने वाले लेखकों की दयनीय दशा पर कोई दो बूँद आँसू भी नहीं गिराता।

आचार्य महावीरप्रसाद द्विवेदी
1864-1938

श्रद्धेय आचार्य द्विवेदीजी ने काशी-नागरी-प्रचारिणी सभा को जो अपना ग्रन्थभाण्डार दान दिया था, उसमें 'सरस्वती' की पुरानी प्रेस-कॉपी, उस समय की बहुत-सी चिट्ठियों और अखबारों की कतरनों के बंडल भी थे। जिस समय द्विवेदी अभिनन्दन-ग्रन्थ छपवाने का काम मुझे सौंपा गया उस समय सभा के प्रधानमन्त्री श्रीरायकृष्णदासजी के आदेश से मैं उन प्रेस-कॉपियों, चिट्ठियों और कतरनों के बंडलों के टटोलने में इस उद्देश्य से प्रवृत्त हुआ कि अभिनन्दन-ग्रन्थ के लिए 'द्विवेदीजी के जीवन पर एक व्यापक दृष्टि' नामक लेख तैयार किया जाय।

द्विवेदीजी के दान किये हुए ग्रन्थ-संग्रह से सभा की आठ अलमारियाँ भरी थीं और बंडलों से दो। पर शायद आचार्य द्विवेदीजी की आज्ञा प्राप्त किये बिना उन बंडलों को कोई खोल नहीं सकता था। इसलिए सभा के जीवनसर्वस्व बाबू श्यामसुन्दरदासजी ने द्विवेदीजी को पत्र लिखकर अनुमति मँगा दी। इतनी सुविधा होने पर भी, समयाभाव के कारण, मैं सिर्फ एक ही दर्जन बंडलों की छानबीन कर सका। इस छानबीन में करीब एक-डेढ़ हफ्ते का समय लगा होगा। लेकिन यह काम कम-से-कम एक-डेढ़ महीने का था। सब बंडलों की छानबीन करने के लिए नियमित रूप से छः महीने का समय लगाने की आवश्यकता थी। मैं तो सरसरी निगाह से कुछ ही बंडलों को देख सका।

आचार्य द्विवेदीजी ने अपने अठारह वर्ष के सम्पादनकाल में 'सरस्वती' के लिए जितने लेखों और कविताओं का संशोधन किया था, सबकी असली कापी प्रेस से मँगाकर सिलसिलेवार रखते गए थे। फिर अन्त में उन्हें अलग-अलग बण्डलों में बाँधकर काशी-नागरी-प्रचारिणी सभा को दे दिया था। उन बण्डलों में हिन्दी-भाषा के विकास का इतिहास छिपा हुआ था। वे बण्डल हिन्दी-साहित्य-भाण्डार के लिए अशर्फियों के गगरे थे।

सन् 1903 ई. के आरम्भ से ही द्विवेदीजी 'सरस्वती' का सम्पादन-कार्य करने लगे थे।

1903 में पहले-पहल द्विवेदीजी को कैसा घोर परिश्रम करना पड़ा था, इसका अनुमान करना आसान काम नहीं। द्विवेदीजी ने लेखों की कापियों में जो करेक्शन किए हैं, उन्हें देखकर सिर चकरा जाता था।

लेखादि अधिकतर पेन्सिल से ही लिखे गए थे। लेखों और प्रूफों के संशोधन में भी अधिकतर पेन्सिल से ही काम लिया गया था। तीस वर्ष बाद अब वे पाण्डुलिपियाँ बहुत जीर्ण-शीर्ण हो गई थीं। कागज गलता जा रहा था। नुकीली

पेन्सिल के लिखे हुए लेखों के पढ़ने में बड़ा कष्ट होता था। स्याही से लिखे हुए अक्षर भी बहुत मन्द पड़ रहे थे। किन्तु ध्यान से निरखने पर द्विवेदीजी के कठोर परिश्रम और सम्पादन-कौशल का पता जरूर लगता था।

सन् 1904 में भी द्विवेदीजी का परिश्रम देखने ही योग्य था। सन् 1911 तक की कापियों में मुझे द्विवेदीजी के भयंकर परिश्रम का दृश्य नजर आया। अनेक लेखों को उन्होंने खुद दुबारा लिखा था। कई लेखों के आधे अंश का पर्याप्त संशोधन किया था और आधा स्वयं नये सिरे से लिखा था। एक लेख ऐसा देखने में आया, जिसकी लिखावट कैथी अक्षर से मिलती-जुलती थी, मिडिलची का लिखा जान पड़ता था; किन्तु द्विवेदीजी के काट-छाँट करने से वह सुन्दर बन गया था। एक लेख में उन्होंने दोनों तरफ कागज चिपकाकर संशोधन और संवर्द्धन किया था। अधिकांश लेखों में हाशिया बिल्कुल नहीं था, दोनों पंक्तियों के बीच में संशोधन के योग्य स्थान भी नहीं था, फिर भी प्रत्येक पंक्ति में द्विवेदीजी ने दर्शनीय संशोधन किया था ! कई लेखों का कागज एकदम रद्दी था, स्याही भी फैली हुई थी, और भाषा का तो कहना ही क्या ! शायद ही कोई शब्द मिले जिसे द्विवेदीजी ने न तराशा हो। जान पड़ता था कि द्विवेदीजी की दृष्टि-शक्ति का ह्रास बहुत-कुछ लेखकों की कृपा से ही हुआ था। लन्दन, न्यूयार्क, पेरिस और बर्लिन से आए हुए लेखों का भी वही हाल था ! न हाशिया, न संशोधन का स्थान।

एक लेख आया था योरप के एक जगत्प्रसिद्ध नगर से—जहाँ पत्रकार-कला उस समय काफी उन्नत हो चुकी थी, और लिखा हुआ था बहुत बारीक कागज पर दोनों तरफ—न कहीं हाशिया, न लाइनों के बीच में करेक्शन का स्पेस ! लेकिन धन्य द्विवेदीजी का धैर्य ! ऐसा विकट संशोधन किया था कि देखकर दाँतों अँगुली दबानी पड़ती थी। केवल भाषा का ही संशोधन नहीं किया था, विषयगत बातों में भी परिवर्त्तन और परिवर्द्धन किया था। विदेशों के बारे में पूरी जानकारी रखे बिना वैसा परिवर्त्तन और संशोधन कोई नहीं कर सकता था।

उन संशोधित कापियों में बाद के बड़े-बड़े सुलेखकों की दशा देखकर द्विवेदीजी के प्रति स्वभावतः श्रद्धा उत्पन्न होती थी। आगे जिनका नाम सम्मेलन के सभापतित्व के लिए पेश किया जाता रहा, जो बड़े प्रतिष्ठित और यशस्वी लेखक माने जाते रहे, उनका हाल देखते द्विवेदीजी द्वारा संशोधित लेखों में। वास्तव में द्विवेदीजी ने भाषा का निर्माण, सुधार और शृंगार करने में अथक परिश्रम किया था—वे 'गढ़िया' और 'जड़िया' दोनों का काम करते रहे।

द्विवेदीजी ने गद्य-लेखों की भाँति पद्यात्मक रचनाओं में भी घनघोर संशोधन किया था। पद्यों का संस्कार करने में तो कमाल किया था। कविजी की रचना अलग रख दी और खुद उसी शैली का पद्य लिखकर उसके नीचे कविजी का नाम दे दिया ! प्रायः मनोरंजक श्लोकों के लिए तो सर्वत्र ऐसा ही किया था। बड़े-बड़े

संस्कृतज्ञों के भेजे हुए मनोरंजक श्लोकों का सरलार्थ स्वयं ही लिखा था; उनके किए हुए अर्थों को अलग रख दिया था; पर नाम उन्हीं का नीचे दिया था। एक पद्य की सिर्फ चार लाइनों में आवश्यक संशोधन करके बाकी सब लाइनों को बदल डाला था। एक पद्य की प्रत्येक पंक्ति में संशोधनों की भरमार थी। अब कौन कवि उतना संशोधन बरदाश्त करेगा और कौन सम्पादक उतना सिर खपाएगा ? द्विवेदीजी का संशोधन इतना उपयुक्त और सुन्दर होता था कि रचना के छप जाने पर रचयिता उसे देखकर फड़क उठता था। इसका कारण यह था कि रचनाओं के संशोधन में द्विवेदीजी पूर्ण मनोयोग देते थे।

अक्तूबर 1904 की 'सरस्वती' में एक वैज्ञानिक लेख छपा था। उसे द्विवेदीजी ने फुलस्केप साइज के तेरह सफों में लिखा था। लेखक ने सुबोध रीति से नहीं लिखा था, इसलिए द्विवेदीजी ने उसे सरल और रोचक बना डाला। इसके बाद लेखक के पास भेजा–"For approval and early return. (स्वीकृति के साथ शीघ्र लौटाने के लिए)।" उसके पहले ही सफे पर हाशिया में द्विवेदीजी का यह नोट था–"In preparing this paper from the original, in some places, certain portions have been omitted to reduce the length of the article. The omissions have not however reduced or affected the value of the paper.

लेखक ने लेख को पढ़कर द्विवेदीजी के पास लौटा दिया था। उस नोट के ठीक नीचे लेखक ने हस्ताक्षर कर दिया था और लिखा था–"Very good (बहुत सुन्दर)।" अब लेखक और सम्पादक में ऐसा बर्ताव कहाँ है ? अब तो लेखक अपने लेख के साथ यह आर्डिनेन्स लगाकर सम्पादक के पास भेजते हैं कि एक शब्द भी अगर बदलना हो तो सीधे वापस कीजिए। ऐसे टिन्नी लोगों की दवा द्विवेदीजी ही जानते थे। वह युग ही और था !

सन् 1905 में भी सम्पादकीय परिश्रम की मात्रा कुछ कम नहीं हुई थी। कुछ लेखों के आरम्भिक और अन्तिम अंश को स्वयं लिखा था, तथा मध्य के अंश का विधिपूर्वक संशोधन किया था। किसी लेख को टुकड़े-टुकड़े काटकर केवल उपयोगी अंश रख लिया था, और बीच-बीच में अपनी ओर से लिखकर सिलसिला जोड़ दिया था। एक कवि महोदय की रचना का भलीभाँति संशोधन करके हाशिया में इस प्रकार लिखा था–"These poets (!) are a source of great trouble to me.

बहुत से लेखों में तो द्विवेदीजी ने समय और तिथि भी लिख दी थी। खासकर अपने लिखे हुए लेखों में तो अवश्य ही तिथि डाल दी थी। इससे स्पष्ट मालूम हो जाता था कि कौन लेख कब संशोधित हुआ या लिखा गया। जुलाई की कापियों में द्विवेदीजी की लिखी हुई, प्रसिद्ध कोषकार पण्डित मथुराप्रसाद मिश्र की, जीवनी थी। वह फुलस्केप साइज के उन्नीस सफे में लिखी गई थी। उसके अन्त में यों

लिखा था–'10 से 12 दिसम्बर '04 तक, 2 घंटे रोज़, सबेरे।' लेख की मूल कापी के साथ स्वर्गीय मिश्रजी की एक चिट्ठी नत्थी थी जो महारानी विक्टोरिया के शासन काल के छोटे पोस्टकार्ड पर लिखी हुई थी। सन् 1895 ई. में काशी के दशाश्वमेध घाट से वह लिखी गई थी। उस पर '8 जुलाई' की तारीख़ पड़ी थी।

"आपका दयापत्र और 'देवीस्तुतिशतक' आज पाकर मैं बहुत आनन्दित हुआ। जिन विदेशीय शब्दों के स्थान में भाषा के शब्द नहीं हैं उनका व्यवहार तो अवश्य ही करना पड़ता है जैसे कोतवाल इन्स्पेक्टर पुलीस रेलवे कमिश्नर मजिस्ट्रेट जज आदि परन्तु जहाँ भाषा भलीभाँति काम दे सकती है तहाँ यावनी शब्दों का लाना मैं सर्वथा अनुचित समझता हूँ। आपकी पुस्तक उपयोगी और मनोहर है। आपका लेख अत्युत्तम है। काशी संस्कृत का घर है परन्तु आपकी सी भाषा लिखनेवाले यहाँ क्वचित् निकलेंगे। पुस्तक छपनी चाहिए, जिसमें लोगों का उपकार हो।–आपका शुभचिन्तक, श्रीमथुराप्रसाद मिश्र।"

पोस्टकार्ड पर देवनागरी में पता लिखकर फिर अँगरेजी में भी लिखा था। उस समय द्विवेदीजी के ग्राम दौलतपुर में डाकघर नहीं था। 'भोजपुर' में डाकखाना था। सन् 1912 तक 'भोजपुर' डाकखाने का ही पता मिलता रहा। द्विवेदीजी ने भी 'रघुवंश' के गद्यानुवाद की भूमिका में 'डाकघर भोजपुर (6 अगस्त 1912)' ही लिखा था।

जुलाई की कापियों में एक लेख 'पुस्तक-परीक्षा'-सम्बन्धी था। उसमें द्विवेदीजी ने 'बिहारबन्धु' के सम्पादक पण्डित केशवराम भट्ट के 'हिन्दी व्याकरण' की समालोचना की थी। उसमें सीखने योग्य कई बातें थीं।

संशोधनात्मक टिप्पणी : "आप 'चाहिये' को 'चाहिए' क्यों नहीं लिखते ? 'इये' प्रत्यय की जगह 'इए' क्यों न हो ? स्वर प्रधान है, व्यंजन अप्रधान। जहाँ तक स्वरों से काम निकलै तहाँ तक व्यंजनों के प्रयोग की क्या आवश्यकता ? अकेले 'ए' का जैसा उच्चारण होता है, वैसा ही 'य+ए' का होता है। फिर यह द्राविड़ी प्राणायाम क्यों ? यदि कोई यह कहै कि 'इये' प्रत्यय का रूप 'इए' करने से सन्धि हो जायगी, तो ठीक नहीं। हिन्दी में इस प्रकार की सन्धि को नित्य मानने से बड़ा गड़बड़ होगा। 'आईन' इत्यादि शब्द फिर लिखे ही न जा सकेंगे। हाँ, 'आयीन' चाहै कोई भले ही लिखै।"

यदि द्विवेदीजी के किए हुए सब तरह के संशोधन प्रकाशित कर दिए गये होते तो वर्त्तमान काल के लेखकों, कवियों और सम्पादकों का बड़ा उपकार होता। द्विवेदीजी जितने दिन 'सरस्वती' के सम्पादक रहे, उतने दिन के सभी लेखों की संशोधित कापियाँ सभा में थीं। एक साल के बण्डल में बारहो महीने की कापियाँ, अलग-अलग बारह नत्थियों में सिलसिलेवार रक्खी थीं। यदि उन सबका सदुपयोग किया गया होता, तो भाषा सीखनेवाले विद्यार्थियों के योग्य एक अच्छी पुस्तक

तैयार हो सकती थी, और उससे सम्पादन-कला के जिज्ञासु भी लाभ उठा सकते थे।

द्विवेदीजी के उन संशोधनों में पग-पग पर ध्यान देने योग्य बातें मिलती थीं। एक प्रसिद्ध संस्कृतज्ञ हिन्दी-कवि ने अपने पद्य में 'भाज्ञ' शब्द लिख दिया था। द्विवेदीजी ने 'ज्ञ' की जगह 'ग्य' बनाकर वहीं लिख दिया था–'हाय रे हिन्दी का भाग्य !' सचमुच द्विवेदीजी व्यंग्य के बादशाह थे।

आगरा के साप्ताहिक 'आर्यमित्र' में 24 सितम्बर और 1 अक्तूबर, 1908 को क्रमशः एक लेख छपा था। उस लेख का शीर्षक था 'सरस्वती में आर्य'[1]। उसके लेखक थे कोई मथुरानिवासी वि. एन. शर्मा। वह लेख व्यक्तिगत आक्षेपों से भरा हुआ था। उसी पर द्विवेदीजी ने बीस हजार का मानहानि का दावा करने का नोटिस दिया था। वह नोटिस 24 अक्तूबर, 1908 ई. के 'आर्यमित्र' में सम्पादकीय मन्तव्यों के साथ छपा था। हिन्दी के यशस्वी कवि और कानपुर के प्रतिष्ठित वकील राय देवीप्रसाद 'पूर्ण' ने द्विवेदीजी की ओर से नोटिस दिया था। फलस्वरूप उक्त वि. एन. शर्मा ने 24 सितम्बर 1909 के 'आर्यमित्र' में अपना 'क्षमापत्र' प्रकाशित किया। उन्होंने 27 सितम्बर, 1901 को 'काला-महल' (मथुरा) से एक प्राइवेट पत्र लिखकर भी द्विवेदीजी से क्षमा माँगी थी। उस पत्र में शर्माजी ने घोर पश्चात्ताप प्रकट किया था।

इस मुकदमे के सब कागज-पत्र एक ही बंडल में थे। उन्हें अच्छी तरह पढ़कर उस समय के इस आन्दोलन का खासा इतिहास लिखा जा सकता था। बंडलों के अन्दर कागजों का सिलसिला देखकर आचार्य द्विवेदीजी के अपूर्व संग्रहानुराग पर बड़ा आश्चर्य होता था। चिट्ठियों के लिफाफे, रजिस्ट्री और तार की रसीदें, अखबारों के रैपर और कटिंग, सब सुरक्षित और सुव्यवस्थित रक्खे थे। मुकदमे का ब्रीफ (खुलासा) स्वयं द्विवेदीजी ने अँगरेजी में लिखा था। वास्तव में द्विवेदीजी के समान संग्रही उस समय हिन्दी-जगत् में कोई नजर नहीं आता था।

द्विवेदी-अभिनन्दन-ग्रन्थ के निमित्त मुझे द्विवेदीजी के सम्बन्ध में जो लेख लिखना था उसके लिए मैं शुरू से ही द्विवेदीजी की लिखी हुई सब पुस्तकों की नामावली तैयार कर रहा था। दिन-दिन वह नामावली बढ़ती गई। उसके संशोधन में वर्त्तमान 'सरस्वती' सम्पादक शुक्लजी ने बड़ी सहायता दी। पंडित यज्ञदत्त शुक्ल ने भी द्विवेदीजी की पुस्तकों की एक सूची बनाई थी। आचार्य द्विवेदीजी पर उनका

---

1. 'आर्यमित्र' के सम्पादक (और बाद में मुद्रक) पं. बाबूराम शर्मा की (1907) आर्यभास्कर प्रेस, अजमेर से प्रकाशित पुस्तक 'भारतवर्ष का प्राचीन इतिहास और उसकी सभ्यता' के पृ. 34 पर 'आर्य' शब्द की व्युत्पत्ति की चर्चा थी। सितम्बर 1908 की 'सरस्वती' के पृ. 415 पर 'आर्य शब्द की व्युत्पत्ति' शीर्षक लेख छपा था। उस लेख के सम्बन्ध में 16 नवम्बर, 1908 के 'आर्यमित्र' में पं. नरदेव शास्त्री वेदतीर्थ ने एक आलोचनात्मक लेख लिखा था। 'सरस्वती में आर्य' शीर्षक लेख ठीक नरदेव शास्त्री वाले लेख से पूर्व छप चुका था।–सं.

एक लम्बा लेख अभिनन्दन-ग्रन्थ के अंत में छपा है। शायद उसी लेख के लिए उन्होंने पुस्तक-सूची तैयार की थी। वह द्विवेदीजी के सम्बन्धी थे। इसलिए उनकी बनाई हुई सूची के विशेष प्रामाणिक होने की संभावना थी। 'सरस्वती' सम्पादक शुक्लजी के अनुरोध से उन्होंने अपनी सूची मुझे दे देने की कृपा की। मैंने अपनी और उनकी सूची एकत्र करके द्विवेदीजी की सेवा में भेज दी। उसमें द्विवेदीजी ने यत्र-तत्र संशोधन मात्र कर दिया[1]।

उनकी लिखी पुस्तकों की पूरी सूची इस प्रकार है–

पद्य

(1) देवीस्तुति, (2) विनयविनोद, (3) महिम्नस्तोत्र, (4) गंगालहरी, (5) स्नेहमाला, (6) विहार-वाटिका, (7) काव्यमंजूषा, (8) कुमारसम्भवसार, (9) कविताकलाप (सम्पादित संग्रह), (10) सुमन (काव्यमंजूषा का संशोधित संस्करण), (11) अमृतलहरी (यमुनालहरी का अनुवाद)।

गद्य

(1) भामिनीविलास, (2) बेकनविचाररत्नावली, (3) हिन्दी-कालिदास की समालोचना, (4) हिन्दी-शिक्षावली के तृतीय भाग की समालोचना, (5) अतीत स्मृति, (6) स्वाधीनता, (7) शिक्षा, (8) सम्पत्तिशास्त्र, (9) नाट्यशास्त्र, (10) हिन्दी-भाषा की उत्पत्ति, (11) हिन्दी-महाभारत, (12) रघुवंश, (13) मेघदूत, (14) कुमारसम्भव, (15) किरातार्जुनीय, (16) नैषधचरित-चर्चा, (17) विक्रमांकदेवचरितचर्चा, (18) कालिदास की निरंकुशता, (19) आलोचनांजलि, (20) आख्यायिका-सप्तक, (21) कोविद-कीर्त्तन, (22) विदेशी विद्वान्, (23) जलचिकित्सा, (24) प्राचीन चिह्न, (25) चरितचर्या, (26) पुरावृत्त, (27) लोअर प्राइमरी रीडर, (28) अपर प्राइमरी रीडर, (29) शिक्षासरोज (रीडर, पाँच भाग), (30) बालबोध या वर्णबोध (प्राइमर), (31) जिले कानपुर का भूगोल, (32) आध्यात्मिकी, (33) औद्योगिकी, (34) रसज्ञरंजन, (35) कालिदास, (36) वैचित्र्यचित्रण, (37) विज्ञानवार्त्ता, (38) चरितचित्रण, (39) विज्ञविनोद, (40) समालोचना-समुच्चय, (41) वाग्विलास, (42) साहित्यसंदर्भ, (43) वनिताविलास, (44) महिलामोद, (45) अद्भुत आलाप, (46) सुकविसंकीर्त्तन, (47) प्राचीन पंडित और कवि, (48) संकलन, (49) विचारविमर्श, (50) पुरातत्त्व-प्रसंग, (51) साहित्यालाप, (52) लेखांजलि, (53) साहित्यसीकर, (54) दृश्यदर्शन, (55) अवध के किसानों की बरबादी, (56) कानपुर के साहित्य-सम्मेलन का स्वागत-भाषण, (57) आत्मनिवेदन (काशी के अभिनन्दनोत्सव में दिया भाषण) इत्यादि।

1. द्विवेदीजी द्वारा संशोधित यह मूल सूची शिवजी के संग्रहालय में उपलब्ध है।–सं.

पद्य की पुस्तकों में (1) से (6) तक बहुत पुरानी हैं। (1) 1892 ई. में और (2) 1889 में छपी थी। गद्य की पुस्तकों में भी (1) से (5) तक बहुत पुरानी हैं। (6) और (7) अँगरेजी से अनुवादित प्रसिद्ध ग्रंथ हैं। (11) और (12) अनुवादित होने पर भी मौलिक के समान आनन्दप्रद हैं। यही बात (13) से (17) तक की पुस्तकों के विषय में कही जा सकती है। द्विवेदीजी की अनुवादित पुस्तकें भी शुद्ध मौलिक प्रतीत होती हैं। (7) से (32) तक की पुस्तकें सम्भवतः इण्डियन प्रेस (प्रयाग) से निकली हैं। (6) का प्रकाशक हिन्दी-ग्रन्थ-रत्नाकर-कार्यालय (बम्बई) है। (33), (34) और (35) जबलपुर के राष्ट्रीय मंदिर से, (36) और (37) नवल-किशोर प्रेस (लखनऊ) से तथा (38) और (39) हिन्दी प्रेस (प्रयाग) से प्रकाशित हैं। (40) के प्रकाशक हैं रामनारायण लाल (इलाहाबाद) और (41) के हैं वैदेहीशरण, हिन्दी-पुस्तक-भंडार, लहेरियासराय (बिहार)। (42) से (47) तक का प्रकाशन लखनऊ के गंगा-पुस्तक-माला कार्यालय द्वारा हुआ है। (48) और (49) को काशी के भारती-भण्डार ने प्रकाशित किया है। (50) चिरगाँव (झाँसी) के साहित्यसदन से, (51) पटना के खड्गविलास प्रेस से, (52) कलकत्ता की हिन्दीपुस्तक-एजेन्सी से, (53) प्रयाग के तरुण-भारत-ग्रन्थावली-कार्यालय से, (54) मतवाला-मण्डल (कलकत्ता) से और (55) काशी के ज्ञानमण्डल-कार्यालय से प्रकाशित है। (14) से (26) और (32) से (54) तक की पुस्तकों में अधिकतर 'सरस्वती' में प्रकाशित लेखों और सम्पादकीय नोटों का ही संग्रह है। कुछ लेख अन्य पत्रिकाओं के भी हैं। फिर भी शायद द्विवेदीजी के बहुत-से छोटे-बड़े लेख पुस्तकाकार में संगृहीत नहीं हुए हैं। मैंने मोटे तौर पर हिसाब लगाकर देखा कि पचीस-तीस वर्षों के अन्दर आचार्य महोदय ने बीस हजार पृष्ठों से भी अधिक लिखा है।

हिन्दी में विभक्ति को सटाकर लिखना चाहिए या हटाकर, इसका झगड़ा सन् 1909 में उठा था। सटाऊ और हटाऊ सिद्धान्त की लड़ाई में कई अखबारों ने भाग लिया था। 'वेंकटेश्वर-समाचार' (बम्बई), 'अभ्युदय' (प्रयाग), 'भारतजीवन' (काशी), 'भारतमित्र' और 'हितवार्त्ता' (कलकत्ता) के उन सब अंकों का संग्रह द्विवेदीजी के एक बंडल में है[1], जिनमें पक्ष-विपक्ष के लेख छपे थे। द्विवेदीजी, विभक्ति को अलग लिखने के पक्ष में थे। पण्डित रामचन्द्र शुक्ल, लाला भगवानदीन, बाबू भगवानदास

1. द्विवेदीजी के संग्रह में उपर्युक्त साप्ताहिकों के जितने अंक सुरक्षित हैं, उनकी तालिका यहाँ दी जाती है। जब कभी इस साहित्यिक विवाद के सम्बन्ध में कोई सिद्धान्त स्थिर किया जायगा, तब इनकी खोज जरूर होगी–[1] 'वेंकटेश्वर-समाचार' 4, 18, 25 जून; 23, 30 जुलाई; 6, 13, 20, 27 अगस्त; और 3 सितम्बर (1909)। [2] 'अभ्युदय' (सम्पादक, पण्डित सत्यानन्दजोशी)–23, 30 जुलाई; 6 अगस्त; 10, 17, 24 सितम्बर (1909)। [3] →

हालना आदि अलगाऊ सिद्धान्त के समर्थक थे। पण्डित गोविन्दनारायण मिश्र, पण्डित अमृतलाल चक्रवर्त्ती, पण्डित अम्बिकाप्रसाद वाजपेयी, पण्डित जगन्नाथप्रसाद चतुर्वेदी आदि सटाऊ सिद्धान्त का पक्ष लिये हुए थे।

श्रीराधामोहन गोकुलजी
1865-1935

विक्रम-संवत् 1922 के पौष-मास की त्रयोदशी को, अवध-प्रान्त के गोपालगंज (प्रतापगढ़) में, सिंहल-गोत्री अग्रवाल-वंश के श्रीलाला गोकुलचंदजी के घर में, श्रीराधामोहन गोकुलजी ने जन्म-ग्रहण किया था। बारह वर्ष की अवस्था तक कानपुर में रहकर साधारण भाषा-ज्ञान के साथ-साथ महाजनी बही-खाता एवं

⟶ 'भारतजीवन'–31 मई; 7, 14 जून (1909)। [4] 'भारतमित्र' (सम्पादक, पण्डित अमृतलाल चक्रवर्त्ती)–31 जुलाई; 7, 21 अगस्त; 4 सितम्बर (1909)। [5] 'हितवार्त्ता'–3, 24 जून; 1, 8, 15, 22, 29, जुलाई; 5, 12, 19, 26 अगस्त; 2, 16, 23, 30 सितम्बर; 7, 14, 21 अक्तूबर (1909)। 'हितवार्त्ता' में निन्यानबे फी सदी लेख वाजपेयीजी के हैं। उन्होंने लालाजी, शुक्लजी और हालनाजी के लेखों का खण्डन किया है। विभक्ति मिलाकर लिखने के पक्ष में सम्पादकीय लेख भी लिखे हैं। कई अंकों में विभक्ति-विचार-विषयक स्वतंत्र लेखमाला है। उसमें वाजपेयीजी की गम्भीर विचारशैली और विद्वत्ता दर्शनीय है। 'भारतमित्र' में चक्रवर्त्तीजी ने भी इस विषय पर सम्पादकीय लेख लिखे हैं। उन्होंने विभक्ति-सम्मेलन करने का प्रस्ताव किया है। 7 अगस्त के अंक में अम्बिकादत्त व्यास के लिखे हुए एक पोस्टकार्ड का ब्लॉक छपा है, जिसमें विभक्ति सटी हुई है। 31 अगस्त के अंक में मिरजापुर-निवासी साहित्योपाध्याय बदरीनाथ शर्मा वैद्य ने व्यासजी के पोस्टकार्ड का खंडन किया है। 'अभ्युदय' के 23 और 30 जुलाई तथा 6 अगस्त के अंकों में पण्डित रामचन्द्र शुक्ल का लेख छपा है। वह बड़ा युक्तिपूर्ण और संग्रहणीय है। सितम्बर के तीन अंकों में हालनाजी का लेख छपा है। पण्डित गोविन्दनारायण मिश्र को खूब उत्तर मिला। युक्तियाँ हृदयग्राहिणी हैं। इसी प्रकार 'वेंकटेश्वर समाचार' में भी पक्ष-विपक्ष के कई लेख हैं।

इन सब पत्रों के लेखों में कटुता की मात्रा भी काफी थी। आक्षेपों की विशेष कमी नहीं थी। लेखकों की मनोवृत्ति कहीं छिपने नहीं पाई थी। उस युग के साहित्यिक वायुमण्डल का आभास मिल ही जाता था। कहने की आवश्यकता नहीं कि कलकत्ता और बम्बई के सिवा सब जगह के अखबारों और किताबों में विभक्ति बराबर अलग ही देखने में आती रही। इस प्रकार यह स्पष्ट है कि आचार्य द्विवेदीजी की विजय सर्वोपरि रही। संस्कृत के प्रखर विद्वान् और अनन्य अनुरागी होते हुए भी द्विवेदीजी हिन्दी के पक्के हिमायती रहे। उन्होंने हिन्दी को स्वतंत्र भाषा बनाया और उसके परिष्कृत रूप को स्थिरता एवं सजीवता प्रदान कर वह अलभ्य यश लूटा, जिसके लिए देवता भी ईर्ष्या करते होंगे।

हिसाब-किताब की शिक्षा प्राप्त की, पश्चात् अँगरेजी की शिक्षा-प्राप्ति के लिए आगरा गये। वहाँ बाल्यावस्था में ही विवाह के बन्धन में जकड़ जाने के कारण यद्यपि अधिक समय तक अध्ययन न कर सके थे, तथापि वे हताश नहीं हुए और आगरा छोड़ गृहस्थ-जीवन व्यतीत करते हुए भी प्रवेशिका (एण्ट्रेन्स)-परीक्षा पास ही कर ली। यद्यपि अँगरेजी में उन्होंने प्रवेशिका-परीक्षा ही पास की थी, तथापि योग्यता में ग्रेजुएट भी उनका लोहा मानते थे। अँगरेजी के अलावा उर्दू का भी उनको अच्छा ज्ञान था। छात्रावस्था में वे उर्दू की कविताएँ बनाने के भी शौकीन थे। हिन्दी के तो वे पूर्ण विद्वान थे ही।

सन् 1889 ई. में श्री पं. प्रतापनारायण मिश्र की सुसंगति से उनको हिन्दी-कविता करने का भी शौक हो गया था। कविता-सम्बन्धी कई अच्छी पुस्तकें लिखकर उन्होंने प्रकाशित कराई थीं। हिन्दी में भी लगभग पन्द्रह पुस्तकें लिखीं और पाँच या छः पत्रों का सम्पादन किया।

आगरा में एक बार स्वामी दयानन्द सरस्वती से उनकी भेंट हुई थी। श्रीराधामोहनजी पक्के आर्यसमाजी थे। समाज-सुधार-सम्बन्धी अपने विचारों की पुष्टि के लिए उन्होंने 'सत्य-सनातन धर्म' नाम का एक पत्र भी निकाला था। उनके विचार प्रौढ़ थे। पहली ही मुलाजमत के समय स्मिथ नामक एक अँगरेज से उनकी खटपट हो गई। उनके हृदय में आत्माभिमान जाग्रत हुआ और उन्होंने न केवल सरकारी मुलाजमत को ही अन्तिम नमस्कार कर लिया, प्रत्युत बड़े-बड़े अफसरों द्वारा प्राप्त प्रमाणपत्रों को भी फाड़कर टुकड़े-टुकड़े कर दिया। उस समय उनकी आयु केवल बीस वर्ष के करीब थी। उसी समय से नौकरशाही के प्रति उनके हृदय में घृणा उत्पन्न हुई, जो उत्तरोत्तर बढ़ती ही गई। उसी समय से वे राष्ट्रीय-काँगरेस-आन्दोलन में भी भाग लेने लगे। राजनीति में वे लोकमान्य तिलक को अपना गुरु मानते थे; किन्तु साथ ही महात्मा गाँधी पर भी उनकी पूरी श्रद्धा थी।

श्रीराधामोहनजी प्रारम्भ से ही बड़े कार्यशील रहे। जिस काम में लगते थे, पूरे उत्साह के साथ लगते थे। 'नीतिदर्शन' और 'देश का धन' नाम की पुस्तकों एवं 'विज्ञान' आदि पत्रों ने उनके गौरव को बहुत बढ़ाया था। 1906 ई. में वे आगरा में स्वदेशी-आन्दोलन का कार्य करते थे। उसी समय उन पर सरकार की कड़ी नजर पड़ी। विद्यार्थियों को मुफ्त आर्थिक सहायता देने के रूप में भी वे कुछ-न-कुछ करते ही रहते थे।

कलकत्ता और नागपुर में काँगरेस द्वारा महात्माजी का असहयोग-कार्यक्रम स्वीकृत हो जाने पर नागपुर में 'असहयोग आश्रम' की स्थापना हुई। महात्मा भगवानदीनजी और श्रीसुन्दरलालजी जब गोरी सरकार के मेहमान बन गये, तब अन्त में श्रीराधामोहनजी से आश्रम का कार्य-भार सँभालने की प्रार्थना की गई।

उन्होंने कहा–'यद्यपि मैं शरीर से बहुत अशक्त हो गया हूँ, तथापि राष्ट्राज्ञा का पालन करने के हेतु मैं चलूँगा।' उसी समय से वे 'समाजसेवक' का सम्पादन भी करने लगे। 'समाजसेवक' बन्द हो जाने पर 'प्रणवीर' प्रकाशित किया गया, तो उसके सम्पादक भी वे ही हुए।

नागपुर में कार्य करते पूरे चार मास भी न होने पाये थे कि सरकार ने उनको गिरफ्तार कर लिया। उस समय उन्होंने जो बयान दिया था, उस बयान के अक्षर-अक्षर में देशभक्ति एवं जोश की झलक थी। मुक्त होने पर उन्होंने अपने स्वभावानुसार पुनः पहले से भी अधिक जोश के साथ कार्यारम्भ कर दिया। फिर आगरा के मिल-मजदूरों के संगठन की ओर उनका ध्यान गया। मजदूरों और मिल के संचालकों ने सरकारी अफसरों का कहना न मानकर उनका कहना ही माना। तब तो सरकारी कर्मचारी बड़े क्रुद्ध हुए। फलतः वे गिरफ्तार कर लिये गये। उनको पुनः एक वर्ष की सख्त सजा दी गई। उस समय भी उन्होंने जो बयान दिया, वह बड़ा महत्त्वपूर्ण था। बयान में वर्त्तमान भारत-सरकार को ईश्वरीय नियमों के विरुद्ध चलनेवाली बताते हुए उसके विरुद्ध अप्रीति का प्रचार करना उन्होंने अपना कर्त्तव्य बताया।

जब मैं 'मतवाला'-मण्डल (कलकत्ता) के सम्पादकीय विभाग में काम करता था, तब श्रीराधामोहन गोकुलजी 'मतवाला'-मण्डल में प्रायः नित्य आते थे। मुन्शी नवजादिकलाल श्रीवास्तव से उनकी बहुत पुरानी जान-पहचान थी। जब मुन्शीजी साप्ताहिक 'वीर भारत' (कलकत्ता) के सम्पादक थे, तब श्रीराधामोहनजी उसमें बड़े जोशीले लेख लिखा करते थे। विधवा-विवाह के वे बड़े पक्षपाती थे। कई विधवाश्रमों और अनाथालयों की सेवा-सहायता में वे बराबर तत्पर रहते थे। शुद्धि और अछूतोद्धार के आन्दोलनों में उनका निरंतर सक्रिय सहयोग रहा। बहुत वृद्ध होने पर भी वे सभा-सम्मेलनों में अत्यन्त निर्भीकता से उत्तेजनापूर्ण भाषण करते थे। अपने जीवन के अन्तिम क्षणों में अपनी लेखनी और वाणी से उन्होंने हिन्दू-संगठन का काम बड़े उत्साह से किया था। गोरी नौकरशाही के प्रति उनके उद्धत विचारों को सुनकर बार-बार यह आशंका होती थी कि वे कब कहाँ गिरफ्तार हो जायँगे, कुछ ठीक नहीं। पुलिस और जेलखाने के अधिकारी उनको 'बहुत खतरनाक' समझते थे। जेल से छूटते समय वे स्पष्ट कह दिया करते थे कि हमारा स्थान सुरक्षित रखना, हम फिर शीघ्र ही आयेंगे। वैसे निडर लेखक, वक्ता और सम्पादक उस समय हिन्दी-संसार में कम ही लोग थे।

श्रीराधामोहन गोकुलजी का जीवन-चरित्र स्वदेश-प्रेम, स्वदेश-सेवा एवं कष्ट-सहन का एक ऐसा उत्कृष्ट एवं सजीव उदाहरण था जो स्वदेश-सेवा की भावना रखनेवाले किसी भी देशभक्त नवयुवक के कर्त्तव्य-पथ में सहायक हो सकता है।

पं. किशोरीलाल गोस्वामी
1866-1932

गोस्वामीजी[1] बड़े भारी धक्काड़ लिक्खाड़ थे। इतना अधिक लिखा–इतने अधिक परिमाण में लिखा कि रचना की बहुलता में अपने समय के बहुत-से लेखकों से बाजी मार ले गये। पैंसठ तो केवल उपन्यास ही लिख डाले। फुटकर लेखों और कविताओं की गिनती कई सौ तक है। अनेक विषयों की छोटी-बड़ी पुस्तकें भी सौ से अधिक ही लिखीं। इतना सब तो उनके प्रकाशित साहित्य का ब्यौरा है, अप्रकाशित भी बहुत कुछ था। 'बिहारी-सतसई' की तरह सात सौ दोहों की 'किशोरी सतसई' उन्होंने काशी में दिखाई थी, जहाँ दूसरी बार उनके दर्शन एवं सत्संग का सुअवसर मिला–1926 में। प्रथम दर्शन तो 'मतवाला'-मण्डल (कलकत्ता) में हुआ था–1923 में, जिस साल 'मतवाला' निकला था, और गोस्वामीजी संभवतः अपने किसी शिष्य के यहाँ (कलकत्ता) पधारे थे।

गोस्वामीजी की रचनाओं के विषय में एक बार उनके एकमात्र पुत्र पण्डित छबीलेलालजी गोस्वामी ने काशी में कहा था कि प्रयाग के एक समर्थ प्रकाशक उन्हें ग्रंथावली के रूप में प्रकाशित करनेवाले हैं, किन्तु हिन्दी-संसार के प्रकाशक और पुस्तकप्रेमी पाठक शायद अभी तक ग्रन्थावलियों का महत्त्व नहीं समझ सके हैं। इसलिए गोस्वामीजी की विराट् ग्रन्थावली के प्रकाशित होने की कोई आशा नजर नहीं आती–यद्यपि उनकी कृतियों में भाषा और साहित्य से सम्बन्ध रखनेवाली बहुत-सी बातें खोज करने लायक हैं। अपनी रचनाओं के विषय में बहुत-से साहित्यिकों और समीक्षकों की राय वे सुन चुके थे कि उनकी रचनाओं का साहित्यिक मूल्य नहीं–ऐतिहासिक मूल्य है; पर उसका कोई असर उनके दिल पर न था। जब कभी लहर उठती, मन के भावों को कलमबन्द करके रख छोड़ते। जब जी में आता, एकान्त में उसी से दिल बहला लेते या कोई तबीयतदार समझदार मिल जाता तो उसे सुनाने लग जाते। इसी में उन्हें अपनी कृतियों की सार्थकता जान पड़ती थी और इतने ही में उन्हें सन्तोष भी था। वे तो स्पष्ट कहा करते थे–"मैंने जब कभी जो कुछ लिखा है, अपने दिल की लगी बुझाने के लिए न किसी को रिझाने के लिए और न राह सुझाने के लिए।' ये शब्द ठीक उन्हीं के हैं, जो अपनी वास्तविकता के साक्षी आप ही हैं।

अपनी गंभीर मुद्रा से किसी पर अपने व्यक्तित्व की छाप छोड़ने का दम्भ उनमें नहीं था। उनकी मस्तानी तबीयत उन्हें गंभीर बनने ही नहीं देती थी। चाहे

1. पं. किशोरीलाल गोस्वामी अखिल भारतवर्षीय हिन्दी-साहित्य-सम्मेलन के झाँसी अधिवेशन (1931) के सभापति हुए थे।

कोई बुरा माने या नुक्ताचीनी करे, इसकी चिन्ता उन्हें नहीं थी, उनकी मस्ती हमेशा अपने रंग में रहती थी। भला अब कोई क्या खाकर उतनी मस्ती पालेगा !

वयोवृद्ध पं. किशोरीलाल गोस्वामी अचानक चल बसे। उनके एकमात्र सुयोग्य पुत्र पं. छबीलेलालजी गोस्वामी बड़ी तत्परता और श्रद्धा से उनकी सेवा-शुश्रूषा करते रहे। किन्तु वे अकस्मात् संसार छोड़ गये। मृत्यु के समय उनकी अवस्था तो 66 वर्ष की थी, पर वे वास्तव में नवयुवक थे। उनका उत्साह, उनका आनन्दी स्वभाव, उनकी मिलनसारी, प्रसन्न वाणी और उमंग-तरंग देखकर यही कहना पड़ता था कि आजकल के युवकों में भी उतनी सजीवता और स्फूर्त्ति नहीं दीखती। उनके स्वर्ग-प्रयाण से कुछ ही दिन पहले हम उनसे मिले थे। नेत्र की ज्योति मन्द हो गई थी। शरीर में शैथिल्य भी कुछ आ गया था। मगर तबीयत में वही तेजी, जबान में वही शोखी। बात-बात में विनोद पैदा करना उनका सहज स्वभाव था। प्रत्येक शब्द पर साहित्यिक चुटकी उड़ाने में वे कमाल करते थे। पाँच-छह घंटे का पूर्ण अवकाश पाये बिना उनके पास जाने में संकोच होता था। कोई साहित्यिक चर्चा छेड़ देने पर घंटों ललित भाषण करते चले जाते थे। बरसों से वे काशी-वास करते थे; इसलिए जब-जब साहित्यिक सत्संग का सुअवसर मिला, यही देखने में आया कि साहित्य-सागर में उनकी गहरी पैठ है। वृद्धावस्था तक उनकी स्मृति-शक्ति इतनी प्रखर थी कि संस्कृत और हिन्दी के अनेक सिद्धान्त-ग्रन्थों के उद्धरण तत्काल कह सुनाते थे। अन्तिम समय तक लेखन-शक्ति भी शिथिल नहीं हुई थी—कलम हाथ में लेते ही पन्ने-के-पन्ने लिख डालते थे। कोई वृद्ध साहित्यिक उनके जैसा जिन्दादिल नहीं देखने में आया।

श्रीजगन्नाथदास 'रत्नाकर'

1866-1932

उस दिन रत्नाकरजी ने बड़े हौसले से पोते का ब्याह किया, बड़े ठाट का जल्सा करके सब इष्ट-मित्रों और साहित्यसेवियों का स्वागत-सत्कार किया, और उसके कुछ ही दिनों बाद अचानक सुनने में आया कि हरद्वार में गंगा के तट पर (22 जून, 1932 ई. को) उन्होंने परलोक-यात्रा कर दी। व्रजभाषा-साहित्य-गगन के अन्तिम छोर में जो एक परम ज्योतिष्मान् नक्षत्र जगमगा रहा था, वह अस्त हो गया—नहीं, व्रजभाषा-साहित्य का शोभाशाली सान्ध्य-सूर्य रत्नाकर-विलीन हो गया !

कविवर रत्नाकरजी यद्यपि पुराने राजरोगी थे, तथापि अन्तिम समय तक पूर्ण स्वस्थ की भाँति प्रसन्न रहे। उनकी महायात्रा के कुछ ही क्षण पूर्व 'जागरण' के मुद्रक श्रीबजरंगबलीजी उनसे मिलने गये थे और उस समय भी उन्हें 'सूरसागर' के सम्पादन में दत्तचित्त पाया था। उधर अदृश्य रूप से सिर पर मौत मँडरा रही थी, इधर वह 'सूर-सागर' के सम्पादन में ऐसे संलग्न थे कि रुग्ण शरीर की चिन्ता छोड़कर अपने क्लर्कों के साथ माथापच्ची कर रहे थे। जो समय ईश्वराराधन में लगाना चाहिए था, वह साहित्याराधन में लग रहा था। साहित्य ही उनका आराध्य देव था। उसी के रसानन्द में वह मग्न रहते थे। यों भी उनके इष्टदेव 'व्रजराज' साहित्य की साक्षात् मूर्त्ति ही हैं। ऐसी दशा में यदि जीवन की अंतिम घड़ी तक उनकी आत्मा साहित्य-रस-निमज्जित होती रही, तो आश्चर्य ही क्या ? अपने परलोक की चिन्ता भूलकर दूसरों के इहलोक का सुख-सम्पादन करना तो कवि का सहज स्वभाव ही है। ईश्वर ने जो उन्हें प्रतिभा की विभूति दी थी, उसके कण-कण का वितरण करके वह अपना मानव-जन्म सफल कर गये। 'गंगावतरण', 'उद्धवशतक', 'बिहारी-रत्नाकर' उनकी कीर्त्ति को सदा उज्ज्वल रखेंगे।

कविवर रत्नाकरजी के शरीर का जैसा डील-डौल था, हृदय उससे कहीं विशाल था। वास्तव में उन्होंने कवि का हृदय पाया था—बड़े मिलनसार, बड़े हँसमुख, बड़े मजाक-पसन्द ! जहाँ कहीं बैठते, व्रजभाषा के कवियों की ही चर्चा करते—'सूर' और 'बिहारी' के पदों और प्रयुक्त शब्दों की जाँच-पड़ताल में ही समय बिताते। एक-एक शब्द की छान-बीन में वह इतनी दिलचस्पी लेते कि उनकी ऊहापोह करने की लगन देखकर आश्चर्य होता। दिन-रात इसी उधेड़-बुन में रहा करते कि अमुक शब्द का शुद्ध रूप क्या है—उसका प्रयोग किन-किन अर्थों में कहाँ-कहाँ मिलता है।

जब कलकत्तावाले बीसवें सम्मेलन (1931) के वह सभापति हुए थे, तब व्रज-भाषा-शब्द-कोश का प्रसंग छिड़ने पर उन्होंने कहा था—"हम तो अभी व्रजभाषा का व्याकरण तैयार करने की फिक्र में हैं, यदि कोश का काम भी हमारे जीवन में शुरू हो जाय, तो हम उसमें सहायता देने को तैयार हैं।"

व्रजभाषा के पुराने कवियों का जैसा राजसी ठाट-बाट सुना जाता है, ईश्वर की दया से व्रजभाषा के अन्तिम कवि माने जानेवाले रत्नाकरजी को भी वही ठाट-बाट नसीब था। उनका अधिकांश जीवन अयोध्या के दरबार में ही बीता। ऐश्वर्य, प्रतिष्ठा, यश, सांसारिक सुख-भोग—सबने मिलकर उनके कवि-जीवन को संतोष प्रदान किया। वह सौभाग्यशाली पुरुष थे। परंतु राज-काज से अवकाश ग्रहण कर जब वह अपना सारा समय साहित्य-सेवा में लगाने लगे, तभी अचानक उनके जीवन-प्रदीप का निर्वाण हो गया।

कलकत्ता में साहित्य-सम्मेलन

मई, 1931

व्रजभाषा के सर्वश्रेष्ठ आधुनिक कवि काशी-निवासी बाबू जगन्नाथदासजी 'रत्नाकर' के सभापतित्व में, अखिल-भारतीय हिन्दी-साहित्य-सम्मेलन का बीसवाँ अधिवेशन, कलकत्ता-युनिवर्सिटी के विशाल सिनेट हॉल में, 26 से 29 मई तक (मुहर्रम की छुट्टियों में) सफलतापूर्वक सम्पन्न हुआ था। स्वागताध्यक्ष थे बिहार के सुप्रसिद्ध साहित्यसेवी, 'शिक्षा'-सम्पादक, पंडित सकलनारायण शर्मा, काव्य-व्याकरण-सांख्यतीर्थ, प्रोफेसर, संस्कृत-कॉलेज, कलकत्ता। रत्नाकरजी ने अपने विचारपूर्ण भाषण में भाषा, लिपि और साहित्य के विभिन्न अंगों पर आलोचनात्मक दृष्टि डालते हुए कई महत्त्वपूर्ण बातें कहीं। अनुवाद, नाटक, रंगमंच, आख्यायिका, पत्र-पत्रिका, खड़ीबोली, व्रजभाषा आदि विषयों पर उन्होंने बड़े स्वतंत्र और सुचिन्तित विचार व्यक्त किये। स्वागताध्यक्ष पंडितजी ने अपने विद्वत्तापूर्ण भाषण में वेद-शास्त्रों के प्रमाणों के आधार पर स्वागत के उपयुक्त साधनों और साहित्यसेवियों के समागम के महत्त्व का उल्लेख करते हुए कलकत्ता-महानगरी के इतिहास का बड़े अच्छे ढंग से वर्णन किया। कलकत्ता और हिन्दी का जो पुराना सम्बन्ध है, उस पर भी उन्होंने काफी प्रकाश डाला। कलकत्ता में हिन्दी की प्रगति पर भी उन्होंने उचित ध्यान दिया। उनका भाषण गवेषणापूर्ण था।

यद्यपि अल्पसंख्यक प्रतिनिधियों की उपस्थिति की दृष्टि से सम्मेलन को सर्वांशतः सफल कहना ठीक नहीं होगा; तथापि कलकत्ता-जैसे प्रधान व्यापार-केन्द्र महानगर में उस मन्दी के समय में भी, सम्मेलन को जो आर्थिक सहायता प्राप्त हुई, उसके कारण हम सम्मेलन को सफल ही कहेंगे।

बाबू गोकुलचन्द्रजी ने ग्रन्थ-प्रकाशन के लिए दस हजार रुपये दिये। बहादुरसिंहजी सिन्धी ने संग्रहालय के निर्माण के लिए साढ़े बारह हजार रुपये दिये। सीतारामजी सेकसरिया ने ढाई हजार रुपये इसलिए दिये कि लगातार पाँच बरसों तक पाँच-पाँच सौ रुपयों के सर्वश्रेष्ठ महिला-लेखिका को पाँच पुरस्कार दिये जायँ ! इसके सिवा सम्मेलन को लगभग पाँच हजार रुपये और भी मिले।

प्रतिनिधियों के निवास-स्थान और भोजनादि की व्यवस्था बहुत अच्छी थी। प्रस्ताव भी कई बड़े महत्त्वपूर्ण पास हुए। पत्र-पत्रिकाओं के संचालकों और संपादकों से अश्लील विज्ञापन न छापने का अनुरोध, कवि-सम्मेलन में गन्दी-भद्दी कविताओं के पढ़े जाने की परिपाटी का विरोध, नाट्यसमिति की योजना, मृत साहित्य-सेवियों के असहाय परिवार की सहायता के लिए एक निधि की स्थापना आदि प्रस्ताव यदि कार्य-रूप में परिणत हो सकते, तो बड़े उपयोगी होते।

'साहित्य-प्रदर्शनी' के खयाल से सम्मेलन विशेष सफल हुआ। वह वास्तव में दर्शनीय थी। इस सफलता का सारा श्रेय उसके मंत्री बाबू पूर्णचन्द्रजी नाहर को प्राप्त है। उनका निजी संग्रहालय स्वयं ही एक अतुलनीय प्रदर्शनी है। साहित्य-प्रदर्शनी का उद्घाटन स्वनामधन्य चित्रकला-मर्मज्ञ डॉक्टर अवनीन्द्रनाथ ठाकुर ने किया था। उस अवसर पर उन्होंने हिन्दी में भाषण करके राष्ट्रीयता का सम्मान बढ़ाया था। प्रदर्शनी में कला और साहित्य का सम्मेलन देखने ही योग्य था।

इस अवसर पर 1200) का मंगलाप्रसाद-पारितोषिक पं. गंगाप्रसाद उपाध्याय को उनके 'आस्तिकवाद' नामक ग्रन्थ के लिए दिया गया। विशेषता यह हुई कि पारितोषिक-निधि के दाता बाबू गोकुलचन्द्रजी ने स्वयं अपने हाथों से उपाध्यायजी को पारितोषिक प्रदान किया। 'आस्तिकवाद' को स्वयं उपाध्यायजी ने अपने ही 'कला-कार्यालय' (प्रयाग) से प्रकाशित किया था। वे प्रयाग के दयानन्द वैदिक हाई स्कूल के हेडमास्टर थे। 'वेदोदय' नाम का एक मासिक पत्र भी निकालते थे। उनके सुयोग्य पुत्र श्रीयुत सत्यप्रकाशजी 'विज्ञान' का सम्पादन करते थे।

सम्मेलन में महिलाओं की उपस्थिति भी खासी थी। सम्पादकाचार्य बाबू रामानन्द चटर्जी, श्रीयुत जे. एम्. सेन गुप्त आदि की उपस्थिति भी उल्लेखनीय थी। प्रोफेसर सुनीतिकुमार चटर्जी ने भाषा-तत्त्व-सम्बन्धी एक पाण्डित्यपूर्ण एवं स्व-लिखित निबन्ध हिन्दी में पढ़ा था, जो बड़ा मनोरंजक और ज्ञान-वर्द्धक था। श्रीयुत सेनगुप्त ने हिन्दी को राष्ट्रभाषा स्वीकार करते हुए बड़ा जोरदार भाषण किया। वंगीय-साहित्य-परिषद् की ओर से सम्मेलन के साहित्यिक प्रतिनिधियों का स्वागत भी बड़े समारोह से सम्पन्न हुआ। किन्तु पंडित अमृतलालजी चक्रवर्त्ती के सिवा सम्मेलन में दूसरा कोई बंगाली हिन्दी-लेखक उपस्थित नहीं था। प्रोफेसर नलिनीमोहन सान्याल और बाबू कार्त्तिकेयचरण मुखर्जी की अनुपस्थिति बहुत खटकती थी; क्योंकि ये दोनों सज्जन कलकत्ता में ही रहते थे।

सम्मेलन में कई हिन्दी-साहित्य-सेवी सज्जनों के भाषण भी अच्छे हुए। बिहाररत्न बाबू राजेन्द्रप्रसाद, त्यागमूर्त्ति बाबू पुरुषोत्तमदास टंडन, प्रोफेसर रामदास गौड़, पं. रामनरेश त्रिपाठी, पं. सूर्यकान्त त्रिपाठी 'निराला', 'युवक'-सम्पादक श्रीरामवृक्ष बेनीपुरी आदि के भाषण विशेष उल्लेखनीय थे।

सम्मेलन के नये कार्याधिकारियों का निर्वाचन भी हुआ। कलकत्ता की 'हिन्दी-पुस्तक-एजेंसी' और सचित्र 'विजय' के संचालक बाबू बैजनाथजी केडिया अर्थ-मंत्री चुने गये और बाबू दुर्गाप्रसाद खेतान प्रचार मन्त्री बनाये गये। सम्मेलन के प्रतिनिधियों का स्वागत-सत्कार करने में कलकत्ता के कई साहित्यानुरागियों ने बड़ी उदारता का परिचय दिया। बाबू बैजनाथ केडिया, बाबू भोलानाथ वर्मन आदि सज्जनों ने सबको निमंत्रित और आदृत करके विशेष उपकृत किया। हिन्दी-नाट्य-परिषद्

और बजरंग-नाट्य-परिषद् की ओर से प्रतिनिधियों को अभिनय भी दिखाये गये। हिन्दी-नाट्य-परिषद् ने 'उग्र'जी का 'महात्मा ईसा' नाटक बड़ी सफलता से अभिनीत किया।

साहित्य-सम्मेलन के अवसर पर रत्नाकरजी के ही सभापतित्व में कवि-सम्मेलन भी बड़े समारोह से हुआ। स्वागताध्यक्ष थे पं. गांगेय नरोत्तम शास्त्री। शास्त्रीजी का भाषण पद्यबद्ध था। कवि-सम्मेलन के अधिवेशन में अधिकतर राष्ट्रीय कविताएँ पढ़ी गईं। आर्थिक पुरस्कार और पदक-प्रदान की भी खासी छूट रही। 'रत्नाकर' जी ने 'गंगा', 'भीष्म' और 'द्रौपदी' पर बड़ी अच्छी कविताएँ पढ़ीं। राष्ट्रीय कवि पं. माधव शुक्ल, साहित्यरत्न पं. विश्वनाथप्रसाद मिश्र, 'सुधा'-सम्पादक पं. दुलारेलाल भार्गव, श्रीयुत 'निराला', 'बेढब', 'गुलाब', 'नटवर', 'आजाद', 'कंज', मुन्शी अजमेरी आदि कवियों के कारण कवि-सम्मेलन फीका न होने पाया। श्रोताओं की भीड़ खासी थी। अनेक भद्र महिलाएँ भी उपस्थित थीं। मंच पर 'लाउडस्पीकर' (ध्वनि-विस्तारक-यन्त्र) लगा था; पर उसकी उपयोगिता सिद्ध नहीं हुई। बहुत-सी फालतू कविताएँ भी पढ़ी गईं। एक-दो तो आपत्तिजनक भी थीं। कई अनधिकारी महाशयों की नीरस तुकबन्दियों ने बहुत समय नष्ट किया। बाबू भोलानाथ वर्मन के मकान पर हिन्दी-नाट्य-परिषद् की ओर से जो कवि-सम्मेलन कराया गया, उसमें केवल साहित्यसेवी ही निमन्त्रित थे; इसलिए बड़ी शान्ति और सफलता से काव्यानन्द का उपभोग हुआ। 'अभ्युदय'-सम्पादक पं. कृष्णकान्त मालवीय के शेरों ने सबको मुग्ध कर दिया। पं. पद्मकान्त मालवीय ने भी बड़ी कारुणिक कविता सुनाई। काशी के पं. विश्वनाथप्रसाद मिश्र ने 'तलवार' पर गजब की उक्तियाँ सुनाईं। 'बेढब'जी का रंग तो हमेशा चोखा रहा।

साहित्य-सम्मेलन के ही पंडाल में, 28 मई को, अखिल-भारतीय हिन्दी सम्पादक-सम्मेलन का पाँचवाँ अधिवेशन, दक्षिण-अफ्रीका-प्रवासी भूतपूर्व 'हिन्दी'-सम्पादक स्वामी भवानीदयाल संन्यासी के सभापतित्व में सम्पन्न हुआ[1]। 'विश्वमित्र' के संचालक बाबू मूलचन्द्रजी अग्रवाल स्वागताध्यक्ष थे। सभापति स्वामीजी का मुद्रित भाषण छोटा था। उसमें सिर्फ काम की बातें थीं। स्वागताध्यक्ष ने अपने मौखिक भाषण में कहा कि इस सम्मेलन का नाम 'हिन्दी-पत्रकार-सम्मेलन' होना चाहिए। इस मत को सबने पसन्द किया। सभापति ने भी अपने भाषण में 'सम्पादक' की जगह 'पत्रकार' शब्द का ही अधिक प्रयोग किया था। स्वागताध्यक्ष ने अपने भाषण में एक 'पत्रकार-शिक्षालय' खोलने की बात भी सुझाई थी। बाबू राजेन्द्रप्रसादजी, पं. कृष्णकान्त मालवीय, पं. अम्बिकाप्रसाद वाजपेयी, पं. बनारसीदास चतुर्वेदी आदि विद्वानों और सम्पादकों के भाषण भी बड़े सामयिक

1. देखें : संस्मरण, 'स्वामी भवानीदयाल संन्यासी'।—सं.

और सार-गर्भ हुए। इन भाषणों में यह तो कहा गया कि लोक-शिक्षा का पवित्र कार्य करनेवाले सम्पादकों की आर्थिक अवस्था बड़ी शोचनीय है, उनके लिए पेन्शन और प्राविडेन्ट फण्ड की व्यवस्था होनी चाहिए; पर इसके लिए कोई उपाय नहीं सोचा गया और न कोई स्कीम बनाई गई। खेद कि इस अधिवेशन में स्वर्गीय विद्यार्थीजी, लाला भगवान 'दीन', बाबू कृष्णबलदेव वर्मा, पं. रामजीलाल शर्मा आदि स्वर्गीय सम्पादकों के लिए समवेदनासूचक प्रस्ताव नहीं रखे गये। विद्यार्थीजी के स्मारक के लिए एक लाख की जो अपील प्रकाशित हुई, उसके विषय में निरन्तर आन्दोलन करने के लिए सभी हिन्दी-पत्रकारों से विशेष अनुरोध करने की भी आवश्यकता थी, सो भी नहीं हुआ। बल्कि, विद्यार्थी-स्मारक-समिति के सदस्यों से इस बात के अनुरोध करने की भी बड़ी आवश्यकता थी कि वे अपनी योजना में एक 'पत्रकार-शिक्षालय का निर्माण' भी सम्मिलित कर लें। बस, केवल भाषण ही भाषण हुए; कोई ठोस काम करने की ओर ध्यान नहीं दिया गया। विशेष चिन्ता की बात यह थी कि जिन सम्पादकों के पत्रों के सहारे दूसरे लोग आन्दोलन करते और सफल होते हैं; उन्हीं सम्पादकों का कोई संगठन नहीं हुआ। जितने हिन्दी-पत्रकार हो चुके हैं, उनके चित्र-चरित्रों के संग्रह और प्रकाशन की ओर भी किसी ने ध्यान नहीं दिया।

1931 : हिन्दी-साहित्य सेवियों का स्वर्गवास

'हिन्दुस्तानी'-सम्पादक वयोवृद्ध बाबू कृष्णबलदेव वर्मा बहुत पुराने साहित्यसेवी थे[1]। कलकत्तावाले एकादश हिन्दी-साहित्य-सम्मेलन की सफलता के लिए उन्होंने बड़ा उद्योग किया था। वे 'कालपी' (उत्तर प्रदेश) के निवासी थे। 'विशाल-भारत' के सहकारी सम्पादक बाबू व्रजमोहन वर्मा के वे पूज्य पितृव्य थे। बरसों के विश्राम के बाद वे प्रयाग की 'हिन्दुस्तानी एकेडमी' द्वारा प्रकाशित हिन्दी की उत्तम त्रैमासिक पत्रिका 'हिन्दुस्तानी' के सम्पादक-मण्डल में सम्मिलित होकर नये सिरे से साहित्य-सेवा करने लगे थे। विश्राम की अवधि में भी उनका साहित्यानुराग सदा हरा-भरा बना रहा। 'विशाल-भारत' में उनके उत्कृष्ट ऐतिहासिक लेखों को पढ़कर

1. जन्म : 1870 ई.। कैनिंग कॉलेज, लखनऊ से बी. ए.। सन् 1900 के लगभग लखनऊ से निकलनेवाले पहले हिंदी पत्र 'विद्या विनोद समाचार' का संपादन-प्रकाशन। प्रकाशित कृतियाँ : 'भर्तृहरि नाटक', 'फाहियान भाषा', 'ह्यूनसांग भाषा', आदि। 'सरस्वती', 'मर्यादा' आदि समकालीन पत्रिकाओं में लेख। निधन : काशी, 27 मार्च, 1931।

बड़ी आशा बँधी थी। किन्तु साहित्य-सेवा की सच्ची लगन के कारण शान्तिकामी वृद्धावस्था का परिश्रम बड़ा घातक सिद्ध हुआ। उनके निधन से साहित्याकाश का एक ज्योतिष्मान् नक्षत्र टूट पड़ा।

पं. हरिमंगलमिश्रजी बनारस के क्वीन्स कालेज में प्रोफेसर थे। उनका लिखा 'प्राचीन भारत' नामक प्रामाणिक ऐतिहासिक ग्रन्थ काशी के ज्ञानमण्डल प्रेस से प्रकाशित हुआ था। कभी-कभी हिन्दी की कई मासिक पत्रिकाओं में भी उनके ऐतिहासिक तथा शिक्षा-सम्बन्धी लेख दीख पड़ते थे। उनके स्वर्गारोहण से हिन्दी का एक मननशील इतिहासज्ञ लेखक उठ गया।

श्रीराघवप्रसादसिंह की 'बिहार के नवयुवक-हृदय' नामक पुस्तक में सचित्र, विस्तृत जीवनी और रचनाओं के उत्कृष्ट उदाहरण प्रकाशित हैं। वे बिहार के साहित्य-प्रेमियों में 'महन्थजी' के नाम से प्रसिद्ध थे। बात-बात में अनुप्रास और तुक भिड़ाने में वे बड़े पटु और अभ्यस्त थे। उनकी मृत्यु से बिहार का एक अथक सार्वजनिक कार्यकर्त्ता खो गया।

मुजफ्फरपुर-निवासी पं. शिवचन्द्र मिश्रजी यशस्वी आयुर्वेदज्ञ के साथ-साथ संस्कृत-साहित्य के भी बड़े अच्छे जानकार थे। वे बिहार के गिने-चुने उज्ज्वल रत्नों में से एक थे। उनका भाषण बड़ा ललित, पांडित्यपूर्ण और प्रभावशाली होता था। अखिलभारतवर्षीय पंचदश वैद्य-महासम्मेलन (पटना) में उनका धारा-प्रवाह ओजस्वी भाषण सुनकर महामना मालवीयजी ने अत्यन्त सन्तुष्ट होकर उनकी बड़ी प्रशंसा की थी। बिहार-प्रादेशिक हिन्दी-साहित्य-सम्मेलन का जो अधिवेशन बनैली-नरेश राजा कीर्त्त्यानन्दसिंह बहादुर के सभापतित्व में (मुजफ्फरपुर में) हुआ था, उसके स्वागताध्यक्ष की हैसियत से मिश्रजी ने बहुत सुन्दर साहित्यिक भाषण किया था। उन्होंने 'आयुर्वेद-प्रदीप' नामक एक सुसम्पादित हिन्दी-पत्र निकाला था। उनके स्वर्गगामी होने से बिहार की विद्वन्मण्डली का एक अमूल्य अलंकार छिन गया।

पं. व्रजनन्दनमिश्र का देहान्त, संग्रहणी रोग से, 48 वर्ष की अवस्था में काशी में हुआ। वे मुजफ्फरपुर जिले के 'मनियारी' ग्राम के एक प्रतिष्ठित मैथिल जमींदार घराने के थे। उन्होंने 'मैथिली हित-शिक्षा' नाम की एक मासिक पत्रिका हिन्दी में निकाली थी। यह पत्रिका खड्गविलास प्रेस (पटना) से प्रकाशित होती थी। उस समय मैथिल-समाज ने हिन्दी में पत्रिका निकालने का बड़ा विरोध किया था, किन्तु मिश्रजी राष्ट्रभाषा हिन्दी के कट्टर पक्षपाती थे। गद्य के सिवा वे पद्य भी अच्छा रचते थे। जीवन के अंतिम प्रहर में वे साहित्य-क्षेत्र से उदासीन होकर केवल हिन्दी-पत्र-पुस्तकादि पढ़ने में ही संलग्न रहते थे। उनका हिन्दी-प्रेम, मैथिल-समाज के लिए आदर्श था।

श्रीरवीन्द्रनाथ ठाकुर
1861-1941

कवीन्द्र रवीन्द्र विश्वविख्यात भारतीय कवि थे। उनको भगवान ने जैसा दिव्य रूप दिया था, वैसी ही अलौकिक प्रतिभा भी दी थी। उनकी वाणी जिस भाव का स्पर्श कर देती थी उसमें रस भर जाता था। उनकी लेखनी जिस शब्द का स्पर्श कर देती थी उसमें अनूठा भाव भर जाता था। उनका पार्थिव शरीर वस्तुतः कवि का शरीर था। वह शरीर जहाँ-कहीं रहता था, वहाँ के वायुमण्डल में सौन्दर्य और माधुर्य का सौरभ व्याप्त रहता था। उनके दृष्टिपात में, चाल-ढाल में, रहन-सहन में, बोल-चाल में, चारों ओर के वातावरण में, केवल कवित्व ही कवित्व झलकता था। वे सचमुच कवियों में इन्द्र थे।

उन्होंने सब श्रेणी के लोगों के लिए साहित्य की रचना की है। बालक-बालिकाओं और युवक-युवतियों के लिए तो लिखा ही, बूढ़ों और मजदूरों के लिए भी लिखा। शिक्षित और श्रमिक, विद्यार्थी और अध्यापक, पत्रकार और नेता, किसी वर्ग का कोई व्यक्ति उनकी आँखों से ओझल न रहने पाया। सारे समाज को चारों ओर से उन्होंने देखा–उसके भीतर बैठकर उसकी नसें टटोलीं। समाज का अध्ययन, समय की गति का अध्ययन, मानक-हृदय का अध्ययन, सबमें उनकी निपुणता उनके साहित्य की शोभावृद्धि करती है। गद्य और पद्य दोनों पर उनका असामान्य अधिकार दीख पड़ता है। प्रायः साहित्य की अनेक शाखाओं पर वे कोकिल बनकर कूजे और उनके कलकूजन से वे शाखाएँ सचमुच पुलकित-पल्लवित हो उठीं। उनकी अनुभूतियाँ और अभिव्यक्तियाँ जब परस्पर सहेलियाँ बनकर गलबहियाँ डाले पाठक के ध्यान-पथ पर मचलती चलती हैं, तब पाठक सहज ही अपना आपा खो बैठता है। पाठक के मन को मुट्ठी में कर लेने की कला वे खूब जानते थे।

उन्होंने समस्त भूमण्डल में भारतीय संस्कृति का डंका बजाया। भारतीय साहित्य और कला की ओर उन्होंने विदेशी विद्वानों का ध्यान सामूहिक रूप से आकृष्ट किया। विदेशों में अपनी भारतीय वेशभूषा की विशेषता से तो आकर्षण पैदा किया ही, भारतीय परम्परा की अपनी अभिव्यंजना-शैली से भी कुतूहल उत्पन्न किया। अभिनय और अभिव्यंजना के क्षेत्र में उनकी नवीन सृष्टियाँ बड़े महत्त्व की हैं। उनका रचा हुआ कथा-साहित्य पढ़िए, या बाल-साहित्य, अथवा काव्य ही पढ़िए, प्रायः पदे-पदे उनकी नवीन सृष्टि का आभास मिलता है। उनके गद्य का एक सीधा-सादा वाक्य भी उनके कवित्व का चमत्कार दिखा जाता है। एक रससिद्ध कवि में जितनी विशेषताओं का होना आवश्यक है, उतनी सारी विशेषताओं

ने उनमें सर्वांगीण सम्पूर्णता पायी थी। यही तो मुक्तहस्त से ईश्वर की सच्ची देन है, जो उन्हें भरपूर मिली थी।

जैसे वे राजकुमार के समान सुकुमार थे, वैसी ही उनकी भावनाएँ भी सुकुमार हैं। आज से चालीस साल पहले मैंने कानपुर की प्रसिद्ध मासिक पत्रिका 'प्रभा' में एक बात पढ़ी थी। वह सहसा स्मरण हो आई है। असहयोग की आँधी उठ चुकी थी। किसी पत्र-संवाददाता ने उनसे पूछा था–आप इस व्यापक आन्दोलन में देश का साथ क्यों नहीं देते ? उन्होंने उत्तर दिया था–क्या तुम बाँसुरी से लाठी का काम लेना चाहते हो ? उनकी सूक्तियाँ भी आह्लादिनी हैं। उनकी कृतियों में स्वदेश-भक्ति और भगवद्-भक्ति तथा समाजोत्थान के भाव तो भरे ही हैं, आध्यात्मिक आनन्द की मात्रा भी पर्याप्त है।

हिन्दी में रवीन्द्र-साहित्य का काफी अनुवाद हुआ है। महाकवि पर हिन्दी में कई अच्छी पुस्तकें भी हैं। हिन्दी पत्र-पत्रिकाओं में महाकवि के सम्बन्ध में अनेक लेख और निबंध प्रकाशित हो चुके हैं और होते ही रहते हैं। शती-जयंती पर सामूहिक रूप से उनका जो विशद गुण-गान हुआ है वह तो इस बात का पुष्ट प्रमाण है कि भारत की प्रमुख भाषाओं के मूर्द्धन्य साहित्यकारों पर हिन्दी के लेखक और विद्वान अधिकारपूर्वक लिख और बोल सकते हैं; किन्तु हिन्दी की भारत-विख्यात अथवा विश्वविख्यात साहित्यिक विभूतियों पर हिन्दीतर भारतीय भाषाओं के लेखक और विद्वान इतनी अधिक संख्या तथा इतनी अधिक मात्रा में ऐसे विस्तृत और गंभीर ढंग से न लिख सकते हैं न बोल सकते हैं। यही है हिन्दी के राष्ट्रभाषा-पद की महती मर्यादा का प्रत्यक्ष प्रमाण। हाँ, संभव है कि निकट भविष्य में ही पासा पलट जाय, पर अभी यही स्थिति सामने है।

रवि बाबू से हिन्दी ने बहुत-कुछ पाया और रवि बाबू ने भी हिन्दी से बहुत-कुछ ग्रहण किया। अपने पूर्ववर्त्ती कवियों से प्रभावित होना कोई अस्वाभाविक बात नहीं है। यद्यपि वे हिन्दी नहीं बोलते थे तथापि हिन्दी समझते खूब थे। जब मैं कलकत्ते के 'मतवाला'-मण्डल (सन् 1923-24) में था, तब 'मतवाला'-संपादक बाबू महादेवप्रसाद सेठ और मुन्शी नवजादिकलाल बहुत श्रद्धा से महाकवि के दर्शनार्थ गये थे। उसी यात्रा में चन्दर नगर के 'प्रवर्त्तक'-आश्रम में मोतीलाल बाबू के दर्शनों का भी सुयोग मिला था। मोतीलाल बाबू का रूप और व्यक्तित्व बहुत तेजस्वी और प्रभावशाली था। रवि बाबू का रूप जैसा दिव्य था, व्यक्तित्व भी वैसा ही आकर्षक था। मोतीलाल बाबू एक साधक योगी के समान प्रतीत हुए। रवि बाबू साहित्य और कला के मूर्त्त रूप-से दिखाई पड़े। सौंदर्य और सौरभ के सघन वातावरण में विराजमान राजर्षि के रूप में उनका मनोमुग्धकर दर्शन वस्तुतः आह्लादकारी था। सेठजी उनसे बंगला में ही बात करते रहे, अतः उनकी ओर कवि विशेष रूप से उन्मुख रहे। किन्तु मुंशीजी आद्यंत केवल हिन्दी में ही बात-चीत

करते रह गये, अतः इनकी ओर कवि का झुकाव कम रहा। इस बात की चर्चा लौटती बार रास्ते में बराबर होती आई। मुंशीजी को यह बात कुछ खली भी थी।

मुंशीजी से महाकवि ने जब हिन्दी बोलने में अपनी असमर्थता प्रकट की तब मुंशीजी ने बहुत नम्रता से निवेदन किया कि अनेक बंगाली विद्वानों की तरह आप टूटी-फूटी हिन्दी भी बोलने का अभ्यास कीजिए और भारत के एक महान् युगसृष्टा पुरुष होने के नाते भारत-व्यापिनी हिन्दी के साहित्य से भी परिचित होने की कृपा दिखाइए। इसके उत्तर में महाकवि ने जब यह कह दिया कि 'तुम्हारी हिन्दी में अभी मेरे पढ़ने योग्य कुछ नहीं है' तब मुंशीजी सहसा मौन और गंभीर हो गये—उनके चेहरे का रंग बदल गया। एक तो हिन्दी की बातचीत के प्रसंग में महाकवि का अँगरेजी में बोलना मुंशीजी को खटक चुका था, दूसरे यह उदासीनतापूर्ण उत्तर सुनकर मुंशीजी और भी हतप्रभ हो गये। फिर भी अपनी श्रद्धा निवेदित करने में मुंशीजी पूरे शीलवान रहे।

महाकवि को देखने से मन नहीं भरता था। उनका अँगरेजी भाषण सुनने में जो आनन्द आता था वह सदैव स्मरण रहकर हृदय को आप्यायित करता था। उनकी सुन्दरता आँखों में छाई रहती थी। उनकी वाणी में, चितवन में, मुस्कान में और शिष्टता में रस ही रस भरा था। उनको सच्चे कवि के रूप में ही गढ़कर परमात्मा ने पृथ्वी पर भेजा था। सचमुच वे भारत-वसुंधरा के अनवद्य अलंकार थे।

पं. मदनमोहन मालवीय
1861-1946

कलकत्ता नगर में हिन्दू-महासभा का अधिवेशन हो रहा था। पंजाब-केसरी लाला लाजपत राय अध्यक्ष थे। इसलिए, सनातनधर्मी हिन्दुओं में बड़ी सनसनी थी। हालीडे पार्क (चित्तरंजन एवन्यू) में विशाल पंडाल था। मैं 'मतवाला'-मंडल की ओर से पत्र-प्रतिनिधि था। धर्मप्राण मारवाड़ी भाई, सभापति के खयाल से, सनातन धर्म का पक्ष पुष्ट करने के लिए, काफी संख्या में उपस्थित थे। उनके शीश पर व्याख्यान-वाचस्पति पंडित दीनदयालु शर्मा के अभय वरद पाणि-पल्लव की छाया थी। महासभा का रुख देखकर वह छाया और भी सघन हो गई थी।

महासभा के खुले अधिवेशन में लाहौर के उर्दू-दैनिक 'वन्दे-मातरम्' के

सम्पादक लाला रामप्रसादजी ने अछूतों और शूद्रों को वेद-पाठ का अधिकार देने का प्रस्ताव उठाया। स्वामी सत्यदेव परिव्राजक ने समर्थन करते हुए कहा–"ईश्वर की दी हुई रोशनी, हवा और वर्षा से जब शूद्र वंचित नहीं हैं, तब ईश्वर की वाणी (वेद) से क्यों वंचित रहें ?" पंडाल में बड़ी हलचल मच गई। सनातनी भाइयों में विशेष खलबली थी। पंडाल मछुआ-बाजार बन गया था।

मंच पर महामना मालवीयजी विराजमान थे। व्याख्यान-वाचस्पतिजी के निवेदन करने पर दिव्य मुसकान के साथ तालियों की गड़गड़ाहट के बीच, पूज्य मालवीयजी उठे। शान्त, गम्भीर, मंजुल वाणी से 'सर्वोपनिषदो गावो दोग्धा गोपालनन्दनः' कहते हुए बोले–"ईश्वर के दिये हुए प्रसाद प्राणिमात्र के लिए सुलभ हैं। पर वेदों का अध्ययन करने के लिए कठोर तपस्या की आवश्यकता है, जो सबके लिए साध्य नहीं। इसीलिए स्वयं भगवान् ने वेद-शास्त्रोपनिषदों का सार 'श्रीमद्भगवद्गीता' के रूप में प्रकट कर दिया। वह भी साक्षात् ईश्वर ही की वाणी है। गीता भूमंडल का सर्वश्रेष्ठ ग्रंथ है। उसका अध्ययन और मनन सबके लिए सुलभ है। शूद्र और अन्त्यज भी उसका पाठ करके सफल-मनोरथ हो सकते हैं। वेद-पाठ का अधिकार-मात्र लेने से कोई लाभ नहीं। उसके लिए कठिन साधना की आवश्यकता होगी। प्रस्ताव वही पास करना चाहिए, जो कार्यरूप में परिणत हो सके। भगवान् ने यही समझकर 'गीता' का उपदेश दिया है कि कलियुग में वेद-पाठ सब श्रेणी के मनुष्यों के लिए साध्य न होगा। 'गीता' प्रत्यक्ष भगवद्वाणी है। वह वेद ही के समान पूज्य और फलप्रद है। मानव-जाति के कल्याण के लिए उसमें सब कुछ है। आप लोग प्रयत्न करें कि घर-घर में गीता का प्रचार हो। प्रत्येक हिन्दू के पास गीता की पोथी रहे। शूद्र और अस्पृश्य भी उसका पाठ करें और अल्प प्रयास से ही वेदों का मुख्य तत्त्व प्राप्त करें। ईसाई लोग एक-एक आने में बाइबिल बेचकर स्वधर्म का प्रचार करते हैं। हिन्दू-धर्म का हृदय गीता में है। आप लोग उसके सस्ते संस्करण निकालकर प्रत्येक हिन्दू के हाथ में वेदों का सार रख दें। उसे पाकर फिर किसी ग्रंथ की चाह न रहेगी।"

कोलाहल शान्त हो गया। दान-वीर बिड़लाजी की ओर से गीता के सस्ते संस्करण की एक लाख प्रतियाँ बाँटने की घोषणा हुई। मतभेद मिट गया।

गीता के श्लोकों के एक-एक शब्द और वाक्य पर पूज्य मालवीयजी की उक्तियाँ अपूर्व उद्भावनाशक्ति का परिचय देती थीं। जैसे–'**सततं कीर्त्तयन्तो मां**' में जो 'सततं' शब्द है उसके सम्बन्ध में उन्होंने बताया था कि इस शब्द का अर्थ 'निरन्तर' तो है ही, 'तत' का अर्थ 'वीणा' भी है, अतः वीणामृदंगादि के साथ संकीर्त्तन करने से भगवान विशेष प्रसन्न होते हैं, क्योंकि संगीत द्वारा मनुष्य में तल्लीनता आती

है और वह अनायास भगवद्भजन में तन्मय हो जाता है। गीता के आरम्भ के प्रथम श्लोक में जो 'युयुत्सवः' शब्द है उसका अर्थ योद्धागण तो है ही, उसमें 'युयुत्सु' मल्लविद्या का भी सूचक है; क्योंकि उस युग में सभी वीर पुरुष मल्लविद्या में निपुण होते थे और जापान में मल्लविद्या के लिए जो 'युयुत्स' शब्द प्रचलित है वह भारतवर्ष की ही देन है, अतः सब लोगों को कसरत करनी चाहिए और कसरती शरीर के लिए ब्रह्मचर्य-पालन परमावश्यक है तथा ब्रह्मचर्य की रक्षा के लिए विशुद्ध गोदुग्ध-पान सर्वथा अनिवार्य है। गोरक्षा पर बोलते समय वे रोने लगते थे और महाकवि कालिदास के 'रघुवंश' में वर्णित महाराज दिलीप की गोभक्ति तथा गोसेवा का उपाख्यान कहकर गो-पालन की प्रेरणा सबको देते थे।

महामना के गीतोपदेश यदि लिपिबद्ध हुए होते या 'रेकर्ड' में भरे गये होते तो आज भी सार्वजनिक समारोहों में अमृत-वर्षा हो सकती। तब भी उनके प्रवचनों, वक्तव्यों, संदेशों, व्याख्यानों और भाषणों तथा लेखों का संकलन तत्परता से करके प्रकाशित करना चाहिए; क्योंकि वे लोक-कल्याण के अमोघ साधन हैं और उन्हें साहित्य की अमूल्य निधि मानकर सुरक्षित रखने की आवश्यकता है। उनकी 'सनातनधर्म' नामक पुस्तक भारतीय संस्कृति का सात्विक संदेश सुनाती है और आधुनिक स्वेच्छाचारी युग में उसे सर्वजनसुलभ बनाने की आवश्यकता पदे-पदे अनुभूत होती है। मालवीय-साहित्य के संरक्षण से भारत-जैसे विशाल राष्ट्र के राजनीतिक, सामाजिक, धार्मिक, साहित्यिक, शैक्षणिक और सांस्कृतिक नवजागरण का इतिहास तैयार हो जाएगा।

सचमुच हिन्दुस्तान के करोड़ों निवासियों के ईश्वरदत्त प्रतिनिधि थे महामना मालवीयजी।

महामहोपाध्याय सकलनारायण शर्मा

1871-1953

आरा नगर के निवासी पाण्डेय सकलनारायण शर्मा हिन्दी के उद्भट लेखक, वक्ता और पत्र-सम्पादक थे; पर उनका नाम हिन्दी-साहित्य के इतिहासों में नहीं मिलता, केवल 'मिश्रबन्धु विनोद' (चतुर्थ भाग) में उनका संक्षिप्त परिचय है। यह खेद और आश्चर्य का विषय तो अवश्य है पर साहित्यिक इतिहासों में बहुधा उन लोगों के ही नाम उजागर हैं जिनके रचे हुए साहित्य से हिन्दी के भण्डार की शोभा और सम्पत्ति बढ़ी है। शर्माजी ने कोई वैसा भारी-भरकम ग्रन्थ तो नहीं लिखा; पर इस बीसवीं शती के आरम्भिक वर्षों में जो छोटी-मोटी पुस्तकें लिखीं वे उस

युग की दृष्टि से बड़े महत्त्व की थीं और आज भी महत्त्वहीन नहीं हैं। उनका 'हिन्द्री सिद्धान्त प्रकाश' तो आज भी अतुलनीय है। 'सृष्टितत्त्व', 'प्रेम-तत्त्व', 'व्याकरण-तत्त्व', 'आरा-पुरातत्त्व' आदि पुस्तकों से भी उनकी तत्त्व-विवेचनशक्ति का परिचय मिलता है। अन्तिम पुस्तक से उन्होंने पुरातत्त्वान्वेषण की ओर हिन्दी लेखकों का ध्यान आकृष्ट किया था—उस समय, जब हिन्दी में पुरातत्त्व-शोध की ओर किसी का ध्यान न था। उन्हीं दिनों 'राजा-रानी' और 'अपराजिता' नामक दो मौलिक उपन्यास भी लिखे जो चरित्र-चित्रण के विचार से बड़े सुन्दर हैं, तथा भाषा तो उनकी अपनी चेरी थी। छोटे-छोटे वाक्यों की सरल भाषा लिखने में उस समय भी उनका कोई सानी नहीं था और आज तो है ही नहीं। खड्गविलास प्रेस (पटना) की साप्ताहिक 'शिक्षा' के वे अनेक वर्षों तक सम्पादक रहे और उसमें कभी-कभी गहन शास्त्रीय विषयों पर भी सम्पादकीय अग्रलेख तथा टिप्पणियाँ लिखा करते थे। उनमें जटिल विषय को भी सुबोध बना देने की उनकी कला दर्शनीय होती थी। गूढ़ातिगूढ़ विषय को सुगमता से समझा देने में भी वे अद्वितीय ही थे। फिर भी साहित्य के इतिहासों में उनका यथोचित उल्लेख कहीं नहीं मिलता।

यह एक विचारणीय विषय है कि जिन महानुभावों ने पत्र-पत्रिका-सम्पादन-कार्य में तत्पर रहकर जन-समाज में हिन्दी का अनवरत प्रचार करके साहित्यानुराग उत्पन्न किया उनको इतिहासकार प्रायः भूल-सा गये हैं। उन सज्जनों को भी वे भूल गये हैं जिन्होंने लेखनी छोड़कर अपनी ओजस्विनी वाणी से ही जनता को हिन्दी की ओर आकृष्ट किया है। पत्र-पत्रिका-सम्पादकों में श्रीहरिकृष्ण जौहर, पं. अमृतलाल चक्रवर्त्ती, मेहता लज्जाराम शर्मा, श्री भगवानदास हालना, पं. नन्दकुमार देव शर्मा, पं. माधवराव सप्रे, स्वामी भवानीदयाल संन्यासी, पं. बाबूराव विष्णु पराड़कर, अमर शहीद गणेशशंकर विद्यार्थी, पं. कृष्णकान्त मालवीय, पं. लक्ष्मणनारायण गर्दे, पं. रूपनारायण पाण्डेय, आदि अनेक विद्वानों ने पत्रकार के रूप में हिन्दी की जो चिरस्मरणीय सेवा की है उसका यत्किंचित् उल्लेख हिन्दी-पत्रकारिता के इतिहासों में कहीं कुछ है सही, पर साहित्य के इतिहासों में तो अधिकांश का उल्लेख तक नहीं है। क्या उनकी प्रचारात्मक और रचनात्मक सेवा उल्लेख्य नहीं है ? फिर इसी प्रकार हिन्दी के प्रभावशाली वक्ताओं में पं. मदनमोहन मालवीय, डॉ. भगवानदास, लाला लाजपतराय, पं. दीनदयालु शर्मा व्याख्यान-वाचस्पति, श्रीपुरुषोत्तमदास टण्डन, स्वामी सत्यदेव परिव्राजक आदि मनीषियों ने अपने भाषणों से हिन्दी का जो उपकार किया है वह उपेक्षणीय नहीं कहा जा सकता। उपर्युक्त पत्रकारों और वक्ताओं के समान कितने ही पत्रकार और वक्ता और भी हो चुके हैं जिनकी महत्त्वशालिनी हिन्दी-सेवा के सम्बन्ध में पृथक् स्वतन्त्र लेख ही लिखे जा सकते हैं। किन्तु लेखनी और वाणी के धनी इन हिन्दी-सेवकों का कहीं सादर

स्मरण भी नहीं किया गया है। ऐसी दशा में पं. सकलनारायणजी उपेक्षित रह गये तो कोई नई दुर्घटना नहीं हुई। शर्माजी भी लेखनी और वाणी, दोनों के धनी थे।

शर्माजी ने लगभग तीस वर्षों तक 'शिक्षा' का सम्पादन-कार्य करते हुए आधुनिक युग की प्रभात-वेला में हिन्दी की जो उल्लेखनीय सेवा अपनी सिद्ध लेखनी से की वह भले ही कहीं इतिहास में अंकित न हो, पर भविष्य के उन्नत युग में उसका मूल्यांकन होकर रहेगा। उनकी वाणी ने भी हिन्दी की धाक और साख जमाई। उस प्रचार-युग में उनके व्याख्यानों से हिन्दी का पक्ष पुष्ट हुआ और उसके प्रसार-विस्तार के लिए भी उर्वर क्षेत्र तैयार हुआ।

यदि उदार विचार-दृष्टि से देखा जाय तो कितने ही लोकप्रिय कथा-वाचक और 'मानस'-व्यास भी हिन्दी-प्रचार में बड़े सहायक हुए हैं। आज भी रामायणी व्यास तुलसी-साहित्य की जो सेवा कर रहे हैं और उससे जनता में जो भक्ति-साहित्य का प्रेम जाग्रत हो रहा है वह ध्यान देने योग्य है।

स्वदेशी-आन्दोलन के युग में आर्यसमाज और सनातन-धर्म के शास्त्रार्थ-संघर्ष का जो श्रीगणेश हुआ था वह महात्मा गांधी के राजनीतिक आन्दोलन के आरम्भ होने से पहले तक देश-भर में हलचल मचाता रहा। उस धार्मिक और सामाजिक सुधार के आन्दोलन में शर्माजी ने समस्त बिहार प्रान्त में घूम-घूमकर सनातन-धर्म के मंच से सैकड़ों व्याख्यान दिये थे तथा शास्त्रार्थ करके भी सनातन-धर्म की मर्यादा बचाई थी। वे थे तो तीर्थ-त्रय (व्याकरण-काव्य-सांख्यतीर्थ); पर वैदिक और पौराणिक साहित्य का भी गम्भीर अध्ययन-मनन किया था। अपने धाराप्रवाह भाषणों में वे धर्मशास्त्रों के प्रमाण-वाक्यों के उदाहरण देने लगते थे तो उनकी स्मृति-शक्ति की प्रखरता चकित कर देती थी। वह ध्वनि-विस्तारक यंत्र (लाउड-स्पीकर) का युग नहीं था। तब भी वे हजारों श्रोताओं को अपने आकर्षक व्याख्यान से मंत्रमुग्ध कर देते थे। जान पड़ता था कि उपनिषदें और स्मृतियाँ उनकी सरस्वती के आगे हाथ बाँधे खड़ी हैं। संस्कृत और बंगला तो वे मातृभाषा के समान बोलते थे। वक्तृता के समय उनकी हिन्दी संस्कृतनिष्ठ होती थी; परन्तु लेखनकाल में वह सरलातिसरल बन जाती थी। व्याकरणसंगत भाषा लिखने में विरला ही कोई उनकी बराबरी में आ सकता था।

खेद है कि 'शिक्षा' में छपे उनके असंख्य सम्पादकीय वक्तव्य और लेख आज सर्वथा दुर्लभ हो गये। यदि उनका संग्रह प्रकाशित हुआ रहता तो भाषा-शैलियों का अध्ययन-अनुशीलन करनेवाले साहित्यिक अनुसन्धायकों को शोधकार्य में अमूल्य सहायता प्राप्त होती।

सन् 1901 में उन्होंने आरा नगर में नागरी-प्रचारिणी सभा की स्थापना की थी। वह आज भी अपने स्वतन्त्र भवन में स्थित है। उसके द्वारा हिन्दी-प्रचार

के जो कार्य हुए हैं वे ऐतिहासिक महत्त्व के हैं। देशी राज्यों और सरकारी दफ्तरों में उसके अथक उद्योग से हिन्दी का प्रवेश तो हुआ ही, कलकत्ता-विश्वविद्यालय में भी पं. जगन्नाथप्रसादजी चतुर्वेदी की सहायता से सभा ने हिन्दी को स्थान दिलाया। काशी की नागरी-प्रचारिणी सभा के प्राण आचार्य श्यामसुन्दर दासजी का भी इस काम में पूरा सहयोग रहा। उनसे शर्माजी की घनिष्ठ मैत्री थी। उन्होंने अपनी 'हिन्दी कोविद रत्नमाला' नामक पुस्तक में शर्माजी की सचित्र जीवनी प्रकाशित की थी। सभा के प्रधान-मन्त्री और शर्माजी के अभिन्न मित्र श्रीव्रजनन्दन सहाय 'व्रजवल्लभ' तथा इनके पिता बाबू शिवनन्दन सहायजी की सचित्र जीवनियाँ भी उस पुस्तक में छपी थीं। शर्माजी के साथ मिलकर व्रजवल्लभजी ने सभा द्वारा जो हिन्दी-सेवा की वह सभा के जीवनेतिहास की बड़ी महत्त्वपूर्ण सामग्री है।

यह निस्संकोच कहना पड़ेगा कि 'व्रजवल्लभ'जी की रचनात्मक प्रतिभा को परख शर्माजी ने अपनी 'शिक्षा' में कई बार टिप्पणियाँ लिखकर उन्हें प्रोत्साहन प्रदान किया। उन्होंने जब बंकिम बाबू के प्रसिद्ध उपन्यास 'चन्द्रशेखर' और 'कमलकान्त का इजहार' (प्रहसन) का हिन्दी-अनुवाद किया तथा 'उद्धव' एवं 'बूढ़ावर' (प्रहसन) नामक नाटक लिखे तब शर्माजी ने 'शिक्षा' द्वारा उनकी मेधा-शक्ति को उन्मुक्त हृदय से आशीर्वाद दिया था। कहना चाहिए कि शर्माजी के समान निष्ठावान विप्रदेवता का आशीर्वाद अक्षरशः सफल हुआ जिससे व्रजवल्लभजी का साहित्यिक जीवन सदा कीर्त्ति की गोद में पलता रहा। किन्तु उन्होंने 'कैकेयी' के जीवन से सम्बद्ध एक नये दृष्टिकोण का नाटक लिखा, जो कुछ दिनों तक पाठ्य-पुस्तक के रूप में भी स्वीकृत रहा। उस पर शर्माजी ने अपना मतभेद भी प्रकट कर दिया था। शर्माजी रामायण की कथा-परम्परा में आधुनिक स्वच्छन्द विचार को जबर्दस्ती ठूँसने के विरोधी थे। युगधर्म के अनुसार सामयिक सुधारों को भी वे शास्त्रीय मर्यादा के अन्दर नियंत्रित रखने के समर्थक थे। वे स्पष्ट कहते और लिखते थे कि धार्मिक और सामाजिक विषयों में विचारशून्य उच्छृंखलता अत्यन्त भयावह है। विधवा-विवाह, मूर्त्तिपूजा और श्राद्ध पर उनके व्याख्यान ऐसे तर्कसंगत होते थे कि इनके विरोधी और पक्षपाती दोनों इन विषयों पर पुनः विचार करने को विवश हो जाते थे।

उपर्युक्त सभा की त्रैमासिक मुखपत्रिका 'नागरी-हितैषिणी' और उसके बाद मासिक 'साहित्य पत्रिका' के सम्पादन-कार्य में 'व्रजवल्लभ'जी सदा शर्माजी से सलाह लिया करते थे, क्योंकि उनको केवल साहित्य-रचना का ही अभ्यास था, पत्र-सम्पादन का विशेष अनुभव नहीं था। किन्तु शर्माजी तो लेखों के संशोधन, सम्पादन और सम्पादकीय लेखादि लिखने में ऐसे सिद्धहस्त थे कि एक ही बैठक में एक अंक का मसाला तैयार कर डालते थे। उनका कथन था कि लेखक की मौलिकता को बचाकर ऐसी सावधानी से सम्पादन करना चाहिए कि उसकी नस

पर नश्तर न लग जाय। एक बार 'व्रजवल्लभ'जी की सम्पादित की हुई एक पाण्डुलिपि को देखकर उन्होंने कटे हुए अंशों को पुनः कुछ परिवर्त्तित रूप में लिखवा दिया और कहा कि लेखक के स्वतन्त्र विचार से सहमत न होने पर उसे काटकर उड़ा देने के बदले उस पर पाद-टिप्पणी में मतभेद प्रकट कर देना उचित है।

प्रोफेसर अक्षयवट मिश्र 'विप्रचंद्र'
1874-1939

प्रोफेसर अक्षयवट मिश्र 'डुमराँव' (शाहाबाद, बिहार) के निवासी थे। वे संस्कृत और प्राकृत के मर्मज्ञ विद्वान थे। संस्कृत और व्रजभाषा में बड़ी मधुर कविता करते थे। द्विवेदी-युग के यशस्वी गद्य-लेखकों में उनका प्रतिष्ठित स्थान था। 'सरस्वती' में उनकी अनेक रचनाएँ और लेखमालाएँ प्रकाशित हुई थीं। बँगला तो वे मातृभाषा की तरह जानते और बोलते थे। व्रजभाषा में आशुकवि के समान समस्यापूर्त्तियाँ करते थे। उन्होंने संस्कृत में दोहा छंद चलाकर बड़ा नाम कमाया था। पंडित विजयानन्द त्रिपाठी के समान धुरंधर विद्वान भी इस युग में संस्कृत के दोहा-छंद को उनका आविष्कार कहा करते थे। उन्होंने दोहा-छंद में 'राधा-माधव-विलास' नामक एक महाकाव्य ही लिख डाला था, जो कलकत्ता से प्रकाशित होकर संस्कृत के पंडितों में खूब सम्मानित हुआ था। संस्कृत में उनकी पाँच-छः कविता-पुस्तकें छपी थीं। हिन्दी की गद्य-पद्य-रचनाएँ भी आधे दर्जन से कम नहीं निकली थीं। संस्कृत और बँगला से उन्होंने लगभग एक दर्जन पुस्तकों का हिन्दी गद्य-पद्य में अनुवाद किया था। यदि उनके सभी लेखों और पुस्तकों की खोज करके ग्रंथावली प्रकाशित की जाय, तो उसके कई बड़े खंड होंगे। उनकी समस्त रचनाओं को देखकर ऐसा अनुमान होता है कि जब से उन्होंने होश सँभाला, तब से अंतकाल तक अपने जीवन के क्षणों को केवल साहित्य-सृष्टि में ही लगाया।

उनके प्रथम दर्शन का सौभाग्य वर्त्तमान शताब्दी की पहली दशाब्दी में हुआ था। उसी समय अक्षयवटजी ने मुझे हिन्दी पढ़ने का उपदेश दिया। तब मिश्रजी मेरठ (उत्तर-प्रदेश) में रहते थे। वहाँ के एक कॉलेज में उनके मित्र पंडित उमापतिदत्त शर्मा संस्कृताध्यापक थे। शर्माजी डुमराँव के पास चिलहरी गाँव के थे। उन्होंने मिश्रजी से ही संस्कृत पढ़ी थी और उन्होंने ही सबसे पहले, अखिलभारतीय हिन्दी-साहित्य-सम्मेलन की स्थापना का प्रस्ताव अखबारों में छपवाया था। आरा की नारी-प्रचारिणी सभा के संस्थापक पंडित सकलनारायण शर्मा उनके समर्थक

थे। किन्तु, उनके आकस्मिक निधन से प्रस्ताव अन्यत्र कार्यान्वित हुआ।

मेरठ और राँची के बाद मिश्रजी बराबर पटना में रहने लगे; किन्तु उसके पहले उन्होंने काशी और अयोध्या में रहकर संस्कृत पढ़ी थी तथा मालवा के जैन विद्वान् विजयराजेन्द्र सूरि के साथ कई साल रहकर 'अभिधान-राजेन्द्र' कोष का निर्माण किया था। मालवा से लौटने पर वे कई साल कलकत्ता में भी रहे थे। वहाँ विशुद्धानंद सरस्वती-विद्यालय में अध्यापक रहकर मारवाड़ी-समाज में बड़ी प्रतिष्ठा पाई। कुछ दिन 'भारतमित्र'-संपादक स्वनामधन्य पत्रकार बाबू बालमुकुंद गुप्त के सहकारी भी रहे। उन्हीं दिनों बँगला और राजस्थानी भाषा सीखी। वे अँगरेजी बहुत कम जानते थे और उर्दू तो उससे भी कम। किन्तु व्रजभाषा के अच्छे कवि होने से फारसी के प्रचलित शब्दों से खूब परिचित थे। विद्वद्वर पंडित रामावतार शर्मा के संसर्ग से वे भी अँगरेजी-फारसी के शब्दों को संस्कृत के साँचे में ढाला करते थे।

वे कई प्रांतों की भाषा स्वाभाविक रीति से बोलते थे। मालवी भाषा बोलते समय कोई नहीं कह सकता था कि वे मालवीय नहीं हैं। मारवाड़ी-भाषा में उनके अनेक हास्य-कौतुक मैंने गोष्ठियों में देखे-सुने हैं। बँगला में उनके हास्य-विनोद सुनकर हँसते-हँसते लोट जाना पड़ता था। वे और पंडित ईश्वरीप्रसादजी जब कभी एकत्र हो जाते, लटके-लतीफों की बाढ़ आ जाती थी। पंडित विजयानंदजी त्रिपाठी (श्रीकवि) उनको महामहोपाध्याय पंडित रामावतार शर्मा के दरबार का विदूषक कहा करते थे।

मिश्रजी शृंगार-रस के बड़े प्रेमी थे। साहित्य में नग्न अश्लीलता को तो वे कोसते थे, पर कहा करते थे कि शब्द, वाक्य, अर्थ, भाव, कल्पना, छंद, अलंकार आदि का चमत्कारोत्कर्ष तथा आकर्षण जहाँ नहीं है, वहाँ अलबत अश्लीलता हो सकती है; किन्तु जिसको वास्तविक साहित्य कहते हैं, उसमें अश्लीलता होती ही नहीं, यों तो मनुष्य के पैदा होने का तरीका भी अश्लील ही है।

वे पान बहुत खाते थे। कहते थे कि जो पान नहीं खाता उसका मुँह 'अपान' रहा करता है। पान के संबंध में उनके दो दोहे मुझे आज भी याद हैं–

लौंग कपूर इलायची पुंगीफल तांबूल।
जो नर कबहुँ न खात है सो खल खलु चंडूल ।। 1।।

रति, क्रीड़ा, नाटक, सभा; यात्रा, पथ, संग्राम।
भोजनांत में पान बिनु; नर न लहै विश्राम।। 2।।

पटना में उन्होंने कई अँगरेजों को संस्कृत और हिन्दी पढ़ाकर कीर्त्ति और प्रतिष्ठा पाई थी। लगभग एक दर्जन अँगरेज-अफसर उनके चेले थे। वे तरह-तरह के साहित्यिक हास्य-विनोदों से विद्वान अँगरेजों का मनोरंजन किया करते थे। उनसे रसीले चुटकुले सुनने के लिए उन्हें वे छेड़ा भी करते थे। पटना ट्रेनिंग-कॉलेज के

प्रिंसिपल थिकेट साहब को वे 'बिहारी-सतसई' पढ़ा रहे थे। एक दिन प्रसंगवश 'नथुनी उतारना' मुहावरा सुनकर थिकेट साहब उनसे पूछ बैठे कि इस मुहावरे की उत्पत्ति बतलाइए; क्योंकि इसके शब्दों से आपका अर्थ नहीं खुलता। मिश्रजी का प्रत्युत्पन्नमतित्व देखिए। झट बोल उठे कि अहा हा ! आप इसमें पैठे नहीं, मेरे अर्थ की संगति इसमें चौकोर बैठती है; क्योंकि नथुनी उतारने का मतलब है किसी सुन्दरी युवती को अपनी प्रेयसी के रूप में अंगीकृत करना और प्रेम की स्वीकृति पर सबसे पहले स्फीत चुंबन की मुहर पड़ती है; किन्तु नथुनी से चुंबन में झंझट होती है। इसलिए नथुनी उतारकर चुंबन द्वारा प्रेम की मुहर लगाई जाती है–यही इस मुहावरे की ध्वनि है।

मिश्रजी के इस मधुर साहित्यिक उत्तर से थिकेट साहब बड़े प्रसन्न हुए। वे मिश्रजी की सूझ-बूझ पर बहुत रीझे रहते थे। उन्हीं के प्रयत्न से मिश्रजी को सन् 1915 ई. में पटना-कॉलेज की प्रोफेसरी मिली। संस्कृत और हिन्दी के प्रोफेसर के रूप में छात्र-समाज से उनको यथेष्ट प्रतिष्ठा मिली। उनकी वाक्‌पटुता विलक्षण थी। वे बात बनाते नहीं, बात सँवारते थे। बात-बात में करामात पैदा करने की कला में पारंगत थे।

पटना-डिवीजन के कमिश्नर ओल्डहम् साहब हिन्दी-प्रेमी अँगरेज थे। उनके पास तक मिश्रजी की पहुँच थी। कहीं सफर में सुना हुआ एक शब्द साहब के ध्यान में था, मिश्रजी से पूछ बैठे कि 'मनसायन' का अर्थ और उसकी व्युत्पत्ति बतलाइए। मिश्रजी की हाजिरजवाबी कभी चूकती न थी, तुरंत बोल उठे कि भोजपुरी में यह शब्द खूब चलता है और इसका अर्थ है 'गुलजार' या 'मनोरंजक', परन्तु इसकी व्युत्पत्ति ढूँढ़ने की जरूरत नहीं, यह शुद्ध संस्कृत शब्द है, इसमें दो शब्दों की संधि है–मनस्–अयन (मोर्चा, केंद्र आदि), मन जहाँ मोर्चा बाँध दे, मन जहाँ केंद्रित हो जाय, मन जहाँ रम जाय, मन जहाँ बसना चाहे, वही जगह 'मनसायन' कहलाती है। इसी तरह मिश्रजी सभी शब्दों की हीर निकाला करते थे। उनसे किसी भाषा का कोई शब्द कह दीजिए, उसे वे संस्कृत के धातु-प्रत्यय से सिद्ध कर छोड़ते थे। महामहोपाध्याय पंडित रामावतार शर्मा के दरबार में यही काम हरदम होता रहता था। मिश्रजी उस दरबार के हर-फन-मौला थे।

उस समय के संस्कृतज्ञ पंडितों का ज्ञान बड़ा ठोस था। अब भी जो पुराने बच गये हैं, वे पोथी का मुँह नहीं जोहते। मिश्रजी कभी-कभी कथावाचक का नाट्य करते थे। उस समय सचमुच व्यास बन जाते थे। मेरठ और कलकत्ता के मारवाड़ी-समाज में कथा बाँचकर उन्होंने काफी पैसा कमाया था। वाल्मीकीय रामायण, श्रीमद्भागवत और भगवद्‌गीता के अनेक स्थल उन्हें कंठस्थ थे। जब वे गोष्ठी में व्यास का अभिनय करने लगते थे, तब उनकी वाग्विभूति और विनोदलीला देखकर आश्चर्य और आनन्द का अपूर्व दृश्य उपस्थित हो जाता था।

पंडित ईश्वरीप्रसादजी बहुत अच्छे अभिनेता थे। उनकी अपनी मनोरंजन-नाटक-मंडली थी। उन्होंने मिश्रजी को रंगमंच पर उतारने की बड़ी चेष्टा की। परन्तु मिश्रजी सार्वजनिक अभिनयों में कभी सम्मिलित न हुए। वे केवल एकांत मित्रगोष्ठी में ही अपने साहित्यिक अभिनयों का प्रदर्शन करते थे। उनका 'कृपण' का रूपक बड़ा अनूठा था। पर बहुत आग्रह करने पर ही यदा-कदा दिखाते थे। 'कृपणता' की असंख्य कहानियाँ कहते और हँसाते-हँसाते भू-लोटन कबूतर का हाल कर देते थे। वैसे मस्ताने साहित्यिक अब नहीं दीख पड़ते।

बिहार में स्कूलों के इंस्पेक्टर प्रेस्टन साहब थे। वे मिश्रजी के शिष्य थे। मिश्रजी ने उनको संस्कृत-हिन्दी पढ़ाकर प्रसन्न किया था। अँगरेज अफसरों को उन्होंने अपने प्रखर पाण्डित्य से वश में कर लिया था। उनके मनोहर विनोदों से अँगरेज-विद्वान् खूब आनन्द उठाते थे। एक बार प्रेस्टन साहब ने पढ़ते समय पूछा कि स्त्री को वामांगी क्यों कहते हैं। मिश्रजी ने छूटते ही कहा कि स्त्री प्यार करने की चीज है और बाईं ओर गलबहियाँ डालकर दाहिनी ओर से प्यार करने में सुविधा होती है। युक्तियुक्त उत्तर से प्रेस्टन साहब खिल उठे।

पुस्तक-भंडार (पटना) के स्वामी श्रीरामलोचनशरणजी से मिश्रजी का बड़ा स्नेह-सम्बन्ध था। 'साहित्य-विनोद' नामक एक बालोपयोगी पाठ्य पुस्तक कई भागों में 'भंडार' से निकली थी। उसके संपादकों में मिश्रजी के साथ मेरा नाम भी प्रकाशित था। मिश्रजी की आत्मकथा और निबंधावली भी 'भंडार' से प्रकाशित हो चुकी है। अपने जीवन के अन्तिम दिनों में, अस्वस्थ रहते हुए भी, मेरे बार-बार आग्रह करते रहने पर, उन्होंने आत्मकथा लिखी थी। उसका प्रकाशन उसी साल हुआ था जिस साल (1939) मैं पुस्तक-भंडार से छपरा के राजेन्द्र-कॉलेज में गया था। उसके थोड़े ही दिनों बाद वे लगभग पैंसठ वर्ष की आयु में गोलोकवासी हुए थे।

वे अपनी पत्नी का बहुत आदर करते थे। पंडित ईश्वरीप्रसादजी उनको स्त्रैण तक कहते थे। किसी कारण पत्नी के अप्रसन्न होने पर वे बहुत खिन्न हो जाते और अनेक प्रकार से शुश्रूषा करके सन्तुष्ट करते थे। कभी-कभी आगत मित्रों को सुना-सुनाकर साहित्यिक स्तुति करने लगते थे–'नहीं मानोगी तो पपनियों से गुदगुदाऊँगा, तलवों को ओठों से सहलाकर मेंहदी लगा दूँगा, पदांगुलियों को चूमकर महावर लगा दूँगा–तांबूलरंजित अधरेण इत्यर्थः' इस तरह की उक्तियों के साथ हँसते भी जाते थे। मित्र-मंडली में प्रणय-कलह और अपनी उद्विग्नता का वर्णन निस्संकोच भाव से करते थे। 'सरल सुभाउ छुआ छल नाहीं।'

अपने अँगरेज-शिष्यों की सिफारिश से मिश्रजी 1915 ई. में पटना-कॉलेज के प्रोफेसर हुए थे। उस समय वे कोट और अँगरेजी ढंग का जूता पहनने लगे। नहीं तो बराबर बंददार या घुंडीदार मिरजई और बगलबंदी पहनते थे। सिर पर मलमल का साफा अपने हाथों बाँधते थे। कभी गोल पंडिताऊ टोपी लगाकर निकलते। जूता दिल्लीवाल या सलीमशाही होता था, पीछे प्रोफेसरी में पंप भी आ

गया। पहले तो घुटनों के नीचे से समेटकर कच्छा-धोती भी पहनते थे, पर आगे चलकर पंडिताऊ धोती रह गई। जूते-कपड़े के शौक से बढ़कर पान और इत्र का शौक था। इत्रों के वे अच्छे पारखी थे। यह गुण उन्होंने अपने पिताजी से सीखा था।

हिन्दी के बंगाली कहानी-लेखक बाबू गिरिजाकुमार घोष पटना में खड्गविलास प्रेस के कुछ दिन मैनेजर थे। बाद इंडियन प्रेस में इलाहाबाद चले गये। द्विवेदी-युग की 'सरस्वती' में वे ही लाला पार्वतीनंदन के नाम से लिखते थे। अक्षयवटजी से बँगला के हिन्दी-अनुवाद पर घोष बाबू टीका-टिप्पणी करने लगे। पंडित रामदहिन मिश्र भी उपस्थित थे। दोनों ही बँगला के अभिज्ञ अनुवादक थे। घोष बाबू ठेठ बँगला के शब्द और वाक्य पूछने लगे। दोनों ने सबका सटीक उत्तर दे दिया। तब अक्षयवटजी ठेठ हिन्दी और भोजपुरी के कई शब्द पूछ बैठे—जैसे 'गुमसाँइन'[1]—जिनमें से एक का अर्थ भी घोष बाबू न टटोल सके। मिश्रजी प्रायः कहते भी थे कि पुराने रईस लड्डू-पेड़े छील-छीलकर खाते थे और हम लोग दिन-रात शब्दों को ही सुधारकर खाते हैं। बात भी ठीक थी। वे लोग मानों शब्द-विचार के व्यसनी थे।

मिश्रजी भगवान कृष्णचंद्र के अनन्य भक्त थे। रासलीला का नाट्य करते समय उनकी भावभंगी मनोमुग्धकर होती थी। खड़े होकर अंगभंगी द्वारा त्रिभंगी बाना का स्वाँग भी दिखाते थे। मालपूआ, मोहनभोग (हलुआ) लड्डू और खीर (तस्मई) खाना बहुत पसन्द करते थे। यहाँ तक कि प्रीति-भोज का निमंत्रण देने पर पूछ बैठते थे कि उसमें इन चीजों की तैयारी है या नहीं। नमकीन चीजों में खिचड़ी और फुलौरियों के शौकीन थे। बनाते भी बहुत अच्छे थे। खिचड़ी के बराबर ही घी होने पर उनकी तृप्ति होती थी। चावलों में बासमती को 'वसुमतीनन्दन' कहा करते थे।

मिश्रजी की स्नेहसिक्त कृपा मुझ पर बराबर बनी रही। रुग्णावस्था में उनसे मैं प्रायः मिलता रहा। उन्होंने डुमराँव-महाराज के राजगुरु श्रीदुर्गादत्त परमहंस की जीवनी लिखी थी, जो एकलिपि-विस्तार-परिषद् (कलकत्ता) के मुखपत्र 'देवनागरी' में पूरी छप चुकी थी और फिर पुस्तक-भंडार (पटना) से पुस्तक-रूप में प्रकाशित हुई। उन्होंने मुझसे बड़ा आग्रह किया कि तुम्हीं इसकी भूमिका लिखो। मैंने भी आदेश-पालन किया। उन्हें परमहंसजी के कितने ही शास्त्रार्थ-प्रसंग कंठस्थ थे। जब उनकी वाग्धारा खुलती थी, तब सुनकर दंग रह जाना पड़ता था। महाराज के दरबार की असंख्य समस्या-पूर्त्तियाँ वे विभिन्न कवियों के स्वर में ही दुहराते थे। स्मरण-शक्ति बड़ी तीक्ष्ण थी।

---

1. बरसात में भीगा कपड़ा नहीं सूखता, तो उससे हर तरह की गंध निकलती है। उसी अधसूखे ओदा कपड़े की गंध को 'गुमसाँइन' कहते हैं।

श्रीव्रजनन्दन सहाय 'व्रजवल्लभ'

1874-1956

गोस्वामी तुलसीदास और भारतेन्दु हरिश्चन्द्र की वृहत् जीवनियों के सर्वप्रथम लेखक स्वनामधन्य बाबू शिवनन्दन सहाय के 'व्रजवल्लभ'जी एकमात्र सुपुत्र थे। बिहार-राज्यान्तर्गत शाहाबाद जिले के अख्तियारपुर नामक ग्राम में, उनका शुभ जन्म, विक्रम संवत् 1931 में, भाद्र-शुक्लाष्टमी को हुआ था। वर्तमान संवत् 2013 की भाद्र पूर्णिमा, गुरुवार को आरा नगर के अपने निवासस्थान पर संध्या समय वे गोलोकवासी हुए थे। उनका शवदाह-संस्कार बक्सर (शाहाबाद) के गंगा-तट पर हुआ था। पितृपक्ष के अन्तिम दिन (महालया को) उनका विधिवत् श्राद्ध हुआ।

'व्रजवल्लभ'जी का विद्यारम्भ जन्म-ग्राम में ही हुआ था। गया-जिला-स्कूल से उन्होंने इंट्रेन्स पास किया था। वे पटना के बिहार नेशनल कॉलेज में बी. ए. तक पढ़कर वकालत पास हुए थे और आरा नगर में बयालीस वर्षों तक वकालत की थी। वे आरा-नागरी-प्रचारिणी सभा के, आरम्भिक काल के, प्रधान-मंत्री थे। उनके समय में सभा की उत्तरोत्तर उन्नति और प्रसिद्धि हुई। 'नागरी-हितैषिणी', 'समस्यापूर्त्ति-प्रकाश', 'शिक्षा', 'प्रेमाभक्ति-प्रचारक' आदि पत्र-पत्रिकाओं का सम्पादन उन्होंने किया था। वे लगभग ढाई दर्जन पुस्तकों के लेखक थे, जिनमें कई उपन्यास, नाटक, गद्यकाव्य, प्रहसन, अर्थशास्त्र, कविता और जीवनी हैं। उपन्यासों में 'सौन्दर्योपासक', 'लालचीन', 'विस्मृत सम्राट्' और 'विश्वदर्शन' मुख्य तथा जग-जाहिर हैं। प्रथम का अनुवाद मराठी और गुजराती तथा दूसरे का भी गुजराती में हुआ है। नाटकों में 'कलंक-मार्जन' अन्तिम है। 'बिहार-बन्धु' (पटना), 'भारत-भगिनी' (प्रयाग), 'कवि-समाज' और 'कविमंडल-पत्रिका' (काशी), 'ब्राह्मण' (पटना) आदि पुराने हिन्दी-पत्रों में वे बराबर लेख, कवितादि लिखा करते थे।

उनके पुराने साहित्यिक मित्रों में कुछ के नाम विशेष उल्लेख्य हैं : श्रीबालमुकुन्द गुप्त, पं. प्रतापनारायण मिश्र ('ब्राह्मण'-सम्पादक), पं. दुर्गाप्रसाद मिश्र ('उचित वक्ता'-सम्पादक), लाला सीताराम, बाबू रामकृष्ण वर्मा (भारत-जीवन), पं. जगन्नाथप्रसाद चतुर्वेदी, पं. किशोरीलाल गोस्वामी, कविवर 'हरिऔध'जी और 'रत्नाकर'जी, बाबू श्यामसुन्दर दास, मिश्रबन्धु, पं. पद्मसिंह शर्मा, श्रीमैथिलीशरण गुप्त, आदि। हिन्दी में सर्वप्रथम साहित्यिक मौलिक उपन्यास लिखने का श्रेय 'व्रजवल्लभ'जी को ही है। श्रीमान छतरपुर-नरेश ने उन्हें सादर निमन्त्रित कर विशेष रूप से सम्मानित किया था।

काशी-नागरी-प्रचारिणी सभा की स्वर्ण-जयन्ती के अवसर पर सभा की ओर से उनका अभिनन्दन किया गया था। बेगूसराय (मुँगेर) में बिहार-हिन्दी-साहित्य-सम्मेलन

का जो चौदहवाँ महाधिवेशन सन् 1936 में हुआ था, उसके वे ही सभापति थे तथा उनका साहित्यिक भाषण अत्यन्त महत्त्वपूर्ण था। उन्होंने आरा के बाल-हिन्दी-पुस्तकालय को अपना विशाल पुस्तकालय दानस्वरूप दे दिया था, जो उनके पूज्य स्वर्गीय पिता बाबू शिवनन्दन सहाय के स्मारक के रूप में सुरक्षित है। सन् 1950 में बिहार-राष्ट्रभाषा-परिषद् का डेढ़ हजार रुपये का वयोवृद्ध-साहित्यिक-सम्मान पुरस्कार सर्वप्रथम 'व्रजवल्लभ'जी को ही प्राप्त हुआ था। आरा-नागरी-प्रचारिणी सभा द्वारा राष्ट्रपति डॉ. राजेन्द्रप्रसादजी को अभिनन्दन-ग्रन्थ समर्पित करने के शुभ अवसर पर उन्हें सभा की ओर से प्रमाणपत्र-सहित 'विद्यावाचस्पति' की उपाधि प्रदान की गई थी।

आरा-निवासी प्रतिष्ठित वकील बाबू व्रजनन्दन सहाय 'व्रजवल्लभ' हिन्दी-संसार में बिहार के सबसे अधिक यशस्वी और सफल उपन्यासकार थे। उनका 'सौन्दर्योपासक' नामक पहला मौलिक उपन्यास वर्त्तमान शती की प्रथम दशाब्दी में ही प्रकाशित हुआ था। उस युग के साहित्य-जगत् में उसकी काफी धूम रही। उस समय के दैनिक, साप्ताहिक एवं मासिक पत्रों और पत्रिकाओं में उसकी खूब चर्चा हुई, क्योंकि उन दिनों वह अपने ढंग का अकेला उपन्यास था। वह हिन्दी का सर्वप्रथम गद्य-काव्यात्मक उपन्यास माना जाने लगा।

सम्पादकाचार्य द्विवेदीजी ने कविवर श्रीमैथिलीशरण गुप्तजी से उसका समालोचनात्मक परिचय लिखवाकर अपनी 'सरस्वती' में प्रकाशित किया था। उसके आरम्भ में जो 'प्रेम' नामक कविता है वह भी 'सरस्वती' में पृथक् प्रकाशित हुई थी।

वह उपन्यास पटना के खड्गविलास प्रेस से प्रकाशित हुआ था। उसी प्रेस से साप्ताहिक पत्रिका 'शिक्षा' निकलती थी। उसके सम्पादक थे पंडित सकलनारायण शर्मा। व्रजवल्लभजी से शर्माजी की बड़ी घनिष्ठता थी। उक्त प्रेस के साथ भी व्रजवल्लभजी का अपनापन का सम्बन्ध था। अतः 'शिक्षा' मे 'सौन्दर्योपासक'-सम्बन्धी कई लेख छपे। पंडित ईश्वरीप्रसाद शर्मा, पंडित पारसनाथ त्रिपाठी, श्रीदामोदर सहाय 'कविकिंकर', पंडित अक्षयवट मिश्र और पंडित रामदहिन मिश्र के लेखों से साहित्य-क्षेत्र में उसकी बड़ी धाक बँधी।

व्रजवल्लभजी को पर्याप्त प्रोत्साहन मिला। उन्होंने फिर आगे कई अच्छे उपन्यास लिखे। 'विस्मृत सम्राट्' खड्गविलास से ही निकला। पुस्तक-भण्डार (लहेरिया सराय, दरभंगा) से 'विश्वदर्शन' प्रकाशित हुआ। काशी-नागरी-प्रचारिणी सभा की 'मनोरंजन-पुस्तक-माला' में 'लालचीन' गुंफित हुआ। ऐतिहासिक, दार्शनिक, सामाजिक सब तरह के उपन्यासों में उन्होंने भाषा का साहित्यिक सौन्दर्य

प्रदर्शित किया। प्रेमपरक 'सौन्दर्योपासक' में भी उन्होंने आध्यात्मिक विचारों का यथास्थान समावेश किया है।

जिन उपर्युक्त लेखकों के लेख 'शिक्षा' में छपे थे, सबने उनकी सरस और ललित भाषा-शैली की ही प्रशंसा की थी। उन दिनों कथावस्तु, चरित्र-चित्रण आदि की समीक्षा बहुधा कम होती थी। मनोवैज्ञानिक विश्लेषण करने की ओर बहुत कम आलोचक ध्यान देते थे, परन्तु भाषा पर विशेष ध्यान दिया जाता था। आज बात उलटी हो गई है। युगानुसार स्थिति बदलती रहती है।

उस समय नये ढंग की रचना के लिए लेखक को बहुत अधिक प्रशंसा मिलती थी। नया विषय, नई शैली, नया चमत्कार, नई प्रतिभा, नया रंग-ढंग जहाँ कहीं दीख पड़ता था, अधिकांश विद्वान् और पत्र-सम्पादक उसका स्वागत करते थे, क्योंकि हिन्दी को आगे बढ़ाना था, उसके कलेवर को सुन्दर बनाना था, उसके साहित्य को समृद्ध करना था। इसके सिवा, किसी के उत्कर्ष के प्रति कोई ऐसा असहिष्णु नहीं था कि उसके गुणों की ओर से भी आँखें मूँद ले। साहित्य-क्षेत्र में राग-द्वेष बहुत कम था। वह अधिकतर साधकों का युग था। उन लोगों की साधना का फल आधुनिक काल में प्रत्यक्ष है।

किन्तु मेरे कहने का यह आशय नहीं है कि उस समय समालोचना की कड़ी कसौटी न होने के कारण ही व्रजवल्लभजी लब्धकीर्त्ति हुए। उस समय भी 'भारत मित्र' (कलकत्ता), 'श्रीवेंकटेश्वर-समाचार' (बम्बई), 'ब्राह्मण-सर्वस्व' (इटावा), 'सद्धर्म-प्रचारक' (दिल्ली), 'पांचाल-पण्डिता' (लाहौर) आदि साप्ताहिक-मासिक पत्र-पत्रिकाओं में उनके बहुप्रशंसित उपन्यास के गुण-दोष का विवेचन भली-भाँति हुआ था, किन्तु इस बात में किसी का मतभेद नहीं था कि भाषा-सौष्ठव की दृष्टि से 'सौन्दर्योपासक' अनुपम है।

बिहार के पूर्वोक्त लेखक तो 'व्रजवल्लभ'जी के सुपरिचित मित्र ही थे, पर उनके लेखों को भी किसी ने पक्षपातपूर्ण कहने का साहस नहीं दिखाया। इसका मुख्य कारण उस युग की निर्मल परिस्थिति ही थी। विशेषतः हिन्दी-हितैषणा की दृष्टि से ही लोग विचार करते थे। जब आचार्य द्विवेदीजी द्वारा सम्पादित 'सरस्वती' में उस उपन्यास की सराहना हुई तब औरों की बात ही क्या, क्योंकि द्विवेदीजी महाराज की नजरों से गुजरनेवाली प्रत्येक पंक्ति उस समय प्रामाणिक मानी जाती थी। इसीलिए पंडित सकलनारायणजी ने 'शिक्षा' की सम्पादकीय टिप्पणी में 'सरस्वती' की कुछ पंक्तियों को उद्धृत करके लिखा था कि 'सौन्दर्योपासक' की श्रेष्ठता पर इससे शाही मुहर लग गई है। बात भी ठीक थी।

मेरा अनुमान है कि इस प्रगतिशील युग की समीक्षा-पद्धति के अनुसार मनोवैज्ञानिक कसौटी पर भी उनके उपन्यासों की जाँच की जाएगी तो वे असामयिक नहीं सिद्ध होंगे। किन्तु अब वे उपन्यास सुलभ नहीं हैं। आरा-जिला-हिन्दी-साहित्य-

सम्मेलन के भूतपूर्व मन्त्री ठाकुर नन्दकिशोरसिंहजी उनकी सभी पुस्तकों का संग्रह करके एक सुसम्पादित ग्रन्थावली प्रकाशित कराना चाहते थे। पुस्तक-संग्रह भी कर चुके थे, प्रकाशन के प्रबन्ध में बड़ी लगन से जुटे थे, पर अचानक चल बसे। काम अधूरा रह गया। यदि ग्रन्थावली निकल पाती तो इस शोध-समीक्षा-प्रधान युग में साहित्यिक अनुसन्धायकों को बड़ा लाभ होता। साहित्य-सेवियों की ग्रन्थावली प्रकाशित करने पर समर्थ प्रकाशकों को ध्यान देना चाहिए। आज के शोधकर्त्ता ऐसी ग्रन्थावलियों की खोज करते हैं, पर बहुलांश में उन्हें निराश ही होना पड़ता है। हिन्दी में प्रमुख अधिकारी साहित्यकारों की ग्रन्थावली की बड़ी कमी है। इससे अनुसन्धानात्मक और आलोचनात्मक साहित्य के निर्माण में बहुधा बाधा पड़ रही है। 'व्रजवल्लभ-ग्रन्थावली' के प्रकाशन से हिन्दी-उपन्यासों के विकास-क्रम के इतिहास का एक महत्त्वपूर्ण अध्याय लिखने में सहायता मिलेगी।

व्रजवल्लभजी के पिता श्रीशिवनन्दनसहाय भारतेन्दु-युग के सम्मान्य लेखकों में थे। उन्होंने गोस्वामी तुलसीदास, भारतेन्दु हरिश्चन्द्र, रामभक्त सन्त रूपकलाजी और सिक्ख-गुरुओं की जीवनियाँ लिखी थीं। तुलसीदासजी की वृहत् जीवनी को पुनः संशोधित करके वह छोड़ गए थे, जिसका नया संस्करण बिहार-राष्ट्रभाषा-परिषद् (पटना) से प्रकाशित हुआ है। आशा है कि उनकी लिखी भारतेन्दुजी की जीवनी भी परिषद् से पुनः प्रकाशित होगी। उनकी लिखी रूपकलाजी की जीवनी का भी नया संस्करण पटना की रूपकला-समिति से निकला है। उसमें उन्होंने सन् 1912 तक का ही जीवन-वृत्त लिखा था। किन्तु सन् 1912 के बाद सन् 1932 तक का जीवन-वृत्त पटना हाईकोर्ट के ऐडवोकेट श्रीअवधबिहारी शरणजी ने लिखकर पूरा कर दिया; क्योंकि रूपकलाजी सन् 1932 ई. के आरम्भ में ही साकेतवासी हुए थे। उक्त शरणजी भी अगस्त, 1960 में साकेतवासी हो गए। वह भी आरा-निवासी ही थे। उनके साथ व्रजवल्लभजी की घनी मैत्री थी। दोनों पड़ोसी थे और परम रामभक्त भी।

व्रजवल्लभजी का मूल निवासस्थान अख्तियारपुर (बड़कागाँव) नामक गाँव था, जो आरा नगर से एक-डेढ़ कोस दूर पश्चिम में है। वह धनी-मानी कायस्थों की प्रसिद्ध बस्ती है। वहीं से उनके पूर्वज आरा के बाबूबाजार मुहल्ले में आ बसे थे। उनके पिता पटना के सरकारी अंग्रेजी दफ्तर में हिन्दी-अनुवादक थे। अतः उनकी शिक्षा पटना-स्थित बी. एन. (बिहार नेशनल) कॉलेज में हुई थी। जिस समय वह बी. ए. के छात्र थे, उसी समय 'समस्यापूर्त्ति' नामक मासिक पत्रिका का सम्पादन करते थे। उस पत्रिका के संचालक थे पटना सिटी के हरिमन्दिर के प्रधानाधिष्ठाता बाबा सुमेरसिंह साहबजादा। बाबा सुमेरसिंह भी हिन्दी-कवि थे। उन्होंने श्रीशिवनन्दन सहायजी को पत्रिका-सम्पादक बनाया था, क्योंकि शिवनन्दनसहायजी नानकशाही पन्थ के अनुरागी थे। एक बार आरा के उनके निवास-स्थान पर बड़े

समारोह से गुरु गोविन्दसिंह की जयन्ती मनाई गई थी, जिसमें 'लंगर' का आयोजन हुआ था और हिन्दी के स्वनामधन्य महाकवि पंडित अयोध्यासिंह उपाध्याय 'हरिऔध' आमंत्रित होकर आए थे। उस समय इन पंक्तियों के लेखक को भी 'लंगर' का प्रसाद पाने का सुयोग मिला था। जब शिवनन्दनसहायजी पेन्शन पाकर पटना से आरा चले गए, तब बाबा साहब की सलाह से अपने पुत्र को ही पत्रिका-सम्पादक का भार सौंप गए। उसके पहले व्रजवल्लभजी की समस्या-पूर्त्तियाँ भी पत्रिका में प्रकाशित हुआ करती थीं।

व्रजवल्लभजी बड़े प्रतिभाशाली विद्यार्थी रहे। साहित्य-सेवा तो उनकी पैतृक सम्पत्ति ही थी। छात्रावस्था में ही एक छोटे अंग्रेजी उपन्यास का हिन्दी-अनुवाद करके प्रकाशित कराया था। उनका विवाह बंगाल के वीरभूमि नामक नगर के एक बंगीय कायस्थ-परिवार में हुआ था। वह बंगला के बड़े अच्छे विद्वान् थे। बंग-साहित्य-सम्राट् बंकिम बाबू के कुछ उपन्यासों का हिन्दी-अनुवाद भी उन्होंने किया था। सबसे पहले उन्होंने ही 'मैथिल-कोकिल विद्यापति' नामक ग्रन्थ लिखकर महाकवि विद्यापति को बिहार का निवासी प्रमाणित किया था। वह ग्रन्थ आरा की नागरी-प्रचारिणी सभा से प्रकाशित हुआ था। सभा ने बिहार-राष्ट्रभाषा परिषद् की आर्थिक सहायता से उस ग्रन्थ का दूसरा नया संस्करण भी प्रकाशित किया है। उनके रचे साहित्य से आकृष्ट होकर छतरपुर (मध्यप्रदेश) के साहित्यानुरागी नरेश ने उन्हें सादर आमन्त्रित करके सम्मानित किया था। उस समय भी गुलाबरायजी ('साहित्य-सन्देश'-सम्पादक) वहाँ महाराज के निजी सचिव थे और मिश्रबन्धु भी वहीं थे।

व्रजवल्लभजी के ज्येष्ठ सुपुत्र श्रीरमेशनन्दन सहाय भी साहित्यकार हुए। वे जमशेदपुर की ताता-कम्पनी में एक अच्छे ओहदे पर थे। उनकी रचनाएँ 'माधुरी' (लखनऊ) में छपा करती थीं। व्रजवल्लभजी जब मृत्युशैया पर थे, मैं उन्हें देखने आरा गया था। उस समय उनसे जो वार्त्तालाप हुआ वह भी साहित्यिक संस्मरणों के रूप में था। बिहार-हिन्दी-साहित्य-सम्मेलन के त्रैमासिक मुखमत्र 'साहित्य' में उन पुराने संस्मरणों का प्रकाशन हो चुका है। उस समय मेरे मन में यह भाव उठा था कि उनसे अतीत-युग के संस्मरण यदि लिखवा लिये गए होते, तो वह चीज हिन्दी-साहित्य की एक अमूल्य निधि होती। अनेक पुराने साहित्यकार अपने साथ ही बहुमूल्य संस्मरण लेते चले गए। पंडित बनारसीदासजी चतुर्वेदी ने 'विशाल भारत' द्वारा साहित्यिक संस्मरणों के प्रकाशन को काफी उत्तेजन और प्रोत्साहन दिया। इससे साहित्य-जगत् की बहुत-सी अज्ञात बातों का उद्‌घाटन होगा, जिनसे शोधकों को भी सहायता मिलेगी।

व्रजवल्लभजी का पेशा तो वकालत का था, पर साहित्य-सेवा उनकी पैतृक सम्पत्ति थी। उनके पिता स्वनामधन्य बाबू शिवनन्दनसहाय भारतेन्दु-युग से

द्विवेदी-युग पर्यन्त अनवरत साहित्य-समाराधन में संलग्न रहे। पिता की तरह पुत्र ने भी लगातार पचास वर्षों तक हिन्दी-साहित्य की स्तुत्य सेवा की। दोनों की सेवाएँ चिरस्मरणीय हैं। जीवनी-लेखन के क्षेत्र में पिता कीर्त्तिशाली हुए और पुत्र उपन्यासकार के रूप में। ऐसे आदर्श उदाहरण हिन्दी-जगत् में विरल हैं। हिन्दी-साहित्य के कथाकारों में व्रजवल्लभजी का नाम निस्संदेह अमर रहेगा।

श्रीदामोदरसहाय सिंह 'कविकिंकर'

1875-1932

श्रीदामोदरसहाय सिंह 'कविकिंकर' हिन्दी के बहुत पुराने लेखक और कवि हैं। गद्य और पद्य—दोनों की रचना में वे समान रूप से कुशल थे। पहले तो केवल व्रजभाषा में ही कविता किया करते थे, और उसमें यथेष्ट सफलता और कीर्त्ति भी पाई, पर बाद में खड़ी बोली में भी उसी शान-बान से बड़ी सरस-सुन्दर कविता करने लगे। उनकी सर्वतोमुखी प्रतिभा ने चतुरस्र सफलता पाई। 'सरस्वती', 'मर्यादा', 'शारदा', 'नागरी-प्रचारक', 'मनोरंजन', 'क्षत्रिय-मित्र', 'निगमागम-चन्द्रिका', 'काशी-नागरी-प्रचारिणी पत्रिका' आदि की पुरानी प्रतियों में उनकी अनेक रचनाएँ भरी पड़ी हैं। 'कल्याण', 'माधुरी', 'सुधा', गंगा' आदि प्रसिद्ध पत्रिकाओं में भी वे अंतिम समय तक लिखते रहे थे।

उनका शुभ जन्म 14 दिसम्बर, 1875 ई. को बिहार प्रान्त के 'छपरा' शहर में हुआ था, जहाँ उनके पिता मुंशी शिवशंकरसहाय सिंह जी—मुख्तार थे। वे नगर के बड़े यशस्वी और प्रतिष्ठित पुरुष थे। दामोदरसहायजी की माता तो उनके बहुत बचपन में ही स्वर्ग रिधार चुकी थीं; पर पिताजी भी उन्हें ग्यारह साल की उम्र में ही अनाथ कर गये। उस समय उनकी शिक्षा-दीक्षा उनके पूज्य चचेरे भाई मुन्शी हीरालाल सहाय की देख-रेख में होने लगी। वे बचपन से ही बड़े होनहार और प्रतिभाशाली थे—चौदह वर्ष की उम्र में छात्रवृत्ति के साथ मिडिल वर्नाकुलर पास किया और छपरा-जिला-स्कूल से 1894 में इण्ट्रेन्स, तथा 1897 में ही बी. एन्. कॉलेज (पटना) से एफ्. ए. पास किया। किन्तु इसके बाद घरेलू झंझटों के कारण बी. ए. की परीक्षा में पास न हो सके। अंततः 1900 में रिविलगंज (छपरा) के मिडिल-इंगलिश-स्कूल में प्रधानाध्यापक नियुक्त हुए; फिर कुछ दिनों तक छपरा-जिला-स्कूल में भी शिक्षक रहे, बाद को 1903 में मुँगेर जिले में स्कूलों के सबइन्स्पेक्टर हो गये। तब से बिहार के भिन्न-भिन्न जिलों—गया, आरा, दरभंगा,

छपरा, आदि–में उक्त पद पर बड़ी योग्यता से अपना उत्तरदायित्वपूर्ण कार्य सम्पन्न करके प्रचुर प्रतिष्ठा और कीर्त्ति अर्जित की।

इतने महत्त्वपूर्ण पद पर रहकर भी वे हिन्दी की सेवा बड़ी लगन से करते रहे। उनका हिन्दी-साहित्य-विषयक ज्ञान बड़ा ही उन्नत एवं भरपूर था। साहित्यानुराग तो उनके हृदय में बालपन से ही झलकने लगा था–प्रायः इतिहास-भूगोल आदि पाठ्य विषयों को स्वयं पद्यबद्ध बनाकर वे याद किया करते थे, और अपने सहपाठियों के मनोविनोद के लिए भी प्रायः कविताएँ बना दिया करते थे। उनकी कुशाग्र बुद्धि और तीक्ष्ण प्रतिभा को देखकर केवल उनके शिक्षक ही सन्तुष्ट न रहते थे, बल्कि उस समय के डिपुटी-इन्स्पेक्टर-ऑफ-स्कूल्स पं. शिवनारायण त्रिवेदी तो इतने प्रसन्न एवं आकृष्ट हुए कि उन्होंने उनको सहर्ष पुरस्कार भी दिया था।

श्रीदामोदरसहायजी का निवास-स्थान सारन (छपरा)-जिले का 'शीतलपुर' नामक ग्राम है जो बड़े ही प्रतिष्ठित कायस्थों की एक अच्छी बस्ती है। वे भी दूसरे श्रीवास्तव कायस्थ–पांडेय-वंश के हैं। अपने शुद्ध आचार-विचार और सच्ची आस्तिकता के कारण वे शिक्षित कायस्थ-वर्ग के लिए एक आदर्श व्यक्ति कहे जा सकते हैं। उनके पूर्वज मुगल-बादशाह 'शाहजहाँ' के समय में राजकीय प्रतिष्ठा पाकर 'चिरैयाकोट' से आकर उक्त 'शीतलपुर' में बसे थे। उन्होंने अपने गाँव में 'हिन्दी-मन्दिर' नाम से एक प्रकाशन-भवन तथा पुस्तकालय भी खोला था, जिसके द्वारा 'मोदक', 'मोहनभोग', 'रसाल', 'घरौंदा' आदि कई बालोपयोगी रोचक पुस्तकें प्रकाशित हुई थीं। उनके सुयोग्य पुत्र श्रीजगन्नाथप्रसाद सिंह भी हिन्दी की सेवा में तत्पर रहे और हिन्दू-विश्वविद्यालय से कॉलेज-शिक्षा छोड़कर सर्वतोभावेन हिन्दी-सेवा को ही अपना लिया। जगन्नाथप्रसादजी की अनेक बालोपयोगी रचनाएँ 'माधुरी', 'मनोरमा', 'बालक' आदि पत्रों में अक्सर छपती थीं।

श्रीदामोदरसहायजी के वास्तविक साहित्यिक जीवन का सूत्रपात उस समय हुआ था, जब वे छपरा के जिला-स्कूल में शिक्षक थे, जहाँ स्वनामधन्य साहित्याचार्य पं. अम्बिकादत्त व्यास 'सुकवि' भी शिक्षक थे, जिनके चिर-संसर्ग से उनमें हिन्दी-सेवा की विशेष प्रवृत्ति हुई। व्यासजी का उन पर अविरल स्नेह था और वे प्रायः उनकी प्रतिभा की बड़ी प्रशंसा किया करते थे, जिससे उत्साहित होकर दामोदरसहायजी पक्के साहित्य-व्यसनी हो गये। फिर तो अपनी साहित्यिक अनुरक्ति के कारण वे व्यासजी के ऐसे वात्सल्यभाजन हुए कि व्यासजी ने अपने 'साहित्य-नवनीत' नामक संग्रह में उनकी 'लंकादहन के पश्चात् हनुमान का पश्चात्ताप'–शीर्षक भिन्नतुकान्त कविता को भी साग्रह स्थान प्रदान किया। और, जब दामोदरसहायजी 'पटना' में थे, तब वहाँ वयोवृद्ध साहित्यसेवी आरा-निवासी बाबू शिवनन्दनसहाय के सहवास एवं प्रोत्साहन से वे काशी तथा पटना के तत्कालीन कवि-समाजों में

समस्याओं की पूर्त्तियाँ भेजने लगे, जो उनके संग्रहों में क्रमशः प्रकाशित होती रहती थीं। दामोदरसहायजी की रचनाएँ 'अभ्युदय', 'शिक्षा', 'श्रीकमला', 'शारदा', 'कमला', 'महिला-दर्पण, 'साहित्य-पत्रिका', 'नागरी-प्रचारिणी पत्रिका' (काशी और आरा) आदि पत्र-पत्रिकाओं में भी बराबर छपती रहती थीं। काशी-नागरी-प्रचारिणी सभा के वे बड़े प्रेमी थे। उसके कई उत्सवों में सम्मिलित होने के लिए वे सरकारी नौकरी से छुट्टी ले-लेकर जाते थे।

केवल स्फुट रचनाओं तक ही उनकी साहित्य-सेवा सीमित नहीं थी, उन्होंने कई छोटे-बड़े ग्रन्थ भी लिखे हैं, जिनमें कुछ प्रकाशित और कुछ अद्यापि अप्रकाशित हैं। उनकी पुस्तकों में 'भ्रातृभाव' (गद्य) और 'भक्ति' (गद्य), 'रसाल' और 'नृपसूर्यास्त' नामक पुस्तकें प्रकाशित हैं। 'निगमन और आगमन' नामक एक गद्य-पुस्तक काशी की नागरी-प्रचारिणी-सभा द्वारा भी प्रकाशित हुई है। 'वनिता-विनोद-समालोचना', 'पाश्चात्य नैतिक दर्शन' आदि कई गद्य-पुस्तकें अप्रकाशित भी हैं। उन्होंने 'कविता की भाषा' नामक एक विचारपूर्ण समालोचनात्मक ग्रंथ भी लिखा है। 'कविताकुसुम' नाम से एक छोटा-सा खड़ी-बोली का पद्य-संग्रह पहले प्रकाशित हो चुका है। लहेरियासराय के सुप्रसिद्ध 'हिन्दी-पुस्तक-भंडार' से उनकी व्रजभाषा की कविताओं का एक सर्वांगसुन्दर संग्रह 'सुधा-सरोवर' प्रकाशित है। पेंशन लेने पर उनका विचार हिन्दी के भक्ति-साहित्य पर भी एक विवेचनापूर्ण ग्रंथ लिखने का था, किन्तु क्रूर काल ने उनका मनोरथ पूरा न होने दिया।

'कविकिंकर'जी का स्वभाव बड़ा ही कोमल था, जैसा कि एक आदर्श साहित्यिक का होना चाहिए। वे बड़े सहृदय, सुरसिक, मधुरभाषी, सदाशय, कर्त्तव्यनिष्ठ, धर्मपरायण और श्रद्धालु व्यक्ति थे। उन्होंने लगभग समस्त भारत के मुख्य-मुख्य तीर्थों का पर्यटन कर लिया था। हरिकीर्त्तन में उनका विशेष अनुराग था। भगवद्-भजन की चर्चा के समय उनका अश्रुप्रवाह एक हृदयहारी दृश्य होता था। सन्त-समागम ही उनकी प्रसन्नता का कारण था। उनकी धार्मिक सहिष्णुता, उदारता और उनके समाज-सुधार-सम्बन्धी विचार बहुलांश में अभिनन्दनीय हैं। यहाँ तक कि स्कूलों में भी धार्मिक शिक्षा का प्रचार करने के वे पक्षपाती थे, बल्कि इसी उद्देश्य से उन्होंने बालकों के लिए दो पुस्तकें भी लिखी थीं-'बाल-संकीर्त्तन' और 'धार्मिक वार्त्तालाप'। उनकी भक्ति-पक्ष की कविताओं से ही उनकी धर्मनिष्ठा और भगवद्भक्तिपरायणता का अनुमान किया जा सकता है। उसका एक उदाहरण-

खायो कर अन्न दान देइ कछु जाचक कौं,
न्हायो करै गंग-धार माहिं प्रातकाल को।
'दामोदर' दायौ करै दीन दारिद्री-जन पै,
नायो करै सीस साधु-सन्त महिपाल को।

जायौ करै दर्सन निमित्त नित मन्दिर में
चन्द्रभाल-सामुहे बजायो करै गाल को।
गायो करै बिसद गोविन्द के गुनानुवाद,
ध्यायो करै सुभग सरूप नन्दलाल को।।

अब उनकी एक शृंगारमयी रचना का रसास्वादन कीजिए। एक नायिका शिशिर-समीर को लक्ष्य कर कहती है–

छिन पै छिन कम्प करै तन में, पट छोरि सरीर उघार करै।
कच फेरै बिखेरें 'दमोदर' त्यों, सब ही असिंगार सिंगार करै।।
हिय लावै कबौं गरते लगि कै, मुख-चुम्बन बार-हिं-बार करै।
यह 'सीत की बात' अगात-बसी, बर सो सबही व्यवहार करै।।

यद्यपि यह महाकवि भर्तृहरि के 'शृंगार-शतक' के एक श्लोक का अनुवाद है, तथापि मूल के भावों का उसमें कितना सुन्दर निर्वाह हुआ है। खड़ीबोली की रचना भी देखिए। प्रेम के विषय में कैसी अनूठी उक्तियाँ हैं–

जन्म-भर गोते लगाने जो पड़ें हर्ज क्या ? नैराश्य के कासार में।
पर अनोखे प्रेमघन को नित्य ही पाइएगा प्रेम के दरबार में।।

है अलौकिक काम तेरा लोक में, दौड़ना है धार पर तलवार की।
थाह पा सकता पपीहा ! कौन है ? छोड़ तुझको प्रेम-पारावार की !

एक ही आशा-भरोसा है तुझे, एक ही बल एक ही विश्वास है।
जब वियोगी प्रेम से विस्वल हुआ, दूर होने पर भी प्रियतम पास है।।

पं. जगन्नाथप्रसाद चतुर्वेदी
1875-1939

मलयपुर (मुंगेर) के निवासी पं. जगन्नाथप्रसादजी चतुर्वेदी हिन्दी-संसार के उन प्रमुख साहित्य-महारथियों में थे, जिन्होंने हिन्दी के विकास-युग में हिन्दी के हित की ही बात सोची थी और उसकी उन्नति के उपाय करते रहने में ही अपना सारा जीवन खपाया था।

अपने युग में चतुर्वेदीजी हिन्दी-भाषा के मर्मज्ञ विद्वान् माने जाते रहे।

भाषा-विषयक उनकी विशेषज्ञता ने उस समय के कितने ही धुरन्धर लेखकों को परेशानी में डालकर उनका लोहा मानने के लिए बाध्य किया था। उन दिनों के भाषा-सम्बन्धी विवादों में वह बड़ी निर्भीकता से अपने पक्ष पर दृढ़ रहते थे। शुद्धाशुद्ध भाषा की बारीकियाँ परखने में उनकी दृष्टि बड़ी पैनी थी। इसी परख में उनके जीवन का प्रत्येक क्षण व्यतीत होता था। चाहे वह बाजार में रहें या ट्रेन में सफर करते हों, हर घड़ी, उठते-बैठते, चलते-फिरते, बोलते-बतराते, वह व्याकरण-समर्पित शुद्ध भाषा पर ध्यान रखने में सजग रहते थे। बातचीत के प्रसंग में भी उनके सामने कोई अशुद्ध भाषा बोलता था तो वह सुपरिचित व्यक्ति को तुरन्त टोककर सावधान कर देते थे, पर दूसरों को किसी व्याज से ही शुद्ध रूप ज्ञात करा देते थे। पुस्तकें और पत्र-पत्रिकाएँ पढ़ते समय दुष्प्रयोगों पर निशान करते चलते थे। नाटक देखते समय अभिनेताओं के कथोपकथन पर ही उनका विशेष ध्यान रहता था। सभा-सम्मेलनों के भाषणों में भी उनके कान चौकन्ने रहते थे।

एक अखबार में छपा वाक्य था–"यह समाचार समाचारपत्रों में प्रकाशित हुआ था।" उन लोगों का संशोधन इस प्रकार था–"समाचारपत्रों में यह समाचार प्रकाशित हुआ था।" व्याकरण-विषयक अशुद्धियों पर तो वे ध्यान देते ही थे, वाक्यों के भ्रमात्मक रूप पर भी निगाह रखते थे। उन लोगों के विचार से 'हिचकिचाहट' शब्द के बदले 'हिचक' लिखना ही उपयुक्त है। शब्दों और वाक्यों के ऐसे अनेक उदाहरणों को यहाँ लिखकर उस मित्रगोष्ठी की साहित्य-चर्या का विस्तृत विवरण देने के लिए स्थान नहीं है, पर समझदार के लिए उपर्युक्त संकेत पर्याप्त हैं।

उनकी लिखी पुस्तकों की भाषा-शैली में ठौर-ठौर हास्यरस-बिन्दु सहृदय पाठकों को आप्यायित करते चलते हैं। उनके उपन्यास, नाटक, निबन्ध आदि अब दुर्लभ हो रहे हैं। 'वसन्त मालती', 'संसार-चक्र', 'तूफान', 'विचित्र विचरण' ('गुलिवर्स ट्रैवल्स' का हिन्दी-रूपान्तर), 'गद्यमाला', 'मधुर मिलन' आदि पुस्तकों के नाम भी लोग भूलते जा रहे हैं। अतः उनकी एक सुसम्पादित ग्रन्थावली प्रकाशित होनी चाहिए। उनके स्मारक-ग्रन्थ की पाण्डुलिपि बिहार-हिन्दी-साहित्य-सम्मेलन के संग्रहालय में बहुत दिनों से पड़ी हुई है। उसी के साथ-साथ यदि उनकी सभी रचनाओं तथा भाषणों को भी प्रकाशित कर दिया जाए तो उनकी हास्य-रसात्मक शैली का अध्ययन करने में बड़ी सुविधा हो जाएगी। उन्होंने बाबू बालमुकुन्द गुप्त के सम्पादन-काल से ही 'भारतमित्र' में जो व्यंग्य-विनोद लिखे थे, वे भी साहित्य-भण्डार में संचित होने योग्य हैं।

उनके सुपुत्र पं. रमावल्लभ चतुर्वेदीजी कहते थे कि 'भारतमित्र' में छपी सारी सामग्री प्रयाग के साहित्य-सम्मेलन-भवन के सत्यनारायण कुटीर में सुरक्षित है, जिसे राजर्षि टण्डनजी ने बड़े आग्रह से मँगाया था। वहाँ से उसकी अविकल

प्रतिलिपि मँगाई जा सकती है। बिहार-हिन्दी-साहित्य-सम्मेलन के प्रथम वार्षिकोत्सव के सभापति चतुर्वेदीजी ही हुए थे, इस नाते इसी सम्मेलन को ऐसे साहित्यिक यज्ञ का अनुष्ठान करना चाहिए। कम-से-कम बिहार पर उनका जो ऋण शेष है उससे इसी अनुष्ठान द्वारा उद्धार हो सकता है।

आचार्य श्यामसुन्दरदास
1875-1945

आचार्य श्यामसुन्दरदासजी के प्रथम दर्शन का सौभाग्य मुझे लखनऊ में प्राप्त हुआ था। अखिल-भारतवर्षीय हिन्दी-साहित्य-सम्मेलन का पंचम अधिवेशन कविवर पंडित श्रीधर पाठकजी के सभापतित्व में वहीं हुआ था। कालीचरण हाई स्कूल के आँगन में सुन्दर पंडाल बना था। उस समय वे ही उस स्कूल के हेडमास्टर थे। यह 1914 ई. की बात है। उस सम्मेलन में पंडित अमृतलाल चक्रवर्त्ती, पंडित विनायक राय साठे, राय देवीप्रसाद 'पूर्ण', स्वामी सत्यदेव परिव्राजक, पंडित सुखराम चौबे 'गुणाकर', श्रीहरिश्चन्द्र वेदालंकार आदि के भाषण बड़े मनोरंजक हुए थे। श्रीहरिश्चन्द्रजी वेदालंकार ने सम्मेलन को पंजाब की ओर से निमंत्रण दिया था। किन्तु सुनने में आया कि उसी साल वे स्वनामधन्य राजा महेन्द्रप्रताप के प्राइवेट सेक्रेटरी होकर विदेश चले गये; इसीलिए सम्मेलन का छठा अधिवेशन लाहौर में न हो सका, सम्मेलन के ही नगर (प्रयाग) में हुआ।

हरिश्चन्द्रजी महात्मा मुन्शीरामजी (स्वामी श्रद्धानन्द) के सुपुत्र थे। महात्मा मुन्शीरामजी भी सम्मेलन के चतुर्थ महाधिवेशन (भागलपुर, बिहार) के सभापति हुए थे। उसमें दुर्भाग्यवश मैं न गया था। किन्तु मेरे साहित्य-गुरु पूज्य पंडित ईश्वरीप्रसादजी शर्मा कहते थे कि बाबू श्यामसुन्दरदासजी ने महामहोपाध्याय सुधाकर द्विवेदी की 'रामकहानी' पर, जो युक्तप्रान्त के शिक्षा-विभाग में स्वीकृत पाठ्य-पुस्तक थी, अत्यन्त ओजस्वी भाषण किया था। संभवतः बिहार में उनका वही प्रथम पदार्पण और प्रथम भाषण था। शर्माजी उनकी वक्तृत्व-शक्ति की भूरि-भूरि प्रशंसा किया करते थे।

लखनऊ-सम्मेलन में भी गुरुवर शर्माजी मेरे साथ ही थे। हिन्दी के सर्वप्रथम भावात्मक मौलिक उपन्यास ('सौन्दर्योपासक') के यशस्वी सुलेखक बाबू व्रजनन्दन सहाय 'व्रजवल्लभ' भी गये थे। इन्हीं की प्रेरणा से लौटती बार हम लोग अयोध्या में भी उतरे, और वहाँ हनुमन्निवास में सुप्रसिद्ध संत श्रीसीतारामशरण भगवानप्रसादजी 'रूपकला' के दर्शनों का सौभाग्य प्राप्त किया। 'रूपकला'जी भी

हिन्दी के परमभक्त थे। उन्होंने 'भक्तमाल' की बहुत विशद टीका रची है। वे पहुँचे हुए रामोपासक संत थे। वे छपरा (सारन) जिले के निवासी थे। जब लखनऊ-सम्मेलन की स्वागत-समिति की सुव्यवस्था की चर्चा चली, तो उन्होंने श्रीमुख से स्पष्ट कहा कि जहाँ बाबू श्यामसुन्दरदासजी ही स्वयं कर्त्ता-धर्त्ता हैं, वहाँ तो सुव्यवस्था का होना अनिवार्य ही है। महात्मा अधिक नहीं बोला करते, केवल सूत्र-रूप में मितभाषण किया करते हैं। उन महात्माजी की यह बात बाबू श्यामसुन्दरदासजी के सम्बन्ध में अक्षरशः चरितार्थ थी। बाबू साहब की संघटनात्मक शक्ति और सुव्यवस्था का ज्वलन्त उदाहरण काशी-नागरी-प्रचारिणी सभा है। सभा और वे तो परस्पर पर्याय थे।

अखिल-भारतीय हिन्दी साहित्य सम्मेलन का छठा सम्मेलन लाहौर में न हो सका। वहाँ हुआ बारहवाँ अधिवेशन, जिसके सभापति थे हास्यरसावतार पंडित जगन्नाथप्रसादजी चतुर्वेदी। 'सभा' के अनुमोदन से प्रकाशित 'सरस्वती' के सम्पादन का भार सँभालते ही पूज्य आचार्य द्विवेदीजी ने अपने सम्पादित अंक के आरम्भ में ही बाबू साहब का चित्र प्रकाशित करके उसके नीचे यह प्रशस्ति दी थी–

मातृभाषा के प्रचारक विमल बी. ए. पास।
सौम्य शीलनिधान बाबू श्यामसुन्दरदास।।

हास्यरसावतार चतुर्वेदीजी ने इसी के वजन पर अपनी प्रशस्ति (!) आप ही लिखी थी–

पितृभाषा के बिगाड़क समल एफ. ए. फिस्स।
जगन्नाथप्रसाद वेदी बीस कम चौबिस्स।।

पंडित ईश्वरीप्रसादजी बड़े विनोदी थे, लखनऊ में जब श्यामसुन्दरदासजी और चतुर्वेदीजी विशिष्ट साहित्यिकों के दल के साथ प्रतिनिधियों के निवास-स्थानों में घूम रहे थे, शर्माजी ने चतुर्वेदीजी को उकसाकर यह पद्य कहवाकर ही छोड़ा। यद्यपि यह पद्य श्यामसुन्दरदासजी पहले पढ़ चुके थे, तथापि चतुर्वेदीजी के मुख से साक्षात् सुनकर बहुत हँसे और दो-तीन बार कहवाकर सुन लेने के बाद कहने लगे कि द्विवेदीजी की कविता की यह 'पैरोडी' बहुत अच्छी बन पड़ी है।

लखनऊ से लौटने पर ईश्वरीप्रसादजी को इसका चसका लगा। पत्र-पत्रिकाओं में प्रकाशित कोई कविता देख लेते थे तो झट उसकी 'पैरोडी' (विडम्बना-काव्य) लिख डालते थे। किन्तु विवाद-भय से उस समय मूल कविता का संकेत नहीं देते थे। उनके कुछ विडम्बना-काव्य 'चना-चबेना' नामक हास्यरसात्मक पद्यबद्ध पुस्तक में प्रकाशित हैं। यह पुस्तक कलकत्ता-प्रवास के समय स्वयं उन्होंने ही प्रकाशित की थी–विक्रमाब्द संवत् 1981 (1924 ई.) में।

बाबू साहब बहुत गंभीर प्रकृति के पुरुष थे, तब भी साहित्यिक मनोविनोद से उन्हें कोई घृणा न थी। एक बार मैं, जब काशी में साहित्यिक पाक्षिक 'जागरण' का सम्पादक था, लेख और सम्मति के लिए बाबू साहब की सेवा में पहुँचा। आचार्य रामचन्द्र शुक्लजी और पंडित केदारनाथ पाठक वहाँ बैठे थे। शुक्लजी वैसे गंभीर विचार के होते हुए भी बड़े विनोदप्रिय व्यक्ति थे। पाठकजी को लोग 'चलता-फिरता-पुस्तकालय' और 'साहित्यिक संस्मरणों के भंडारी' कहा करते थे। वे काशी-नागरी-प्रचारिणी सभा के पुस्तकालय के अध्यक्ष थे। मैंने देखा कि आचार्य द्विवेदीजी के विषय में पाठकजी विनोद-भरी बातें सुना रहे हैं और दोनों आचार्य हँस-हँसकर आनन्द ले रहे हैं।

सम्मेलन का छठा अधिवेशन प्रयाग में, राय रामप्रसाद साहब के बाग में, हुआ था। श्यामसुन्दरदासजी ही सभापति थे। एकदम काला कोट-पैन्ट, गोल काली फेल्टकैप, तितलीनुमा बूटेदार नेकटाई, तगड़ा शरीर, भव्य डीलडौल के कारण प्रभावशाली व्यक्तित्व, सब तरह से बाबू साहब का रूप आकर्षक था। भारतेन्दु-सखा पण्डित बदरीनारायण चौधरी 'प्रेमघन' उस सम्मेलन में पधारे थे और आचार्य द्विवेदीजी भी। प्रेमघनजी की भौंहों के बीच में पँचरंगी बिन्दी सबका ध्यान बरबस खींच रही थी। उनका हरिश्चन्द्री ठाट देखकर अनुमान होता था कि स्वयं भारतेन्दुजी ही सम्मेलन में आ गये हैं। उनकी आकृति-प्रकृति में वस्तुतः भारतेन्दु का ही आभास मिलता था। आचार्य द्विवेदीजी की घनी मूँछों और घनी भौंहों के ऊपर प्रशस्त ललाट तेजस्विता से चमक रहा था। चमरौधा जूते और बगलबन्दी पर पण्डिताऊ गोल टोपी में भारतीय संस्कृति की झलक थी। दूसरे दिन बन्द गले के कोट और ऊनी लैसवाली किश्तीनुमा टोपी में आधुनिकता के भी दर्शन हुए।

उसी सम्मेलन में मंजुलमूर्त्ति पण्डित जगन्नाथप्रसादजी चतुर्वेदी ने बँगला के लेख 'अनुप्रासेर अट्टहास' के जवाब में 'अनुप्रास का अन्वेषण' नामक हास्यरसपूर्ण निबन्ध पढ़ सुनाया था। चौबेजी का बसन्ती साफा बाँधे मन्द-मन्द मुस्कान के साथ झूम-झूमकर निबन्ध पढ़ना आज भी मानों आँखों के सामने नाच रहा है।

श्यामसुन्दरदासजी ने जैसी ओजस्विता के साथ भाषण किया, सम्मेलन के मंच पर वैसी छटा बहुत कम देखने में आई। उनका अन्तिम मौखिक भाषण तो और भी आकर्षक रहा। उनकी शानदार 'स्पीच' पर टकटकी बँध गई। अपने समय के वे सर्वश्रेष्ठ हिन्दी-वक्ता थे। हिन्दुस्तानी एकेडमी (प्रयाग) में, हिन्दुस्तानी के विरोध और हिन्दी के पक्ष-समर्थन में, उनका जो जोशीला भाषण हुआ था, उसके सुननेवालों का कहना है कि बाबू साहब उतने आवेश में भाषण करते कभी नहीं देखे गये। सर सुलतान अहमद के तर्कों की उन्होंने चिन्दी उड़ा डाली ! वे हिन्दी के अनन्य भक्त थे, इसमें तो कोई सन्देह ही नहीं। उन्हीं के सदुद्योग से भारतीय विश्वविद्यालयों में हिन्दी की पैठ और पूछ हुई। उन्हीं के परिश्रम से एम्. ए. कक्षा

तक के पाठ्य-ग्रंथ तैयार हुए। उन्हीं के प्रयत्न से हिन्दी का विराट् शब्दकोश बना और हिन्दी-भाषा के विकास का नवयुग लानेवाली 'सरस्वती' पत्रिका निकली, जिसके द्वारा आचार्य द्विवेदीजी की प्रकृष्ट प्रतिभा का प्रसाद प्राप्त हुआ तथा उनकी चिरस्मरणीय साहित्य-सेवा से हिन्दी का अभूतपूर्व उपकार हो सका।

आज जिस साहित्य-सम्मेलन के कारण हिन्दी का व्यापक प्रभाव सर्वत्र दीख पड़ता है, उसका बीज-वपन करके उसकी जड़ जमानेवाले भी बाबू साहब ही थे। हिन्दी के प्राचीन हस्तलिखित ग्रंथों की खोज का लग्गा लगाकर उन्होंने ही हिन्दी-साहित्य के इतिहास की नींव मजबूत की। भारत-सरकार से लिखापढ़ी कर और बहुत लड़-झगड़कर हिन्दी की सभी जब्त पुस्तकों की एक-एक प्रति 'सभा' के आर्य-भाषा पुस्तकालय में गुप्त रूप से सुरक्षित रखवाने में उन्होंने अविश्रान्त श्रम किया था। उनकी इस दूरदर्शिता का मूल्य तब मालूम हो सकेगा, जब हिन्दी अपने लुप्त साहित्य के उद्धार में प्रवृत्त होगी।

श्यामसुंदरदासजी को सन्तोष यदि न हुआ तो केवल हिन्दी-सेवा से ही। हिन्दी के अभ्युदय-सम्बन्धी उनके स्वप्न शायद अजर-अमर शरीर पाने पर भी पूरे न हो पाते। हिन्दी की उन्नति के लिए उनकी कल्पनाएँ गगनचुम्बिनी थीं। अपने जीवन-काल में उन्होंने हिन्दी की जितनी वृद्धि देख ली, उतने से उन्हें कभी तृप्ति न हुई। वे कहते थे कि मार्कण्डेय की आयु पाने पर ही हिन्दी की सेवा से जी भर पाता। हिन्दी के लिए उनमें अथाह ममता थी।

पांडेय रामावतार शर्मा
1877-1929

शर्माजी छपरा के निवासी सरयूपारीण ब्राह्मण थे। उनका शुभजन्म विक्रम संवत् 1934 में हुआ था। उनके पिता पण्डित देवनारायण शर्मा संस्कृत के विद्वान और धर्मात्मा थे। वे बहुत पैसेवाले तो न थे, मगर विद्या के प्रेमी तो थे ही; पाँच ही वर्ष की अवस्था से उनको पढ़ाने लगे। उसी समय से शर्माजी बड़े होनहार मालूम होने लगे। गूढ़-से-गूढ़ बात को भी झट समझ लेते थे। पढ़ने में ऐसी लगन लगी कि बारह वर्ष की अवस्था में ही संस्कृत की प्रथम परीक्षा पास कर गये, और परीक्षा भी प्रथम श्रेणी में पास हुए। उसी समय से छात्रवृत्ति पाने लगे। यहाँ तक कि हर एक परीक्षा में छात्रवृत्ति पाते चले गये। लगभग बीस वर्ष के हुए, तो पिताजी स्वर्गवासी हो गये। उस समय शर्माजी इण्ट्रेंस पास कर चुके थे। तब उनकी विधवा माता ने अपने गहने बेचकर उनको पढ़ाना शुरू किया। उसी अवस्था में वे काशी की संस्कृत की साहित्याचार्य परीक्षा में सर्वोत्तम हुए। काशी के यशस्वी विद्वान पण्डित गंगाधर शास्त्री उनके गुरु थे। उनकी गुरुभक्ति से वे बहुत प्रसन्न

रहते थे, और उनकी चोखी बुद्धि की बड़ी प्रशंसा भी किया करते थे। एफ़. ए. और बी. ए. पास करके चौबीस वर्ष की अवस्था में शर्माजी एम्. ए. पास हुए और एम्. ए. होने के बाद काशी के हिन्दू-कालेज में अध्यापक नियुक्त हो गये। वहाँ लगभग चार-पाँच वर्ष काम करके उन्नीस वर्ष की अवस्था में पटना-कालेज के प्रोफेसर होकर पटना चले आये। बीच में दो-तीन साल के लिए काशी के हिन्दू-विश्वविद्यालय में संस्कृत-विभाग के प्रधान होकर भी गये थे।

शर्माजी संस्कृत के बहुत ही बड़े विद्वान थे। भारतवर्ष के प्रसिद्ध विद्वानों में उनकी गिनती की जाती थी। विदेश के संस्कृत-प्रेमी विद्वान भी उनकी योग्यता के कायल रहे। यद्यपि संस्कृत के बड़े-बड़े पण्डित हिन्दी को तुच्छ समझते हैं, पर शर्माजी में वह बात नहीं थी। वे हिन्दी के सच्चे प्रेमी थे। संस्कृत की तरह हिन्दी में भी उन्होंने अनेक लेख और कई ग्रन्थ लिखे। अखिल-भारतवर्षीय (सप्तम) हिन्दी-साहित्य-सम्मेलन (जबलपुर) के वे सभापति भी हुए थे। संस्कृत का एक बड़ा भारी कोष तैयार करने में भी वे लगे रहे जो छपने पर संसार में अपने ढंग का अकेला ही कोष होगा।

इतने बड़े विद्वान् होकर भी शर्माजी बड़े मिलनसार थे। युगानुकूल नवीन सुधार को वे बहुत पसंद करते थे। समाज-सुधार के विषय में उनकी युक्तियाँ बड़ी जबरदस्त होती थीं। उन्हें कोई काट ही नहीं सकता था क्योंकि अपनी एक-एक युक्ति के लिए वे सैकड़ों पुष्ट प्रमाण तैयार रखते थे। साधारण बातचीत में भी ऐसी अच्छी-अच्छी बातें कह जाते कि चित्त मुग्ध हो जाता। अपने परिश्रम और विद्या के बल से ही वे इतने प्रतिष्ठित हुए।

पं. रामचन्द्र द्विवेदी
1876-1931

'बलिया' जिला-निवासी पं. रामचन्द्र द्विवेदी का 3 अगस्त 1931 ई. को क्षय-रोग से 55 वर्ष की अवस्था में देहान्त हो गया। वे हिन्दी और संस्कृत के एक अच्छे विद्वान्, आर्यसमाज और हिन्दू-सभा के उत्साही कार्यकर्त्ता, ओजस्वी वक्ता, निर्भीक आन्दोलक और प्रौढ़ हिन्दी-लेखक थे। यद्यपि वे संयुक्त-प्रान्त के निवासी थे, तथापि उनकी शिक्षा-दीक्षा बिहार प्रान्त में ही हुई थी और इसीलिए अन्त तक उनका प्रधान कार्य-क्षेत्र भी बिहार ही रहा। वैद्यनाथ-धाम का गुरुकुल-महाविद्यालय उनके ही सतत उद्योग एवं अक्लान्त अध्यवसाय का फल है। वे ही उसके संस्थापक और सम्पोषक थे। छपरा की हिन्दू-सभा में उनके प्रभावशाली भाषण से प्रसन्न

होकर महामना मालवीयजी ने उनकी बड़ी प्रशंसा की थी। तभी से वे मालवीयजी के स्नेह-भाजन बन गये थे। उनमें सबसे बड़ी विशेषता यह थी कि प्रसिद्ध आर्यसमाजोपदेशक होने पर भी वे गोस्वामी तुलसीदास के अनन्य भक्त थे। उनका लिखा 'तुलसी-साहित्य-रत्नाकर' नामक ग्रन्थ, जो पटना के 'खड्गविलास प्रेस' से प्रकाशित हुआ था, हिन्दी का एक अनूठा ग्रंथ है। उन्होंने 'तुलसी-सतसई' सरीखे कठिन ग्रन्थ की भी बड़ी अच्छी टीका की है, जो सम्भवतः पटना के 'सरस्वती-भंडार' से प्रकाशित है। सच्चे आर्यसमाजी होकर भी तुलसी-साहित्य के वे ऐसे अनुरक्त भक्त थे कि यह एक प्रकार से अतिशय विलक्षण बात प्रतीत होती है। 'बिहारी सतसई' का भी उन्होंने खूब अध्ययन किया था। उसकी उपलब्ध टीकाओं से वे सन्तुष्ट नहीं हुए थे और इसीलिए 'बिहारी-सतसई' पर भी वे 'स्वान्तः सुखाय' टीका लिखने की इच्छा रखते थे। दुख है कि उनकी यह बहु-दिन-लालित अभिलाषा पूरी न हो सकी।

पं. ईश्वरीप्रसाद शर्मा
1893-1927

मिश्रटोला, आरा, के शाकद्वीपीय ब्राह्मण कभी दिग्विजयी विद्वान हो गये हैं। हिंदी के सर्वप्रथम गद्यलेखक पंडित सदल मिश्र[1] भी इसी वंश के थे। इसी प्रसिद्ध कुल के स्वनामधन्य पंडित शारंगधर मिश्र तंत्र-शास्त्र के पारदर्शी विद्वान समझे जाते थे। बड़े-बड़े अफसर अपना ओहदा बढ़वाने के लिए उनकी सेवा में तत्पर रहा करते थे। पंडित ईश्वरीप्रसाद शर्मा उन्हीं के इकलौते सुपुत्र थे। उनका शुभजन्म 1950 संवत् की आषाढ़ी पूर्णिमा को हुआ था।

'होनहार बिरवान के होत चीकने पात'। शर्माजी बचपन में अपने पिता के पास बैठे हुए कलम लेकर कागज पर यों ही टेढ़े-मेढ़े निशान बनाया करते थे। पूछने पर कहते—अपनी दुलहिन को चिट्ठी लिख रहा हूँ। उनकी यह मधुर प्रकृति ही उनके सदा प्रसन्न स्वभाव का परिचय दे देती है।

सात साल की उम्र में ही शर्माजी के पिताजी का देहांत हो गया, जब वे

1. उनके प्रपौत्र वयोवृद्ध पं. रघुनंदन मिश्र को मैंने स्वयं देखा था। पं. रघुनंदन मिश्र के पौत्र श्रीभगवतीप्रसाद मिश्र आरा-टाउन-स्कूल में मेरे विद्यार्थी थे। इन्होंने मिश्र टोले की गली में अपना वह पुराना कच्चा मकान मुझे दिखाया था, और उसका वह कमरा भी दिखलाया था, जिसमें उनके प्रपितामह पं. सदल मिश्र का जन्म हुआ था।

एक अँगरेजी-स्कूल में थर्ड क्लास के विद्यार्थी थे। तभी से उनके हृदय में हिंदी का अनुराग उत्पन्न हुआ, और वे नागरी प्रचारिणी सभा (आरा) के पुस्तकालय में आने-जाने लगे। सबसे पहले 1906 ई. में काशी के 'भारत-जीवन' पत्र में उन्होंने लेख लिखना आरंभ किया और तब से बराबर पुस्तकें, लेख और कविताएँ लिखते रहे।

शर्माजी के पितृव्य पंडित श्रीधर मिश्र भी अच्छे तांत्रिक थे। वे बड़े ही आत्माभिमानी, स्वावलंबी, संतोषी और भजनानंदी थे। शर्माजी तो बचपन में ही मातृ-पितृ-विहीन हो गये थे, चाचा ने ही उनको पाला-पोसा, पढ़ाया-लिखाया, ब्याहा और बढ़ाया। वे शर्माजी को 'बच्चनजी' कहकर पुकारते थे। घर पर उनका प्यार का नाम यही था। शर्माजी के लंगोटिया साथी उनको 'दीना' या 'दीनानाथ' कहा करते थे।

पं. श्रीधर मिश्र के भी दो पुत्र थे–पं. गुरुदेवप्रसाद मिश्र जो कभी गया जिला स्कूल के हेडमास्टर थे और पं. आनंदेश्वरी प्रसाद मिश्र जो पटना हाई कोर्ट में काम करते थे और फुटबाल के सुप्रसिद्ध खिलाड़ी भी थे। पं. गुरुदेवजी तो ईश्वरीजी को पुत्रवत् मानते थे और वे भी उन्हें पितृतुल्य पूज्य। हाँ, पं. आनंदेश्वरीजी से ईश्वरीजी का भाईचारा चलता था। इन दोनों छोटे भाइयों की शिक्षा-दीक्षा और सारी उन्नति का श्रेय पं. गुरुदेवजी को ही था जो एक अविरल आदर्श पुरुष थे–बड़े ही शांतचित्त, एकांतप्रिय, विद्याव्यसनी, मननशील, सुचरित्र, गंभीर, मनस्वी और आस्तिक। गुरुदेवप्रसादजी बड़े अनुशासन-प्रिय व्यक्ति थे। उनके अनुशासन का आतंक शर्माजी पर इतना अधिक था कि वे उनके सामने न कभी बैठते थे और न बोलते-बतियाते थे। देखते ही जबान बंद हो जाती थी। पर राम-लक्ष्मण का-सा भाई-चारा था।

जिस समय शर्माजी इण्ट्रेंस क्लास में थे उसी समय खूब धड़ल्ले से हिन्दी में लेख लिखने लगे थे। जब पं. विजयानंद त्रिपाठी (श्रीकवि) काशी के 'भारतजीवन' के संपादक थे, उन्हीं दिनों शर्माजी का पहला लेख (गद्य-काव्य) 'भारतजीवन' में छपा था। सन् 1911 ई. में हिंदू-कालेज (बनारस) छोड़ने के बाद वे आरा के कायस्थ जुबिली एकाडमी हाईस्कूल में हिंदी-शिक्षक नियुक्त हुए। पढ़े भी इसी स्कूल में थे। 1905 के स्वदेशी-आंदोलन-युग में इसी स्कूल की एक मीटिंग में हिंदी में उनका पहला व्याख्यान हुआ जो इतना सुंदर हुआ था कि उनकी होनहारी पर बड़ी-बड़ी आशाएँ बाँधी जाने लगी थीं।

काशी के हिंदू-कालेज में उनके अंतरंग सहपाठियों में कुमार देवेंद्रप्रसाद जैन ('प्रेम-मंदिर'-पुजारी) थे और 'सरस्वती'-संपादक पं. देवीदत्त शुक्लजी भी। अचानक बहुत बीमार पड़ जाने से उन्हें पढ़ाई छोड़नी पड़ी थी और वे आरा में हिंदी-शिक्षक नियुक्त हुए थे। फिर 1914 में वे 'पाटलिपुत्र' के सहकारी संपादक होकर पटना

गये थे, जहाँ दो ही सप्ताह में प्रधान संपादक हो गये। डॉ. काशीप्रसाद जायसवाल (प्रधान संपादक) के लौट आने पर वे फिर सहकारी के पद पर काम करने लगे थे। परंतु उनसे कुछ मनमुटाव हो जाने के कारण वह पद छोड़कर वहाँ से चले आये थे। उसके बाद गया की नामशेष मासिक पत्रिका 'लक्ष्मी' का संपादन-भार ग्रहण करके गया में एक-डेढ़ साल तक रहे और वहाँ की मासिक पत्रिका 'श्रीविद्या' का भी साथ-ही-साथ संपादन करते रहे। वहाँ से पुनः आरा आकर घर बैठ साल-भर तक पटना की साप्ताहिक 'शिक्षा' का संपादन किया था जब उसके संपादक पं. सकलनारायण शर्मा कलकत्ता चले गये थे। सन् 1912 ई. में शर्माजी ने आरा से सचित्र हिंदी-मासिक 'मनोरंजन' निकाला और उसका ऐसी योग्यता से पूरे दो साल तक संपादन किया कि उसके साथ ही उनका नाम 'मनोरंजन मूर्त्ति' हिंदी में प्रसिद्ध हो गया। एक टुटपुँजिया फक्कड़ गृहस्थ होकर भी दो साल तक वे 'मनोरंजन' की झाँझरी नैया कैसे खेते रहे, यह हमी जानते हैं।

गया की 'लक्ष्मी' का संपादन करने के बाद शर्माजी 'धर्माभ्युदय' नामक त्रैमासिक का संपादन करने के लिए आगरा चले गये। 'धर्माभ्युदय' के प्रथम अंक से ही उन्होंने संपादन आरंभ किया था, जिसका आधा अंश गुजराती का रहता था। परंतु कुछ ही दिनों बाद शर्माजी ने उसे सर्वांग हिंदी-मय कर डाला। लगभग दो-ढाई साल उसका संपादन करके वे कलकत्ता की हरिदास कंपनी में चले गये, पर वहाँ भी दो-ढाई साल से ज्यादा न रहे और अंत में कलकत्ता के ही बर्मन प्रेस में जा पहुँचे। उस प्रेस के अध्यक्ष बाबू रामलाल वर्मा के साथ उनकी ऐसी घनिष्ठता हो गई कि अंत तक वहीं रहे और वर्माजी ने जब साप्ताहिक 'हिन्दूपंच' निकाला तो एक वर्ष तक उसका झंडा ऊँचा करके उसी की सेवा में लगे रहकर 22 जुलाई, 1927 को कलकत्ता में ही अचानक चल बसे।

उनकी मृत्यु भी कुछ विचित्र-सी हुई। दो बजे रात तक 'हिन्दूपंच' का मैटर लिखते रहे, तीन बजे बीमार पड़े और छः बजते-बजते छुट्टी ! कलकत्ता से भैया उग्र और पं. चंद्रशेखर पाठक का पत्र गिला कि शर्माजी मरने पर भी मुस्कुराते थे। वे अक्सर ही कहा करते थे कि 'मियाँ चिरकीं' की तरह मरने पर भी हम तुम लोगों को हँसाए बिना न मानेंगे। और वस्तुतः विनोदी भी वे अव्वल नम्बर के थे। तरह-तरह के चुटकुले, लतीफे, हँसी के नुस्खे हर वक्त ज़बान की छोर पर तैयार–हँसाते-हँसाते पेट फुला देते थे। कलकत्ते में तो बहुत-से लोग यही कहते कि वहाँ की साहित्यिक मंडली की हँसी का फव्वारा ही सूख गया। कुछ लोग कहते–हिंदी के चमन की एक चहकती बुलबुल उड़ गई ! किसे पता था कि आगरा के सरस्वती-प्रेस के ऑफिस में बैठे-बैठे 'धर्माभ्युदय' के दिसंबर 1918 अंक के लिए 'क्या मर चले' शीर्षक जो पद्य शर्माजी ने लिखा था वह किसी दिन उन्हीं पर चरितार्थ होगा ?–

हमारी कोई याद क्यों कर करेगा ?
सभी के दिलों को दुखा के चले।
कोई जग से हँसकर हँसाकर चले।
हम आँसू का दरिया बहाकर चले।

'हिंदूपंच' का संपादन करते समय ही उन्हें जेल जाना पड़ा था, तब जेलखाने से ही अपने मुकदमे का 'ब्रीफ' अँगरेजी में लिख भेजा जिसे देखकर प्रभात बाबू बारिस्टर ने सहसा प्रश्न किया था–'यह किस बारिस्टर का लिखा हुआ है ?' और जब यह कहा गया कि स्वयं संपादक ने ही लिखकर भेजा है, तब विस्मय-विस्फारित नेत्रों से 'ब्रीफ' देखकर दंग रह गये थे।

उस दिन 'हिन्दूपंच' के मामले से छुटकारा पाकर सबकी बधाइयाँ लेकर उन्होंने हमारे पास सपरिवार विश्वनाथदर्शन के लिए काशी आने की सूचना दी थी, पर कौन जानता था कि राजकीय कारागार से मुक्त होते ही ईश्वरीय कारागार से भी मुक्त हो जायेंगे !

पंडित ईश्वरीप्रसाद शर्माजी वंश-परंपरा के अनुसार शाक्त थे, किंतु अन्य शैव शाक्तों की तरह ऐसे अनुदार अथवा संकीर्ण विचारवाले नहीं थे कि शक्ति की उपासना में अंधे होकर अन्य देवताओं के प्रति अश्रद्धा रखें। वे सदा अपने गाढ़े समय में भगवती आदिशक्ति की विधिवत् पूजा किया करते थे, किंतु अवसर पड़ने पर वे भगवान राम और कृष्ण का यश बखानने से भी अघाते न थे। मैंने स्वयं देखा था कि कई बार स्वरचित 'श्रीरामचरित्र' और 'सीता' के विशिष्ट अंशों को स्वयं पढ़कर सुनाते समय वे अश्रु-गद्गद-कंठ होकर भाव-विभोर हो जाते थे।

मुझे अच्छी तरह याद है, जिन दिनों शुरू-शुरू कविवर 'हरिऔध'जी का महाकाव्य 'प्रियप्रवास' प्रकाशित हुआ था, शर्माजी आरा में अपने घर पर प्रतिदिन पूज्य पितृव्य भजनानंदी पं. श्रीधर मिश्रजी को 'प्रियप्रवास' बड़े सुरीले ढंग से सुनाया करते थे। पड़ोस के कई कृष्णभक्त भी प्रतिदिन उनका सस्वर पाठ सुनने आते थे। इतने ललित स्वर में इस तरह मधुर कंठ से किसी को 'प्रियप्रवास' पढ़ते मैंने कहीं नहीं सुना। मुस्कुरा-मुस्कुराकर वंशी-मधुर-कंठ से जब कोई कविता पढ़ने लगते, तो रूप खड़ा कर देते थे। 'प्रियप्रवास' के शुरू जमाने में वे आरा में जिधर चलते थे, गली-गली गुनगुनाते फिरते थे या कभी-कभी आरा की नागरी-प्रचारिणी सभा में बैठे-बैठे, जबकि सब लोग वाचनालय की मेज पर अखबार पढ़ने में लीन रहते, अचानक दर्द-भरे गले से पिहक उठते थे–

मुझ विजित-जरा का एक आधार जो है,
वह परम अनूठा रत्न सर्वस्व मेरा।

धन मुझ निधनी का लोचनों का उजाला,
सजल जलद की-सी कान्तिवाला कहाँ है ?

उनकी स्मृतिशक्ति गजब की थी। अच्छे-अच्छे श्लोक, हिंदी के दोहे और कवित्त, उर्दू की गजलें और शेर ऐसे मौके पर सुनाते कि मजा आ जाता। तारीफ यह कि 'अलिफ-बे' की पहचान भी नहीं और उर्दू-मिश्रित भाषा लिख दें तो बड़े-बड़े उर्दू-दाँ बाग-बाग हो उठें, और ज़बान की भी वही तेजी, वही सफाई, वही फ़िज़ाहत।

उनकी लिखी, संपादित तथा अनुवादित पुस्तकों की संख्या लगभग डेढ़ सौ होगी। इनके अतिरिक्त लगभग डेढ़-दो दर्जन पुस्तकें तो उन्होंने दूसरों के नाम से या दूसरों के लिए लिखी होंगी। अखबारों और साहित्यिक पत्र-पत्रिकाओं में जो अनेक रचनाएँ छपी थीं, वे अलग। उनके समय के किसी बिहारी लेखक ने उनकी बराबरी में लेख, कविता या पुस्तकें नहीं लिखीं। गद्य के तो वे लब्धकीर्त्ति लेखक थे ही, पद्य भी उतनी ही फुर्ती से रचते थे। उनके पद्य अधिकतर व्यंग्य-विनोदपूर्ण होते थे, यों तो कितने ही स्वागत गान, नाटकीय गीत, पद्यबद्ध अभिनंदन पत्रादि उन्होंने लिखे होंगे, पर 'मतवाला' और 'हिंदूपंच' के सिवा उनके पद्य अन्य पत्र-पत्रिकाओं में कभी प्रकाशित न हुए। उनके हास्यरसात्मक पद्यों का संग्रह मैंने कलकत्ता-प्रवास के समय प्रकाशित किया था—'चना चबेना', जिसमें फिर दूसरे संग्रह 'कचालू रसीला' के प्रकाशन की भी सूचना दी गई थी, पर उनके असामयिक निधन से वह अप्रकाशित रह गया। उनके लिखे नीति-शिक्षापूर्ण सरस पद्यों का संग्रह 'सौरभ' भी छपा, किंतु प्रकाश में न आ सका।

उनकी लिखी सबसे पहली पुस्तक 'चंद्रकुमार' उपन्यास है जिसका प्लाट घर की मजूरिन के मुँह से सुनी हुई एक कहानी के आधार पर रचा गया था। उसके बाद 'हिरण्यमयी' की रचना हुई थी। 'सिपाही-विद्रोह' का एक बड़ा ही अच्छा इतिहास भी उन्होंने लिखा था, जो इस विषय की सर्वोत्तम पुस्तक मानी गई थी। उनकी 'सीता', 'शकुंतला', 'सती पार्वती' आदि पुस्तकें स्त्रियों के लिए बड़े महत्त्व की हैं। उनकी लेखन-शैली भी कुछ ऐसी निराली थी कि हिंदी में अपने ढंग की एक ही मानी जाती है। उपर्युक्त पुस्तकों की तरह ही उनकी सर्वश्रेष्ठ रचना 'श्रीरामचरित्र' भी रामलाल बर्मन कंपनी, चितपुर रोड, कलकत्ता से प्रकाशित हुई थी। प्रोफेसर सकलनारायण शर्मा के शब्दों में वाल्मीकि-रामायण का ऐसा सुंदर सार-संकलन हिंदी में दूसरा नहीं है। यह एक ग्रंथ ही उनकी कीर्त्ति को स्थायी रखने के लिए यथेष्ट है।

उनकी पुस्तकें हिंदी की सभी प्रसिद्ध ग्रंथमालाओं में निकली थीं। 'सरस्वती', 'माधुरी' आदि में उनके लेख भी प्रायः निकलते थे। उनकी लिखी मौलिक पुस्तकों में 'श्रीरामचरित्र', 'सीता', 'सूर्योदय' (नाटक), 'रंगीली दुनिया' (नाटक), 'सिपाही-विद्रोह', 'पंचशर' (गद्य-काव्य) आदि, और अनुवादित पुस्तकों में निरुपमा देवी का

उपन्यास 'अन्नपूर्णा का मंदिर' (बंगला से), 'इंदुमती' (मराठी से), 'प्रेम गंगा'[1] और 'प्रेमिका'[2] (अँगरेजी से), 'जल चिकित्सा' (बंगला से) आदि विशेष उल्लेखनीय हैं। गुजराती से अनुवादित पुस्तकें उनके नाम से नहीं, बल्कि दूसरे एक जैनी प्रकाशक के नाम से निकली हैं। अनुवादित पुस्तकों में अधिकतर बंगला के उपन्यास और गल्प हैं। क्षीरोद प्रसाद विद्याविनोद के बंगला नाटक 'किन्नरी' को जब खरीद लाये तो एक ही रात में उसे पढ़ डाला और सप्ताह-भर में ही उसका अनुवाद निपटा डाला। अनुवाद करने में तो अगिया-बैताल थे। 'पंजाब-हत्याकांड' जैसी मोटी पुस्तक का हिंदी से बँगला में अनुवाद एक ही महीने में करके श्री निहालचंद्र वर्मा (कलकत्ता) को दे डाला[3]। उसी प्रकार 'बँगला-हिंदी-कोष' उनके तीन ही महीने के परिश्रम का फल है। हिंदी के अतिरिक्त संस्कृत, अँगरेजी, बँगला, गुजराती और मराठी का भी उनको अच्छा ज्ञान था। सबके अनुवाद में उनकी एक-सी गति थी। मराठी से अनुवादित उनका 'रत्नदीप' उपन्यास, गुजराती से अनुवादित उनकी जैन धर्म-संबंधी पुस्तकें और बँगला से अनेक प्रसिद्ध गल्पों और उपन्यासों के उनके अनुवाद अत्यंत सफल सिद्ध हुए थे। उनका लिखा 'मान मर्दन' (मौलिक नाटक) भी अप्रकाशित ही रह गया।

शर्माजी मौलिक लेखन में जैसे हातिम थे, वैसे ही सभी भाषाओं के अनुवाद में एकसमान सिद्धहस्त थे। सबसे बड़ी सिफ्त यह थी कि एक बार जो लिख जाते थे–चाहे अनुवाद हो या मौलिक–कभी उसमें कहीं काट-छाँट नहीं करते थे। कलम भी डाकगाड़ी की तरह दौड़ती थी, मगर पिरोते थे मोती। दुहराना या काट-छाँट करना या गोद-गाद करना तो वे जानते ही न थे–जैसे ब्रह्मा की टाँकी लिखते हों, जो एक बार लिखी जाकर फिर मिटाई नहीं जाती। बँगला, अँगरेजी, हिंदी, संस्कृत–सबमें वही हस्तलाघव, वही रचनापटुता, वही सिद्धहस्तता, वही मँजी शैली–मुहावरेदार मँजी हुई भाषा, लोच, फड़क और रवानी लिये। जिस किसी विषय को उठाते, उस पर बड़ा ही दिलचस्प मजमून बाँधते। फिर कई काम एक साथ ही करते थे और तब भी फुर्त्ती और हाथ की सफाई वैसी ही बनी रहती। कंपोज़िटर और मशीनमैन चकित-स्तंभित रहते। किसी का हाथ रुकने नहीं पाता था। कॉपी और प्रूफ़ के संशोधन के साथ-साथ अँगरेजी या बँगला से अनुवाद भी करते जाते, अखबार के लिए अग्रलेख और टिप्पणी लिखकर भी देते जाते, और साथ-साथ कविता-गान भी चलता रहता।

उनके पास पुस्तकों और पत्र-पत्रिकाओं का भी बहुत अच्छा संग्रह था, पर उस दर्शनीय संग्रह की रक्षा न हो सकी। जिस पुस्तक की भी ख्याति सुनते, शीघ्र

1. गंगा पुस्तकमाला कार्यालय, लखनऊ से प्रकाशित।
2. हिंदी पुस्तक भंडार, लहेरियासराय से प्रकाशित।
3. यह पुस्तक भी छपी, पर अप्रकाशित ही रह गई।

खरीद लाते। कलकत्ता में सभी बँगला-पत्रों के विजयांक और अँगरेजी पत्रों के विशेषांक हर साल खरीदते। छुट्टियों के दिन पुरानी पुस्तकों की दूकान पर जाकर दो-दो घंटे चुनाव करते थे। एक बार 'पियर्सन्स मैगजिन' के पुराने अंक उठा लाये। उनमें कुछ कहानियाँ पसंद आ गईं तो दस-पंद्रह दिनों में ही उनका अनुवाद कर 'प्रेम-गंगा' नामक पुस्तक तैयार कर ली जो बनैली-राज्य के कुमार रमानंद सिंह को समर्पित हुई और जिसके लिए कुमार साहब ने आदरपूर्वक बुलाकर पाँच सौ रुपये दिये। 'श्रीरामचरित्र' नामक बृहत् ग्रंथ के प्रकाशित होने पर भी बनैली-नरेश राजा कीर्त्यानंद सिंह ने उन्हें एक हजार रुपये सम्मान-पुरस्कार दिये थे। वह ग्रंथ भी राजा-बहादुर को ही समर्पित हुआ था। उस समय शर्माजी ने विशेष रूप से जगदम्बा की आराधना की थी, क्योंकि जगदम्बा की कृपा में शर्माजी का दृढ़ विश्वास था। जब कहीं से नई आमदनी होती थी, जगदम्बा के दर्शनार्थ कालीघाट (कलकत्ता) अवश्य जाते थे। आद्याशक्ति के वे सच्चे उपासक थे। दुर्गासप्तशती के अनेक प्रकरण जिह्वाग्र थे। मुस्कुरा-मुस्कुराकर ललित कंठ से स्तोत्रों का पाठ सुनाने लगते तो तन्मय हो जाते। आस्तिकता और निष्ठा वंश-परंपरागत संस्कृति थी।

शर्माजी ने आरा में स्वयं एक मनोरंजन-नाटक-मंडली भी स्थापित की थी जो हिंदी के अच्छे-अच्छे नाटकों का अभिनय किया करती थी। उनका लिखा 'सूर्योदय' नामक नाटक उसी मंडली द्वारा सफलतापूर्वक खेला गया था। स्वयं शर्माजी भी रंगमंच पर उतरे थे। उन दिनों उनके अभिनय का ऐसा गहरा रंग जमा था कि लोग टूटे पड़ते थे। एक बार आरा की नागरी प्रचारिणी सभा के वार्षिकोत्सव पर उन्होंने पं. शिवनाथ शर्मा ('आनंद'-संपादक)-रचित 'नागरी-निरादर' नामक प्रहसन खेलवाया था और खुद उसमें मौलवी बने थे–हू-ब-हू खासे लखनवी उस्ताद ! फिर तो मुशायरे में ऐसा लुत्फ़ दिखाया कि लोग लट्टू हो गये।

शाहखर्च परले सिरे के थे। कलकत्ता-प्रवास में मैंने देखा था किसी-किसी महीने में पाँच-सात सौ रुपये कमा लेते थे। लेकिन आज अगर हाथ में सौ रुपये आ गये तो कल शायद ही टेंट में धेला भी बचे। खाने-पीने में तो बेतरह खर्च करते। चार-पाँच तरह की तरकारियाँ और तिलौड़ी-पापड़ के बिना चौका नहीं चेतते थे। सुबह से रात तक मामूल भोजन के अलावा चार-पाँच बार डबल नाश्ता भी करते थे, और सो भी तरह-तरह की चीजें–कभी रसगुल्ला, कभी सोहनपापड़ी, कभी घासीराम के चने, कभी कचालू रसीला। बाजार में निकलते तो जेब खाली करके ही घर लौटते। फल के बाजार से गुजरते तो अंगूर की पेटियाँ और संतरे-केले लिये बिना कहाँ चैन ! रास्ते में सड़क पर चलते-चलते एकाएक खड़े हो गये तो–गुलाबी रेवड़ी खाने लगे, मूँगफलियाँ छील-छीलकर उड़ाने लगे, गँडेरी चूसने

लगे–विचित्र बाल-स्वभाव था।

कोई हित-मित्र खाने-पीने का निमंत्रण दे जाय, तो निश्चित समय से आध घंटा पहले ही उसके यहाँ जा धमके। पाँत के इधर पत्तल में पूरियाँ पड़ीं, उधर आँखें बचाकर लुकमा उठा–अचार-मिठाई आते-आते तक यहाँ जय लक्ष्मीनारायण! जैसी रसना तेज, वैसी ही लेखनी तेज, और स्मरण शक्ति तो सबसे बढ़कर तेज–हर एक मौके पर ऐसी-ऐसी फबती हुई सूक्तियाँ, चुभते चुटकुले और लटके-लतीफे सुनाते कि बस तबीयत फड़क उठती। हँसाने के लिए एक-से-एक नुस्खे निकालते थे–न जाने कब और कहाँ की सुनी याद रखते थे।

साहित्य-क्षेत्र में हमारा पदार्पण उन्हीं की कृपा से हुआ था और सदैव उन्हीं के सत्परामर्शों के बल पर हम उन्नति-पथ पर अग्रसर होते आये। उनकी स्नेहशीलता और ममता पर जितना हमारा दावा था, उतना शायद ही संसार में किसी को–उनके आत्मीयों को भी नसीब हो। डायरी के पन्नों की तरह हृदय के पर्दे-पर्दे में उनकी वास्तविक जीवनी अंकित पड़ी है।

श्रीकार्त्तिकेयचरण मुखोपाध्याय
1897-1940

राष्ट्रभाषा हिन्दी की एक विशेषता यह भी है कि उसके साहित्य-सेवियों में भारत के अहिन्दी-भाषी प्रान्तों के विद्वानों के नाम भी मिलते हैं। दक्षिणी, मराठी, गुजराती, बंगाली, पंजाबी, उड़िया, असमिया आदि प्रमुख भारतीय भाषाओं के विद्वान् पहले भी हिन्दी-सेवा कर चुके हैं और आज भी कर रहे हैं। यहाँ प्रसंगवश केवल बंगभाषा-भाषी हिन्दी-सेवकों के सादर स्मरण से ही प्रयोजन है।

बंगाली हिन्दी-लेखकों में नवीनचन्द्र राय, पंडित ब्रजरत्न भट्टाचार्य, श्रीमती बंगमहिला, बाबू गिरिजाकुमार घोष, पंडित अमृतलाल चक्रवर्त्ती, बाबू द्वारकानाथ मैत्र, श्रीनलिनमोहन सेन, डॉ. सुनीतिकुमार चाटुर्ज्या आदि के नाम हिन्दी के साहित्यिक इतिहासों में प्रकरणानुसार पाए जाते हैं। साहित्यमर्मज्ञ सज्जन उनकी साहित्य-सेवा से परिचित भी हैं।

बिहार में भी अतीत युग में और इधर हाल-फिलहाल भी बंगाली हिन्दी-लेखक हुए हैं। पं. भूदेव मुखोपाध्याय अहर्निश हिन्दी-साहित्य की सेवा में संलग्न रहे। 'माधुरी' (लखनऊ) में छपे उनके कई निबन्ध उनकी विद्वत्ता के प्रमाण हैं।

बिहार-प्रान्त के हिन्दी-लेखकों में 'छपरा'-नगर-निवासी श्रीकार्त्तिकेयचरण मुखोपाध्याय बहुत प्रसिद्ध हैं। उनकी साहित्य सेवा से हिन्दी के पाठक भली-भाँति

परिचित हैं। उनके पूर्वज सन् सत्तावन के गदर से भी पहले–बर्दवान जिले (बंगाल) के 'कालना' कस्बे से–बिहार के छपरा नगर में आ बसे थे। कार्त्तिक बाबू की आकृति बड़ी सुन्दर थी। उनका मौरूसी मकान सरयू नदी के तट पर–धारा से थोड़ी दूर पर–था। उनके घर में कालीजी का मन्दिर था। वे पान बहुत अधिक खाते थे। उन्नीसवीं सदी के अन्तिम चरण में छपरा से जब हिन्दी का 'साहित्यसरोज' नामक मासिक पत्र निकला था, तब उनके एक पूर्वज भी उसके व्यवस्थापक-सम्पादक थे। स्वयं कार्त्तिक बाबू ने भी कलकत्ता के प्रसिद्ध पुस्तक-प्रकाशक श्रीरामलाल बर्मन के यहाँ बरसों रहकर एकान्त भाव से साहित्य-साधना की थी। उनकी लिखी हुई अनेक हिन्दी पुस्तकें प्रकाशित हुईं। मासिक 'दारोगा दफ्तर' और साप्ताहिक 'हिन्दूपंच' तथा 'विजय' के वे कई साल सम्पादक रहे थे।

एक दिन उनके घर गया तो देखा मकान के पिछवाड़े एक छोटी-सी फुलवारी है। उसमें उन्होंने कुछ पौधे दिखलाए। कुछ पौधों की छाल से निकाले हुए रेशे भी दिखलाए, जिनकी बटी हुई रस्सी की मजबूती सराहनीय थी। केले के रेशे से रस्सी बनाकर उन्होंने पलने में लगा दी थी। लताकस्तूरी के रेशे से रस्सी बनाकर दरवाजे पर परदा लटका दिया था। अनेक पौधों के रेशों का उपयोग भी बतलाया। प्रयोग करके उन्होंने देखा था कि इन पौधों के सदुपयोग से किसान काफी लाभ उठा सकते थे। कागज और कूट (दफ्ती) बनाने के प्रयोग में भी उन्होंने सन्तोषवर्द्धक सफलता प्राप्त की थी। केले के रेशे का बना सुन्दर कागज बड़ा उपयोगी था–स्याही नहीं फूटती या फैलती थी। वह कागज चिकना और चिमड़ा भी था। रद्दी बोरे और खाट की पुरानी रस्सी से भी कागज बना डाला था। पुरानी रूई और पटुए से स्याही-सोख बनाया था। धान और कोदो का पुआल, जौ-गेहूँ का भूसा मकई का सूखा तना,–इन चीजों से भी कूट (दफ्ती) बनाकर कमाल किया था।

भिंडी की खेती हर साल होती है। उसे लोग 'रामतरोई' भी कहते हैं। उसका तना जब सूख जाता है, चूल्हे में झोंक दिया जाता है। यदि उसे पानी में सड़ाकर रेशा निकाला जाय, तो रस्सी, पायपोश, नकली बाल, कागज, तिरपाल, नेवार, ब्रश आदि चीजें बनाई जा सकती हैं। उन्होंने अपने प्रयोग में ऐसा अनुभव किया था। यदि फूलने के बाद और फलने के पहले ही उसका रेशा निकाला जाय तो उस रेशे से बहुत ही कोमल और चिकना कपड़ा बन सकता है। भिंडी के रेशे के साथ मैंने 'अलसी' (तीसी) का रेशा भी देखा। इससे रेशम के समान कपड़ा बन सकता है–उज्ज्वल, कोमल, चिकना, चमकीला। रेशे की चिकनाहट और सुन्दरता के विचार से भिंडी और अलसी के समान ही 'आक' (मन्दार, अकवन) भी श्रेष्ठ है। ये तीनों प्रथम कोटि में हैं। इनके रेशों को देखकर मैंने यही सोचा कि हमारे किसान भाई यदि इन रेशों का उपयोग सीख लेते, तो प्रति वर्ष प्रचुर मात्रा में नष्ट हो जानेवाला

कितना कच्चा माल काम आ जाता !

लता-कस्तूरी, सदा-सुहागिन और मलंगा–इन तीन पौधों को भी उनकी फुलवारी में देखा। इन पौधों की खेती से खेतिहर खूब फायदा उठा सकते हैं। उन्होंने 'लता-कस्तूरी' और 'मलंगा' के बीज भी दिखलाए। लता-कस्तूरी के बीज में बड़ी मृदुल सुगंध है। इससे अत्यन्त सुगन्धित तेल तैयार हो सकता है। आयुर्वेद के मत से इसका गुण शीतल, कफनाशक और नेत्र-रोग-विनाशक है। इसके कच्चे फल के रस से गुड़ साफ किया जा सकता है। मलंगा का बीज (तुख्म-मलंगा) तो बहुत महँगा बिकता है। यह फोड़े पर पट्टी बाँधने के काम में आता है। इसको लोग शरबत में भी डालकर गर्मियों में पीते हैं। यह लसदार, शीतल, धातुपुष्टिकर और शक्तिवर्द्धक होता है। इन पौधों को उपजाकर किसान अपनी आर्थिक आय बढ़ा सकते हैं।

'लता-कस्तूरी' का पेड़ भिंडी के समान होता है। पत्ते और फल भी उसी के समान होते हैं। एक बार बोने के बाद इसका बीज ऐसा पेड़ पैदा करता है जो कई साल तक रह सकता है, भिंडी की तरह एक ही फसल तक नहीं। इसके रेशे की बटी रस्सी भी मैंने देखी। कार्त्तिक बाबू ने अपने प्रयोगों में अनुभव किया कि इसके रेशों से कागज के सिवा और भी कई चीजें बन सकती हैं। जैसे–सुतली, कनवास, बोरा, मुरछल, ट्वाइन (तागा)। ट्वाइन भी मैंने देखा–बाजारू 'टून' से कहीं मजबूत और टिकाऊ।

'सदा-सुहागिन' का बँगला नाम उन्होंने 'सूर्यमणि' बतलाया। इसका पेड़ झाड़दार है–पाँच-छः हाथ लम्बा (ऊँचा)। पत्ता पान की तरह, जिसमें तीन कोने होते हैं, किनारे-किनारे पाँत भी। पक जाने पर पत्ते में कुछ लाली की झलक आ जाती है। पत्ता प्रायः खुरखुरा होता है। फूल दो रंग के होते हैं–लाल और उजला। दोनों तरह के अलग-अलग पौधे मैंने देखे। श्वेत पुष्प के पौधे का रेशा उज्ज्वल है, लाल फूल के पौधे का रेशा भूरे रंग का। इन रेशों से कपड़े बनाने के सूत बटे जा सकते हैं। छोटे-छोटे लाल और उजले इसके फूल बड़े सुहावने लगे। प्रकृति की गोद में कितनी सम्पत्ति भरी पड़ी है ! केवल उपयोग न जानने से हमारे देश के लोग बेकारी और गरीबी झेलते हैं ?

'मलंगा' का पौधा देखते ही 'तुलसी' का भ्रम हुआ। पेड़ हरी तुलसी के समान, मंजरियाँ ठीक श्यामतुलसी के सदृश। 'दौना-मरुआ' के पत्ते की तरह गन्ध, और गाछ भी उसी के ऐसा। इसका पल्लव भी मंगल-सूचक बन्दनवार में आम्रपल्लव के साथ बाँधा जाता है। इसकी खेती साधारण भूमि में भी हो सकती है। न सींचने की जरूरत, न रखवाली की। गधा भी इसे चर नहीं सकता। इसके बीजों से घाव के लिए 'टिंक्चर आइडिन' की तरह दवा बनाई जा सकती है। इसी तरह कई प्रकार के पौधों की छाल से रेशे निकालकर कार्त्तिक बाबू ने देखा था कि बहुत-सा

कच्चा माल हमारे देश में व्यर्थ ही नष्ट हो जाता है। उस पर कोई ध्यान नहीं देता। जिन पौधों को लोग बिल्कुल निकम्मा समझते हैं, उनसे भी पैसे पैदा हो सकते हैं। पुआल, भूसा आदि से जो दफ्ती बन सकती है, वही यदि बड़े पैमाने पर तैयार कराई जाय, तो किसान काफी कमा सकते हैं।

मैंने बिहार-चर्खा-संघ के प्रधानमंत्री और रामगढ़-काँगरेस-प्रदर्शनी के व्यवस्थापक श्रीलक्ष्मीनारायणजी के पास एक पत्र लिखकर निवेदन किया था कि कार्त्तिक बाबू को रामगढ़-काँगरेस की प्रदर्शनी में अपने प्रयोग दिखाने का सुअवसर दीजिए। उन्होंने कार्त्तिक बाबू को मार्ग-व्यय आदि देकर रामगढ़ बुलाया था। कार्त्तिक बाबू अपने साथ कई पौधे, तरह-तरह के पेड़-पौधों के रेशे, बीज और कागज तथा कूट के नमूने काँगरेस-प्रदर्शनी में ले गये थे। काँगरेस-प्रदर्शनी से लौटकर कार्त्तिक बाबू ने, मेरे बहुत आग्रह करने पर, अपना एक छोटा-सा वक्तव्य दिया–"5 मार्च (1940) को मैं छपरे से रवाना हुआ। 6 को रामगढ़ पहुँचा। श्रीलक्ष्मी बाबू को न तो मैं पहचानता था और न वे मुझे। फिर भी मुलाकात होते ही उन्होंने ऐसा व्यवहार किया, मानों मैं उनका बहुत दिनों का परिचित हूँ। सैकड़ों कामों में व्यस्त रहते हुए भी उन्होंने प्रत्येक अवसर पर, जब कभी मैं अपने प्रयोगों और खोजों के विषय में बातें करने गया, बड़े ध्यान से मेरी बातें सुनीं। मेरे निकाले हुए तरह-तरह के रेशों, पुआल-भूसा आदि के बने कूटों, तथा केले एवं अन्य रेशों से बने कागजों को बड़े आग्रह से उन्होंने देखा और कांग्रेस की प्रदर्शनी में उन्हें उचित स्थान पर रखने का प्रबन्ध कर दिया।

" इसी बीच अखिलभारतीय ग्राम-उद्योग-संघ के प्रधान श्रीकुमारप्पा की अवाई की सूचना मिली। सौभाग्यवश वे प्रदर्शनी के कार्यकर्त्ताओं के कैम्प में ही ठहराए गए थे। मैं अपनी चीजें लेकर उनके पास पहुँचा। उन चीजों को वे देखकर अत्यन्त प्रसन्न हुए। प्रायः आध घंटे तक उनसे बातें होती रहीं। उन्होंने 'मगनबाड़ी' में चलकर रहने और अपने अधूरे प्रयोगों को पूर्ण करने के लिए मुझसे आग्रह किया, पर मेरी आर्थिक और पारिवारिक स्थिति ने मुझे उनके स्नेहपूर्ण आग्रह को स्वीकार करने नहीं दिया। फिर भी उन्होंने मुझे प्रोत्साहित किया और रेशों को कतवाने के हेतु श्रीमान् भाई मथुरादासजी और बंगाल के श्रीप्रफुल्लचन्द्र घोष से मिलने के लिए कहा। श्री भाई मथुरादासजी के दर्शन प्रायः नित्य दोनों जून प्रदर्शनी के भोजनागार में होते थे। वे रहते भी कार्यकर्त्ता-निवास में थे। मैं यह नहीं जानता था कि वे चर्खे पर सूत-कताई के विशेषज्ञ हैं। मैंने उनसे मुलाकात की–उनसे रेशों की बात कही–अपने प्रयोग में जो रुकावट थी, उसकी भी चर्चा की। उन्होंने रेशे देखे। कुछ मिनट समय भी मुझे दिया। उन्होंने एक-दो किस्म के रेशों को लेकर हाथ से यों ही कातने की भी चेष्टा की। मैंने मन-ही-मन सोचा, कपास की रूई और इन रेशों में बहुत अन्तर है। हाँ, उन्होंने भी श्रीप्रफुल्लचन्द्र घोष

का नाम लिया; पर चूँकि वे आये नहीं थे, और जब आते तब शायद मैं मुलाकात न कर सकता, इसलिए उनका स्थायी पता मैंने पूछा और उन्होंने मुझे नोट करा दिया। खेद है कि श्रीप्रफुल्ल बाबू से मेरी मुलाकात न हो सकी।"

बाबू जी. पी. श्रीवास्तव
1891-1976

जब से आधुनिक हिन्दी का अवतार हुआ, तब से भारतेन्दु, पंडित प्रतापनारायण मिश्र, बाबू बालमुकुन्द गुप्त, पंडित शिवनाथ शर्म्मा आदि कुछ प्रतिभाशाली लेखकों ने हास्यरस की रचना की ओर ध्यान दिया और उसमें सफलता भी पाई; परन्तु तब तक ऐसा कोई लेखक पैदा नहीं हुआ, जो केवल हास्यरस में ही डूबा रहता हो, और जो इस क्षेत्र में सबसे श्रेष्ठ आसन पर बैठने का अधिकारी हो सके। केवल शुद्ध हास्यरस का ही स्रोत प्रवाहित करने के लिए जिसकी लेखनी नित्य संचालित होती रहती हो। इस अभाव की पूर्त्ति 'गोण्डा' के वकील बाबू जी. पी. श्रीवास्तव के द्वारा बहुत-कुछ हुई। उनका पूरा नाम बाबू गंगाप्रसाद था। पर साहित्य-संसार में उनका 'जी. पी.' नाम ही सर्वजनप्रिय रहा।

उनका जन्म बिहार-प्रान्त के छपरा-नगर में, एक प्रतिष्ठित कायस्थ-कुल में, 23 अप्रैल, 1891 ई. को हुआ था। उनके पिता का नाम बाबू रघुनन्दनप्रसाद था। पहले वे लोग पटना के रहनेवाले थे; परन्तु पीछे कुटुम्ब-कलह के कारण छपरा में आकर रहने लगे। वहाँ श्रीवास्तवजी के नाना का घर था। इसी समय उनके पिता नौकरी के सिलसिले में गोरखपुर चले गये। वहीं चार-पाँच वर्ष की अवस्था में श्रीवास्तवजी की शिक्षा आरंभ हुई। पहले उन्हें उर्दू पढ़ाने के लिए एक मौलवी साहब रखे गये। उनसे और चंचल-स्वभाव श्रीवास्तवजी से कैसी गहरी छनती थी, इसका कुछ खाका उनकी 'लम्बी दाढ़ी' नामक पुस्तक के 'मौलवी साहब' नामक प्रबन्ध में खिंचा हुआ है।

गोरखपुर के स्कूलों में मास्टरों की मार-पीट के डर से उन्होंने बहुत दिन तक पढ़ने का नाम नहीं लिया, इसलिए उनके नाना उन्हें हथुआ ले गये और वहीं के राज-हाई-स्कूल में भर्त्ती करा दिया। रेल की नौकरी में बदलते-बदलते उनके पिता 'गोंडा' चले आये और वहीं घर बनाकर रहने लगे। तब उन्होंने श्रीवास्तवजी को नाना के यहाँ से बुलवा लिया और वहीं के जिला-स्कूल में भर्त्ती करा दिया। सदा से बिहार में रहने के कारण यहाँ की उर्दू उन्हें बड़ी कठिन प्रतीत हुई, इसलिए वे संस्कृत पढ़ने लगे। थोड़े ही दिन बाद उनके पिता की बदली समस्तीपुर (दरभंगा)

हो गई; पर उनके नाना गोंडा चले आये थे, इसलिए उन्हें समस्तीपुर नहीं जाना पड़ा।

सन् 1907 ई. में इण्ट्रेंस-परीक्षा पास कर वे लखनऊ-केनिंग-कॉलेज में पढ़ने के लिए गये। 1910 में एफ्. ए. की परीक्षा पास की। इसी साल उनके क्लास में गंगाप्रसाद नाम का एक और विद्यार्थी आया था, इसीलिए उन्होंने अपने को संक्षिप्त नाम से ही परिचित करना आरंभ किया। लखनऊ में ही श्रीवास्तवजी ने लिखने का श्रीगणेश किया। कॉलेज और होस्टल के जीवन की मधुरता और विचित्रता ने उनको हास्यरस के लेख लिखने की ओर आपसे-आप प्रवृत्त कर दिया। उसी समय से वे काशी के 'इन्दु' नामक पत्र में हास्यरस से भरी हुई कहानियाँ लिखने लगे।

सन् 1912 ई. में जब आरा से पण्डित ईश्वरीप्रसाद शर्म्मा ने अपना 'मनोरंजन' नाम का मनोरंजक मासिक पत्र निकाला, तब श्रीवास्तवजी उसके नियमित लेखक हुए। उनकी सबसे अच्छी कहानी 'मौलवी साहब' इसी पत्र में छपी थी। 1913 में बी. ए. पास कर वे वकालत पढ़ने के लिए प्रयाग चले गये। दो वर्ष बाद, 1915 में, वकालत पास कर गोंडा चले आये और वकालत करने लगे। यहाँ आकर जम जाने पर वे अपनी रचनाएँ पुस्तकाकार प्रकाशित करने लगे। फिर तो सारे हिन्दी-संसार ने उनको हास्यरस का श्रेष्ठ लेखक मान लिया। गुजराती में भी उनकी पुस्तकों के अनुवाद हुए हैं और उसी भाषा के सर्वश्रेष्ठ मासिक पत्र 'बीसवीं सदी' ने पहले-पहल उनके गुणों पर रीझकर उनकी सचित्र जीवनी छापी थी। उनके 'उलट-फेर' नामक नाटक की भूमिका गोंडा के बहुभाषाभिज्ञ सेशन-जज मिस्टर आर. पी. डिउहर्स्ट ने लिखी थी और उनकी शत-मुख से प्रशंसा की थी। इस नाटक की प्रशंसा में प्रयाग के 'पायोनियर' ने भी कई कालम खर्च किये थे। हिन्दी के भिन्न-भिन्न पत्रों ने उनको समय-समय पर हिन्दी का 'मौलियर', 'डिकेंस', 'मार्कट्वेन' आदि कहकर सम्मान किया था।

श्रीवास्तवजी नाटक, विशेषतया प्रहसन, लिखने में बड़े सिद्धहस्त थे। उनके प्रहसन फिल्मों के द्वारा प्रदर्शित किये जाने योग्य हैं। कलकत्ता की एक फिल्म कम्पनी ने पहले उनसे इसके लिए लिखा-पढ़ी भी की थी; पर पीछे शायद वह कम्पनी ही टूट गई, इसलिए फिल्म नहीं तैयार हुई। यदि और कोई कम्पनी यह काम करती, तो लोग 'चार्ली-चैपलिन' के चलचित्रों से चौगुने चाव के साथ उनके नाटकों के फिल्म देखते, इसमें सन्देह नहीं। नाटक लिखने के अतिरिक्त वे स्वयं भी एक कुशल अभिनेता थे। उन्होंने गोंडा के नवयुवक वकीलों को लेकर एक नाटक-मण्डली बनाई थी, जिसमें वे स्वयं भी हास्यरस का अंश ग्रहण करते और सर्वथा सफल होते थे।

श्रीवास्तवजी से हिन्दी का शृंगार हुआ है, इसमें सन्देह नहीं। इन पंक्तियों

के लेखक को श्रीवास्तवजी से मिलने का सौभाग्य प्राप्त हो चुका था और उसने देखा था कि केवल उनकी लेखनी ही इतनी चुलबुली नहीं; अपने जीवन में भी वे बड़े ही हँसमुख, हाजिर-जवाब, दूर की सोचनेवाले और मिलनसार थे। एक बार उन्होंने जिससे दोस्ती की, सदा उससे निभाते चले गये। समाज-सुधार के वे बड़े भारी पक्षपाती थे और केवल बातें ही नहीं बघारा करते, बल्कि जैसा कहते, वैसा ही आचरण भी करते थे। इसलिए समाज से उनका सदैव युद्ध छिड़ा रहता था; परन्तु उसकी कुछ भी परवा न कर, वे अपना काम करते जाते थे। इस विषय में वे बड़े वीर थे और इसीलिए उनकी सदा विजय होती रही। 'पर उपदेश कुशल बहुतेरे, जे आचरहिं ते नर न घनेरे।' श्रीवास्तवजी ऐसे ही बिरले मनुष्यों में थे।

श्रीललितकुमार सिंह 'नटवर'
1898-1968

बिहार-प्रांत के दो हिन्दी-साहित्यसेवी मुसलमान सज्जन प्रसिद्ध हैं। एक बेतिया (चंपारन) के श्रीपीर मुहम्मद मूनिस, और दूसरे मुजफ्फरपुर के श्रीलतीफ हुसेन, जिनका शुद्धि के बाद हिन्दू नाम पड़ा—ठाकुर ललित कुमार सिंह 'नटवर'। नटवरजी के पिता बाबू महादेव सिंह उज्जैन-वंशीय क्षत्रिय थे। वे शाहाबाद (आरा[1]) जिले के 'महुआर' ग्राम (थाना ब्रह्मपुर) के निवासी थे और मुजफ्फरपुर की म्युनिसिपलिटी में पहले तहसीलदार और फिर बाद को सब-ओवरसियर रहे। माता का नाम पानकुँअरि था। वे मुजफ्फरपुर-जिले के 'ससौला'-ग्राम (थाना शिवहर) की रहनेवाली थीं। उनके नाना पहले शाकद्वीपीय-ब्राह्मण थे, जो बाद को मुसलमान हो गये थे; किन्तु उनके पिता शेख मदारू मियाँ खानदानी मुसलमान थे। बाबू महादेव सिंहजी उनको बहुत छोटी उम्र में ही मुजफ्फरपुर लाये थे। उसी समय से अपने घर के अन्दर, विवाहिता पत्नी के समान, बड़ी प्रतिष्ठा और पवित्रता के साथ, उन्हें पर्दे में रखते थे। वह भी जब से बाबू साहब के आश्रय में आईं, हिन्दू-गृहिणी की तरह, नित्य बड़ी स्वच्छता से नहाती-धोती और खाती-पीती थीं—कभी किसी मुसलमान के घर खाया-पिया नहीं। सन् 1919 के सितंबर में उनका देहान्त हुआ, और वे मुसलमानी रिवाज के अनुसार दफनाई गईं। नटवरजी के जन्म (ज्येष्ठ कृष्ण 15, गुरुवार, वि. सं. 1955) के दो साल बाद पिता ने अपनी दूसरी शादी—अपने ही क्षत्रिय-समाज में—की थी, जिससे एक पुत्र हुए थे

1. अब 'भोजपुर' जिला।—सं.

बाबू जगन्नाथसिंह जो 'लतीफ हुसेन' की शुद्धि और सहयोग में स्वतः सम्मिलित हुए थे।

माता के सदाचार का प्रभाव नटवरजी पर खूब पड़ा। उन्होंने भी कभी अभक्ष्य भोजन नहीं किया—1913 से तो वे बिलकुल निरामिष भोजी हो गये—खान-पान और आचार-विचार में बड़े संयत रहे—रहन-सहन और संग-सोहबत पर केवल हिन्दुत्व की ही छाप रही। बचपन से ही हिन्दू-धर्म पर श्रद्धा और विश्वास रहा। अपने पिता और लँगोटिया यारों के साथ बराबर हिन्दू-मंदिरों और उत्सवों में बेरोक-टोक आते-जाते रहे। फलतः लड़कपन से ही श्रीकृष्ण की भक्ति के रंग में रँग गये। वृन्दावन के कवि-सम्मेलन[1] में नटवरजी की कृष्णभक्तिमयी कविता सुनकर पं. किशोरीलालजी गोस्वामी ने जब उन्हें 'रहीम' कहकर वाहवाही दी, तो पं. जगन्नाथप्रसादजी चतुर्वेदी ने छूटते ही कहा था कि मैं तो इन्हें पहले ही 'रसखान' की पदवी दे चुका हूँ। वास्तव में वे आधुनिक 'रसखान' ही थे।

छुटपन में नटवरजी की शिक्षा-दीक्षा साधारण-सी हुई थी। कुछ दिनों तक मिडिल में पढ़ने के बाद मामूली तौर से थोड़ी-बहुत अँगरेजी, उर्दू और संस्कृत की प्रारंभिक शिक्षा पाई। यों बाद में तो बँगला और गुजराती भी टटोल लेते थे। आरंभिक शिक्षा के समय ही से वे बड़े खेलवाड़ी, नटखट, विनोदी और साहसी रहे। लड़कों के साथ—चाहे वे जहाँ-कहीं के हों, या जिस किसी के हों—चुटकियों में मिलनसारी बढ़ा लेना और उनके रंग में रँगकर अपने बाल-स्वभाव का जौहर दिखा देना उनके बायें हाथ का खेल था। लड़कपन की इतनी मस्ती और चुलबुलाहट होते हुए भी उनकी दशा ठीक महावीर हनुमान-जैसी थी, जो दूसरों द्वारा अपनी शक्ति की याद दिलाए बिना गोबर-गणेश बने रहते थे। वे भी वैसे ही बड़े आलसी स्वभाव के थे, पर कार्यकाल में अत्यन्त स्फूर्तिशाली हो जाते थे। उनके स्वभाव में अजगर-जैसा आलस्य और खंजन-जैसी स्फूर्त्ति देखकर इस घोर वैपरीत्य पर वस्तुतः आश्चर्य होता था।

हिन्दू-समाज से घनिष्ठ संपर्क होने के कारण उनके हृदय में हिन्दी-प्रेम का जो बीज-वपन हो चुका था, वह 1913 से अंकुरित होने लगा। 1913 से 1918 तक वे मुजफ्फरपुर की प्रसिद्ध हिन्दी-भाषा-प्रचारिणी सभा के पुस्तकालयाध्यक्ष रहे और इसी काल में हिन्दी पत्र-पत्रिकाओं तथा पुस्तकों के निरंतर पाठ से लेख आदि लिखने की ओर उनकी प्रवृत्ति हुई। उसी समय से वे हिन्दी-सभाओं और अन्य सार्वजनिक उत्सवों में सम्मिलित होकर व्याख्यान आदि सुनने और उनकी रिपोर्ट तत्कालीन पत्रों में भेजने लगे थे। इससे उनकी रचना-शक्ति की विशेष स्फूर्त्ति

1. पं. अमृतलाल चक्रवर्त्ती के सभापतित्त्व में हुए अखिल भारतीय-हिन्दी-साहित्य-सम्मेलन के अवसर पर।

हुई। यों तो वे बहुत छोटी अवस्था–11-12 वर्ष की उम्र–से ही टूटी-फूटी रचनाएँ करने लगे थे। पहले दोहा, चौपाई, गीतों और नौटंकी के तर्ज पर ईशभक्ति, देशभक्ति तथा अधिकांश व्यंग्य-विनोद से पूर्ण स्वाभाविक रचनाएँ करते चले गये। उनकी उस समय की रचनाएँ प्रायः उनके बाल-सहचरों द्वारा सभा-सोसाइटियों में गाई-सुनाई भी जाती थीं। उनमें से अधिकांश रचनाएँ उनके ही द्वारा 1913 में 'ललितरागसंग्रह' नाम की पुस्तिका में प्रकाशित हुई थीं। फिर तो 1915–प्रायः 15-16 वर्ष की अवस्था–से उनकी रचनाएँ सामयिक पत्र-पत्रिकाओं में धड़ल्ले से छपने लगीं। पहले 'प्रताप', 'पाटलिपुत्र', 'प्रभा', 'संसार' आदि में छपीं, और फिर 'माधुरी', 'मतवाला', 'मनोरमा', 'हिन्दूपंच' तथा 'विश्वमित्र' आदि में भी बराबर छपती रहीं। किन्तु पद्य-रचना में विशेष दत्तचित्त रहने पर भी वे गद्य-रचना से बिल्कुल उदासीन न रहे। उनके गद्य-लेखन का श्रीगणेश भी 1913 से ही हो चुका था। दैनिक 'भारतमित्र' और 'कानपुर-गजट' के वे नियमित संवाददाता थे–सभा-समितियों के विवरण इनमें सोत्साह भेजते रहे। फिर बाद को 'पाटलिपुत्र', 'श्रीशारदा', 'सेनापति', 'अभ्युदय', 'आज', 'विश्वमित्र', 'प्रताप' आदि में भी उनके कितने ही गद्यलेख निकले।

यद्यपि नटवरजी 1916-17 में मुजफ्फरपुर के रत्नाकर प्रेस (जहाँ से 'सत्ययुग'-नामक सचित्र मासिक पत्र और स्वामी सत्यदेवजी की 'सत्य-ग्रंथमाला' निकलती थी) के असिस्टेंट मैनेजर रहे, तथापि 1919 में उनकी उल्लेखनीय साहित्य-सेवा का सूत्रपात हुआ। उसी साल वे बर्मन कम्पनी (मुजफ्फरपुर) की 'रमणी-रत्नमाला' के सहायक सम्पादक और प्रबन्धक नियुक्त हुए और तदुपरान्त 1923-24 ई. में 'किसान-समाचार' (मुजफ्फरपुर) के संयुक्त संपादक एवं 'बिहारबन्धु' प्रेस के मैनेजर तथा, 1925-26 में, साप्ताहिक 'आशा' (मुजफ्फरपुर) के प्रधान संपादक रहकर उन्होंने अपनी साहित्यिक लगन की आंशिक पूर्त्ति की। उनकी रचित पुस्तकों में (बाल-रचना–'ललित-संग्रह' को छोड़कर) 'गुलाल' (होली के सुधार-संबंधी गीतों का संग्रह) और 'चतुर चर' (बालचर-संबंधी नाटक) केवल दो ही प्रकाशित हैं। कई अप्रकाशित रह गईं, जिनमें 'प्रजाशक्ति' (नाटक), 'तिरछी चितवन' (उर्दू के चुनिन्दा शेरों का सटीक संग्रह) और 'बाँसुरी', (उनकी चुनी हुई कविताओं का नवीन संग्रह) मुख्य हैं, यद्यपि 'नटवर' की 'बाँसुरी' बाद में बजकर रही।

अपनी सार्वजनिक सेवाओं के कारण बिहार में नटवरजी बहुत लोकप्रिय हुए। नेताओं से लेकर जनता तक–सबने उनको प्यार और आदर ही की दृष्टि से देखा। बिहार-प्रांत की सबसे पहली सेवा-समिति (भारतीय नवयुवक-समिति) को उन्होंने ही 1916 में स्थापित किया था, जिसके वे 1926 तक प्रधानमंत्री रहे, और बाद में भी उसके प्रधान कार्यकर्त्ता तथा नाट्यकलाध्यक्ष रहे। यह समिति मुजफ्फरपुर

की एक जीवित संस्था थी। नटवरजी ही के उद्योग से मई 1920 में, मुजफ्फरपुर में, सेवा-शिक्षण-क्लास खुला था, जिसमें ट्रेनिंग देने के लिए प्रयाग की सेवा-समिति की ओर से पं. वेंकटेशनारायण तिवारी आदि सज्जन आये थे और जिसमें शिक्षा पाने के लिए मुजफ्फरपुर के अतिरिक्त, प्रांत के अन्य स्थानों से भी विद्यार्थी आये थे। फिर उसी 1920 के सितम्बर में, उक्त समिति के वार्षिकोत्सव के अवसर पर, भूतपूर्व 'सेवा'-सम्पादक ठाकुर छेदीलाल (बार-ऐट-लॉ) के सभापतित्व में, समस्त बिहार-प्रान्त की लगभग 50 सेवा-समितियों का सम्मेलन हुआ था। उसी सम्मेलन में सेवा-समितियों की एक निश्चित कार्य-प्रणाली स्थिर हुई और 'बिहार-प्रांतीय सेवा-समिति' का संघटन हुआ, नटवरजी जिसके बहुत दिनों तक प्रचार-मंत्री रहे।

सन् 1919 के मई में प्रयाग जाकर नटवरजी ने स्काउटिंग की शिक्षा प्राप्त की थी, और वहाँ से आकर बिहार में पहले-पहल उसी नवयुवक-समिति के अधीन स्काउटिंग-शाखा खोलकर उसकी ट्रेनिंग का प्रचार किया था। फिर प्रयाग के बालचर-मंडल की ओर से वे बिहार-प्रान्तीय-प्रचारक नियुक्त हुए थे। उसी समय वे मुजफ्फरपुर-बालचर-मंडल के स्काउट-कमिश्नर भी रहे। यह बालचर-मंडल–जो बालोपकारिणी समिति के नाम से प्रसिद्ध था–केवल मुजफ्फरपुर की ही उस समय की जीवित सेवा-संस्था नहीं रही, बल्कि बिहार-प्रांत भर में एक ही सुदक्ष बालचर-मंडल था।

इसी तरह नटवरजी कांग्रेस के भी अनन्य भक्त और कार्यकर्त्ता थे। 1916 से ही–दो-तीन अधिवेशनों को छोड़कर–वे बराबर कांग्रेस में जाते रहे और अपने नगर तथा प्रांत में उसका कार्य करते रहे। 1916-17 के होमरूल-आंदोलन के समय अपने नगर में उन्होंने अच्छा काम किया था। असहयोग-काल में वे कांग्रेस-सेवक-दल के जिलाकप्तान, गया-कांग्रेस के स्वयंसेवक-दल के सहकारी प्रधान नायक तथा उसके आफिस-इंचार्ज और 'स्वराज्यपुरी' के रक्षक भी थे। उसी युग में, जब कि सरकार द्वारा स्वयंसेवक-दल को गैरकानूनी मजमा करार दिया गया था, मुजफ्फरपुर में उनके अधीनस्थ लगभग पाँच सौ सेनक सत्याग्रहपूर्वक जेल गये थे। और इसी प्रकार, अखिल भारतवर्षीय हिन्दी-साहित्य सम्मेलन में भी, वे 1915 से ही–दो-तीन अधिवेशनों को छोड़कर–बराबर भाग लेते रहे। बाद में वे उसकी स्थायी समिति के सदस्य और उसकी नाट्य-उपसमिति के नियोजक भी रहे।

बिहार-प्रांतीय हिन्दी-साहित्य-सम्मेलन के जन्मदाताओं और कार्यकर्त्ताओं में से नटवरजी भी एक थे। उनके ही उद्योग से मुजफ्फरपुर में, कवि-समाज की तरह, 'हिन्दी-साहित्य-परिषद्' की स्थापना हुई थी, जिसमें समय-समय पर नियमित रूप से कविता-लेख-पाठ, कवि-सम्मेलन और पदक-वितरण आदि हुआ करते थे। इसी 'परिषद्' ने एक बार (1928 में) अखिल भारतवर्षीय हिन्दी-साहित्य-सम्मेलन को बिहार में निमंत्रित किया था। इस परिषद् के मंत्री भी नटवरजी ही थे। इसके

अतिरिक्त वे मुजफ्फरपुर की टाउन-कांग्रेस-कमिटी के संयुक्त-मंत्री और हिन्दू-सभा के सहायक मंत्री भी रहे।

नटवरजी की सबसे बड़ी विशेषता थी उनका नाट्य कौशल। वैसे तो सब रसों के पार्ट वे खूबी से कर लेते थे; पर वीररस और हास्यरस में वे बड़े ही पटु थे। बिहार-प्रांत के तो वे एक प्रसिद्ध और सफल अभिनेता गिने जाते रहे। नाट्याभिरुचि उनमें बाल्यावस्था ही से पनपने लगी थी। दस-ग्यारह वर्ष की अवस्था से ही रामलीलाओं और नौटंकी के स्वाँगों की वे नकल किया करते थे। बाद में, 1913 से जब उन्होंने हमजोलियों के सहयोग से एक नाटक-मंडली स्थापित की, तो रंगमंच पर अवतीर्ण होकर लगभग प्रति वर्ष अपने अभिनव अभिनय से जनता को मुग्ध करने लगे। 1922 के लाहौरवाले अखिल-भारतीय हिन्दी-साहित्य-सम्मेलन में 'अभिनय के योग्य उच्च नाट्य-ग्रंथ और अभिनय के नियमों के निर्माण' के लिए उपसमिति नियत करने का प्रस्ताव उन्होंने ही उपस्थित किया था, जो सर्वसम्मति से स्वीकृत हुआ था। बाद को उस उपसमिति के नियोजक भी वे ही चुने गये। उन्होंने अपने रस सिद्ध अभिनय-कौशल, भावुकतापूर्ण कविता-पाठ तथा तत्परतापूर्ण सेवा-कार्यों के लिए कई स्थानों से अनेक पदक एवं प्रशंसापत्र प्राप्त किये। उनकी एक विशेषता और रही–वे आजीवन अविवाहित रहे; किन्तु फिर भी इतने सरस-हृदय कि परखना मुश्किल।

अंत में एक मजेदार बात। नटवरजी की शुद्धि के बाद उनके मित्रों ने एक पैसे का दंड उन लोगों के लिए नियत किया था, जो 'ललित' के बदले–पुराने अभ्यास के वशीभूत होने से–अकस्मात् 'लतीफ' कह उठते थे। शुद्धि के चार दिनों बाद जब मैं मुजफ्फरपुर पहुँचा, तो मुझे भी नव पैसे दंड स्वरूप देने पड़े थे। विदा के समय, स्टेशन पर, जब गाड़ी खुली, तो मैंने जान-बूझकर उनको जोर से पुकार कर कहा–"भाई लतीफ ! एक पैसा और लेते जाओ।" इस पर बड़ी हँसी हुई। वह मेरा दसवाँ पैसा उनके पास एक आखिरी यादगार-सा रह गया।

श्रीपीर मुहम्मद मूनिस
1897-1948

श्रीपीर मुहम्मद मूनिस बिहार के चंपारन जिले के निवासी थे। बेतिया नगर में उनका मकान था। उनकी आर्थिक दशा जितनी ही शोचनीय थी उतनी ही उनकी देशभक्ति अभिनन्दनीय थी। आजीवन वे हिंदी और हिंदुस्तान की सेवा में निस्पृह भाव से तत्पर रहे। चंपारन के निलहे गोरों के अत्याचार से उत्पीड़ित जनता की

आह से द्रवित होकर उन्होंने अपनी वास्तविक स्थिति बिसार दी। कानपुर के हिंदी-साप्ताहिक 'प्रताप' में, उसके प्रकाशन के आरंभ-काल (1913 ई.) से ही, वे पीड़ित प्रजा की दुःखगाथा नियमित रूप से देशवासियों को सुनाने लगे। 'प्रताप' के प्रतापी संपादक श्रीगणेशशंकर विद्यार्थी के उत्तेजन और प्रोत्साहन से वे बड़ी निर्भीकता के साथ आततायी गोरों के भीषण कुकृत्यों का भण्डाफोड़ करते रहे। जब इस बीसवीं शती की दूसरी दशाब्दी के अन्तिम चरण में प्रपीड़ित प्रजा की पुकार से आकृष्ट होकर महात्मा गांधी चम्पारन में पधारे तब मूनिसजी विशेष उग्रता के साथ गोरी नौकरशाही के काले कारनामों का रहस्योद्घाटन करने लग गये। उस युग के 'प्रताप'-पाठक जानते थे कि मूनिसजी की ओजस्विनी लेखनी से निकली असहाय प्रजा की करुण कहानी कैसी मर्मभेदिनी होती थी। उन्होंने पद-दलित जनता के हृदय में प्रचण्ड विद्रोह की ज्वाला धधकाई। महात्मा गांधी का शुभागमन उस ज्वाला की वृद्धि में घृताहुति सिद्ध हुई। भारत में सबसे पहले चम्पारन की धरती पर महात्माजी ने सत्याग्रह का शंख फूँका। निलहे गोरों का दिल दहल उठा। अँगरेजी सरकार भी आतंकित हो उठी। आखिर निरंकुश गोरों के जमे पाँव उखड़ गये। जिस गोरी सरकार के बल-बूते पर वे प्रजा की छाती पर मूँग दल रहे थे, वह सरकार भी सत्य और अहिंसा के सामने झुक गई। इस अभिनव क्रान्ति की पृष्ठभूमि तैयार करनेवाले मूनिसजी की कारुणिक जीवन-गाथा को लिखना-पढ़ना आज सचमुच दम्भ-सा प्रतीत होता है; क्योंकि जब तक वे अभावग्रस्त जीवन बिताते रहे तब तक उनके कुछ अन्तरंग मित्रों के सिवा किसी ने भी उनके प्रति सहानुभूति तक न दिखाई। अब तो लोग स्वराज्य मिल जाने के उल्लास में स्वराज्य की नींव के रोड़ों को भूल ही गये हैं। मूनिसजी आँखों से ओझल हो गये; पर हिन्दी-माता की आँखों में वे चिरकाल तक बसे रहेंगे।

बिहार-हिन्दी-साहित्य-सम्मेलन के संस्थापकों में एक मूनिसजी भी थे। उसके वार्षिक अधिवेशनों में प्रस्तावों की रूपरेखा तैयार करते समय वे नरम शब्दों को गरम बनाने के लिए अड़ जाते थे। सरकार पर प्रभाव डालने के लिए जो प्रस्ताव बनाये जाते थे, उनकी शब्दावली को सजीव, सतेज और समर्थ बनाने में किसी तरह वे लचते न थे। वे भावुकता और दुराग्रह के आवेश में ऐसा नहीं करते थे। उनका विचार था कि सरकार उसी प्रस्ताव पर ध्यान देती है जिसकी भाषा और भावना का असर उसके दिल-दिमाग पर सीधा पड़ता है। वे 'निर्भीक' नामक साप्ताहिक पत्र के जन्मदाता और सम्पादक ही नहीं थे, उनका स्वभाव और हृदय भी निर्भीक था। दैवी सम्पदा का सर्वप्रथम लक्षण 'अभय' उनके जीवन का दृढ़ व्रत था। लिखने और बोलने में उनकी निर्भयता कभी मन्द न पड़ी। भाषण करते समय उनकी राष्ट्रीय भावना की प्रखरता बहुत बढ़ जाती थी। उपर्युक्त प्रान्तीय सम्मेलन का वार्षिक महाधिवेशन आरा नगर में उन्हीं की अध्यक्षता में हुआ था।

सभापति होने पर भी प्रस्तावों के स्वर को ऊँचा करने में उन्होंने खासी दिलचस्पी दिखाई। वह अधिवेशन बड़ा शानदार हुआ था। इतिहास-परिषद् के सभापति होकर श्रीजयचन्द्र विद्यालंकार आये थे। पत्रकार-परिषद् के अध्यक्ष 'आज'-सम्पादक पंडित बाबूराव विष्णु पराड़कर जिस समय अपना भाषण पढ़ रहे थे, उसी समय मोटर पर लदकर पण्डित पारसनाथ त्रिपाठी का शव पंडाल के सामने आ गया। अचानक सभा बिखर गई। ऐसी खलबली मची कि उस हलचल को देखकर मूनिसजी कहने लगे–मेरे ही दुर्भाग्य से इस अपूर्व अधिवेशन में ऐसी अशुभ सनसनी फैल गई कि सम्मेलन के हितार्थ सोची हुई मेरी योजना मेरे मन में ही विलीन हो गई। वे लिखने-बोलने से अधिक ठोस काम करने के हिमायती थे। वे अपने-आपको लेखक या वक्ता नहीं मानते थे। देश की आकांक्षाओं की पूर्त्ति के लिए बिना झिझक जूझनेवाला सिपाही अपने को समझते थे। उनका उत्साह और साहस अदम्य था। राष्ट्र के स्वत्व को प्राप्त करने के मार्ग में जो कठिनाइयाँ उनके आगे आईं, उनसे कभी वे समझौता नहीं करते थे। उन्हें अपने सारे परिवार के साथ भूखों मरना पड़ा, अन्तिम समय में रोग-शय्या पर घुल-घुलकर जिन्दगी की घड़ियाँ गिनते रहे; पर अपने सिद्धान्त और संकल्प से रंचमात्र भी न डिगे। वे मौन साधक थे। अपनी आन पर डटे रहकर बलिदान हो गये, पर कभी किसी के आगे हाथ न पसारा, प्रलोभनों के जाल में भी न फँसे। स्वतंत्रता-संग्राम में उनके त्याग और कष्ट-सहन की दीप्ति इसलिए बढ़ गई कि वे अपने परिवार को अथाह अनाथावस्था में गलते-पचते देखकर भी देशसेवा के मार्ग से विचलित न हुए। धर्म के प्रथम अंग धैर्य को उन्होंने किसी दशा में न छोड़ा।

मूनिसजी की स्मृतिरक्षा का उपाय होना अत्यन्त आवश्यक है। केवल चम्पारन को ही नहीं, समग्र बिहार राज्य के हिन्दी-प्रेमियों को इसके लिए उद्योग करना चाहिए। अब उनके साहित्य का प्रकाशन ही उनका सच्चा स्मारक हो सकता है। जब मैं लहेरियासराय (दरभंगा) के 'पुस्तक-भंडार' में था, तब उन्होंने अपने लेखों का संग्रह एक प्रकाशक के पास वहाँ भेजा था। किन्तु सन् 1934 ई. के भूकम्प में उस लेख-संग्रह की सारी सामग्री नष्ट हो गई। इस दुर्घटना से वे बड़े दुखी हुए। उन्होंने पत्र-पत्रिकाओं के पृष्ठों को कतरकर कई नत्थियाँ बनाई थीं। उसकी सूची मेरे पास भी भेजी थी। किन्तु बिहार के साहित्यिक इतिहास की भी संगृहीत सामग्री उसी भूकम्प में नष्ट हो गई थी। उसी में वह लेखसूची भी थी। अतः आज कोई आधार तो नहीं रह गया, पर उनके समय की पत्र-पत्रिकाओं को खोजने पर उनके कितने ही लेख मिल सकेंगे। विशेषतः 'प्रताप' में उनके अधिकांश लेख मिलेंगे, जिनमें चम्पारनी प्रजा के दुखड़े की कहानी क्रमबद्ध मिल जायगी। उनके कई पत्र मेरे संग्रह में हैं। उनकी चिट्ठियों की भी खोज हो तो सचेष्ट होने पर निराशा न होगी। मुसलमान होकर हिन्दी की खातिर उन्होंने जो आत्मोत्सर्ग किया,

उसका ऋण चुकाना हिन्दी-प्रेमियों का कर्त्तव्य है। उर्दू का सहारा पकड़ते, तो गरीबी का डंक न सहते। बिहार-हिन्दी-साहित्य-सम्मेलन के अन्यतम संस्थापक श्रीरामधारी प्रसाद की काफी खेती चम्पारन में थी। इसलिए वे जब तक जीते रहे, तब तक मूनिसजी को प्रति वर्ष धान की निश्चित राशि दिया करते थे। जड़ावर-घमावर कपड़े के लिए आर्थिक सहायता भी देते रहते थे। किन्तु मूनिसजी के अभावों से 'प्रताप'-सम्पादक विद्यार्थीजी की जैसी सच्ची हार्दिक सहानुभूति थी वैसी गिने-चुने गुप्त दानियों की भी न थी। जब विद्यार्थीजी हिन्दू-मुस्लिम एकता की बलिवेदी पर शहीद हो गये तब मूनिसजी सर्वथा असहाय हो गये। उनकी दरिद्रता के मरुस्थल में उनके मित्रों के गुप्त दान की बूँदें तप्त तवे की बूँदों की तरह क्षणभंगुर सिद्ध होती रहीं। मैंने 'गंगा' मासिक पत्रिका में विद्यार्थीजी के बलिदान पर लम्बी सम्पादकीय टिप्पणी लिखी थी। उसे मूनिसजी के पास भेजकर उनसे अनुरोध किया था कि विद्यार्थीजी के संस्मरण 'गंगा' के लिए लिख दें; पर उन्होंने बड़े विस्वल स्वर में उत्तर दिया था कि जब संस्मरण लिखने बैठता हूँ तब अनायास आँखें उमड़ आती हैं। आखिर वे नहीं लिख सके। विद्यार्थीजी का वियोग ही उनके जीवन का सबसे दुस्सह शोकसन्ताप था। हड़तोड़ गरीबी भी उन्हें उतनी नहीं खली थी। ऐसे आदर्श साहित्यकार और देशसेवक को हमेशा के लिए भुलाकर आज निगोड़ी दुनिया अपनी ही मौज में मस्त है !

श्रीअच्युतानन्द दत्त
1903-1943

श्रीअच्युतानन्द दत्त कोशी-क्षेत्र के 'भलुआही' ग्राम के निवासी थे, जो सहरसा जिले में है। पहले वह भागलपुर और दरभंगा की सीमा पर मधेपुरा मण्डल में था। एक अति साधारण कायस्थ-परिवार में जन्म पाने के कारण उनकी शिक्षा-दीक्षा भी साधारण ही हुई। पर केवल स्वाध्याय के बल पर उन्होंने ऐसी योग्यता अर्जित कर ली कि उनकी विद्वत्ता एवं प्रतिभा देखकर आश्चर्य होता था।

दत्तजी श्याम-वर्ण के थे। सदा नंगे पैर चलते थे। कुर्त्ता भी किसी विशेष अवसर पर ही पहनते थे। टोपी कभी पहनी ही नहीं। हँसते समय उनका सारा शरीर थरथराने लगता था। सदा प्रसन्न रहना उनका सहज स्वभाव था। यदि पान की गिलोरियाँ मुँह में लेते ही हँसने-हँसाने का कोई प्रसंग आ गया तो तुरन्त बीड़ों को थूककर हँसने लग जाते और कहते कि हँसी के सामने पान की बिसात ही क्या ! कोई अच्छी चीज खाने लगते तो उसकी प्रशंसा में संस्कृत और हिन्दी की

कविता सुनाने लग जाते। स्मृति-शक्ति उनकी अत्यन्त प्रखर थी।

वह लहेरियासराय (दरभंगा) के पुस्तक भण्डार में बालोपयोगी सचित्र मासिक पत्र 'बालक' के सहकारी सम्पादक थे। प्रधान सम्पादक मास्टर साहब (श्री रामलोचन शरणजी) के वह परम स्नेहभाजन थे। उनकी योग्यता की कभी थाह न लगी। धर्मशास्त्र, स्मृति-महाकाव्य आदि के अनेक अवसरानुकूल श्लोक कंठस्थ थे। संस्कृत-व्याकरण की चर्चा छिड़ने पर पाणिनि पातंजलि के वाक्य भी अनायास सुना देते। बंगला भाषा के साहित्य में भी उनकी अच्छी गति थी। कृतिवासी रामायण के बहुतेरे स्थल मुखागर सुनाते थे।

हिन्दी के प्राचीन काव्य-साहित्य में भी उनकी गहरी पैठ थी। व्रजभाषा के कवित्त-सवैया-घनाक्षरी आदि जितने भी छन्द हैं, सबका पिंगल विधान जिह्वाग्र था। काव्य के अलंकारों का प्रसंग चलने पर उनके लक्षण और उदाहरण तत्क्षण सुनाकर चकित कर देते। इतने पर भी नम्रता और सरलता ऐसी कि कोई पारखी भी मिलता तो उसकी प्रशंसात्मक वाणी सुनते ही हाथ जोड़कर मौन हो रहते। उर्दू में वह दखल नहीं रखते थे, पर मजाक-पसन्द होने के कारण खास-खास मौकों पर कहने योग्य चुभते शेर सुनाने से न चूकते। उनके साथ रहने पर ज्ञान की बहुमुखी वृद्धि होती थी।

उनके छोटे भाई परमानन्द दत्त भी बड़े प्रतिभाशाली थे। इन्होंने 'मेघदूत' का बड़ा सुन्दर मैथिल-अनुवाद किया था। इनकी लिखी दो जीवनियाँ 'पुस्तक भण्डार' से प्रकाशित हो चुकी हैं—'परशुराम' और 'प्रतापादित्य'। इनका भी युवावस्था में ही देहान्त हो गया। इनकी अध्ययनशीलता भी साहित्यिक सत्संग में रंग लाती थी।

श्रीअच्युतानन्द कहीं बाहर जाकर किसी सभा-सम्मेलन में अपनी विद्या-बुद्धि का वैभव प्रदर्शित न कर सके। उनकी ठीक-ठीक पहचान न हो सकी। यदि वह सचमुच ठीक पहचाने जाते तो उनकी योग्यता का सदुपयोग हिन्दी-साहित्य को बड़ा लाभ पहुँचाता। उन्होंने 'आर्यों का प्राचीन निवासस्थान' और 'शक्तिपूजा की विश्वव्यापकता' तथा 'प्राचीन मिथिला' नामक जो गवेषणापूर्ण निबन्ध लिखे थे वे उनके पांडित्य के प्रमाण हैं। 'मिथिला मिहिर' में उनके और भी कई लेख छपे थे जो उनकी मननशीलता और शोधवृत्ति के साक्षी हैं।

दत्तजी ने 'महाभारत' का जो पद्यबद्ध अनुवाद मैथिली भाषा में किया था, वह प्रकाशित न हो सका, पर 'रघुवंश' का मैथिली-अनुवाद प्रकाशित है, जिसे देखकर उनकी मेधाशक्ति का अनुमान किया जा सकता है। 'तुलसी-सतसई' की टीका लिखकर उन्होंने यह प्रत्यक्ष कर दिया कि उनसे यदि इस तरह के और भी काम कराये जाते तो हिन्दी का उपकार ही होता। उक्त टीका के अतिरिक्त उनकी लिखी कई अन्य पुस्तकें भी प्रकाशित हो चुकी हैं; जैसे—'संन्यासी रामतीर्थ', 'बीरवर

हम्मीर', 'त्यागी भरत', 'गोस्वामी तुलसीदास', 'सूर्य नमस्कार' आदि। लेखों और पुस्तकों के सम्पादन तथा प्रूफ-संशोधन की कला में भी वह बड़े दक्ष थे। पुस्तक भण्डार के उत्तम प्रकाशनों की प्रामाणिकता में उनकी श्रमशीलता का बहुत बड़ा हाथ है। वहाँ से 'रामचरितमानस' का जो सिद्धान्त-तिलक प्रकाशित हुआ है उसके प्रथम संस्करण की विशुद्धता पर भी उनकी गहरी छाप है। 'भण्डार' की रजत-जयन्ती और उसके यशोधन संस्थापक तथा संचालक श्रीरामलोचन शरणजी की स्वर्ण-जयन्ती के अवसर पर जो वृहदाकार स्मारक-ग्रन्थ प्रकाशित हुआ, उसके सम्पादकों में दत्तजी का भी नाम सम्मिलित है। भाषा की शुद्धता और शैली की सुगमता तथा रोचकता पर उनका विशेष ध्यान रहता था। इस विषय में उनके सुझाव और सत्परामर्श बड़े महत्त्वपूर्ण एवं अमूल्य होते थे।

स्वामी भवानीदयाल संन्यासी
1892-1951

स्वामी विवेकानंद और स्वामी रामतीर्थ के बाद स्वामी भवानीदयाल संन्यासी ही एक ऐसे भारतभक्त संन्यासी हुए हैं, जिन्होंने भारत की सीमा के बाहर–समुद्र पार के देशों में–'हिंदी, हिंदू और हिंदुस्तान' के मंत्र का शंख फूँका है। विवेकानंद और रामतीर्थ ने विदेशों में केवल हिंदू और हिंदुस्तान का डंका बजाया था, पर स्वामी भवानीदयाल संन्यासी ने सर्वत्र 'हिंदी' की भी दुंदुभी बजाई–आर्य-संस्कृति की भी ध्वजा फहराई। अतः उन दोनों प्रातः-स्मरणीय आत्माओं की तरह वे भी विशाल भारत के निर्माताओं में हैं।

विहार प्रांत के शाहावाद जिले में ससराम सवडिवीजन[1] के अंदर बहुआरा एक गाँव है। मुगलसराय से गया जानेवाली ग्रैंड कॉर्ड लाइन के उत्तर करगहर (थाना) से यह गाँव लगभग पाँच-छह मील उत्तर है। सन् 1927 में 22 जून को मैं उनके दर्शन के लिए वहुआरा गया था। किंतु इस दर्शन के पूर्व ही से, जब 1922 में उन्होंने जकव्स (नेटाल) से 'हिंदी' साप्ताहिक निकाला था, मैं उनसे परिचित था। वहुआरा ग्राम से ही उनके पिता वावू जयरामसिंह कुली-प्रथा के शिकार होकर दक्षिण अफ्रिका चले गये थे। वहाँ उन्होंने अपनी श्रमशीलता और सदाचारिता से प्रचुर द्रव्योपार्जन किया, साथ ही अपने सद्गुणों के प्रभाव से स्वदेशवासियों में ऐसे सर्वप्रिय हो गये कि ट्रांसवाल इंडियन एसोसिएशन के सभापति निर्वाचित हुए

1. अव रोहतास जिला–सं.

तथा कर्मवीर गांधी के विश्वसनीय बंधु प्रमाणित होकर इतिहास के पृष्ठों में अमर बन गये। उनके विषय में महात्मा गांधी ने अपनी 'आत्मकथा' में लिखा है–

"मेरे पास आनेवाले मुवक्किलों में बिहार और दक्षिण-भारत के लोग अधिक थे, जिन्होंने अपनी माँगों की पूर्त्ति कराने के लिए अपनी एक सभा खोल रक्खी थी। उसमें कुछ तो बड़े उदार, सहृदय और आदर्श-चरित्र व्यक्ति थे। उनके नेता श्रीयुत जयरामसिंह से मुझे बहुत अधिक सहायता मिली। उत्तर एवं दक्षिण-भारत के अनेक प्रवासी भाइयों से मेरी घनिष्ठता उन्हीं के द्वारा बढ़ी। मैं उनका वकील ही न रहा, उनका भाई बनकर उनके सुख-दुःख में भी सम्मिलित होता रहा।"

भवानीदयालजी की माता श्रीमती मोहिनीदेवी, जिनका मातृगृह उत्तर प्रदेश में अयोध्या के निकट था तथा जो परम सुन्दरी और पति-भक्ति-परायणा थीं, अपने पतिदेव के साथ ही (लगभग 1881 ई. में) दक्षिण अफ्रिका चली गई थीं[1]। इसलिए भवानीदयालजी का शुभ जन्म दक्षिण अफ्रिका के सुप्रसिद्ध और सर्वश्रेष्ठ नगर जोहांसवर्ग में 10 सितंबर 1892 को हुआ। संसार में सबसे अधिक सोना जोहांसबर्ग की खानों से ही निकलता है। यही नगर महात्मा गांधी के सत्याग्रह का भी जन्म-स्थान रहा। भवानीदयालजी की शिक्षा भी जोहांसबर्ग में ही हुई। वहाँ के सेंट सिप्रियन और वेस्लन मेथोडिस्ट स्कूल में उन्होंने अँगरेजी की तथा पंडित आत्मारामजी गुजराती की पाठशाला में हिंदी की शिक्षा प्राप्त की। किन्तु स्कूल की पढ़ाई से उन्होंने कोई प्रमाण-पत्र नहीं प्राप्त किया; केवल स्वाध्याय के बल से ही अपनी योग्यता उतनी बढ़ाई।

सन् 1904 में अपने पिताजी के साथ वे भारत में पहले-पहल आये। उनकी माताजी का देहांत 1899 में ही हो चुका था। उनके पिताजी ने अपने जन्म-स्थान–बहुआरा गाँव–को खरीद लिया था। पड़ोस के गाँवों–इस्माइलपुर और तेंदुनी–का भी कुछ भाग खरीदा था। इस तरह उन्होंने एक छोटी-सी अच्छी जमींदारी का स्वामित्व प्राप्त करके आस-पास के गाँवों में अपनी प्रतिष्ठा स्थापित कर ली। भवानीदयालजी ने यहाँ आने पर गाँव में ही हिन्दी का अभ्यास किया। विदेश में जन्म होने पर भी भारत की राष्ट्रभाषा हिन्दी का बीज उनके हृदय में वर्त्तमान था; क्योंकि अफ्रिका में भी घर पर माता-पिता से हिन्दी में बातें करने

---

1. 'प्रवासी की आत्मकथा' (सस्ता साहित्य मंडल, 1947) में भवानीदयालजी ने वह पूरी कथा लिखी है ('माता-पिता की गुलामी') जिसके अनुसार दक्षिण अफ्रिका के लिए कुली भर्त्ती करनेवाले धूर्त्त एजेंटों के चंगुल में फँसकर फैजाबाद की विधवा क्षत्राणी मोहिनीदेवी को कलकत्ता के मटियाबुर्ज डिपो में स्वदेश छोड़ने से पूर्व कुलियों के लिए लागू नियमानुसार सर्वथा अपरिचित जयरामसिंह से विवाह करके 'जोड़ा' बनना पड़ा था, क्योंकि अलग-अलग फँसाये गये स्त्री-पुरुषों को स्वदेश छोड़ने से पूर्व जोर-जबर्दस्ती 'जोड़ा' बनना पड़ता था ताकि सरकारी विवरणों में विवाहित गृहस्थों के स्वेच्छा से प्रवासी बनने के आँकड़े दिखाए जा सकें।–सं.

का थोड़ा अभ्यास हो चुका था। हिन्दी का वह बीज भारत का अनुकूल वायुमंडल पाकर पल्लवित होने लगा।

सन् 1905 में बंग-भंग के प्रबल आंदोलन का सूत्रपात हुआ। उसी समय उनके हृदय में देश-सेवा की लगन पैदा हुई। गाँव में एक राष्ट्रीय पाठशाला खोलकर वे देहाती बच्चों को बिना फीस पढ़ाने लगे। आंदोलन-संबंधी पुस्तकें और पत्र-पत्रिकाएँ भी वे सदा पढ़ा करते थे। परिणाम यह हुआ कि गाँवों में, बाजारों में, मेलों में वे स्वदेशी-प्रचार पर व्याख्यान देते फिरने लगे। उसी दौरे में उन्हें देहात की पुरानी रूढ़ियों से बड़ी घृणा हुई और 1909 में वे आर्यसमाजी बन गये। उन्होंने बहुआरा गाँव में भी आर्य-समाज सभा खोली। गाँववालों ने उन्हें ही सभा का प्रधान बनाया। फिर उन्होंने वहाँ वैदिक पाठशाला भी खोली। इसके बाद उनके ही उद्योग से ससराम शहर में भी आर्य-समाज की स्थापना हुई। समाज की इन सेवाओं के फलस्वरूप वे 1911 में बिहार की आर्य प्रतिनिधि सभा के अवैतनिक उपदेशक बनाये गये। उसी समय वे भागलपुर से निकलनेवाले 'आर्यावर्त्त'-नामक मासिक पत्र के सहकारी संपादक भी नियुक्त हुए। उनका विवाह 1908 में ही शाहाबाद जिले के सखरा गाँव में हो चुका था। पत्नी श्रीमती जगरानीदेवी अपढ़ थीं, पर उन्होंने स्वयं उन्हें शिक्षा देकर अपने काम के योग्य बना लिया। देवीजी आगे चलकर उनके सार्वजनिक जीवन में बहुत बड़ी सहायिका सिद्ध हुईं।

सन् 1911 के जून में उनके पिताजी का देहांत होने पर ऐसा गृह-कलह उठ खड़ा हुआ कि उनके चित्त में घोर विरक्ति उत्पन्न हो गई। पिता ने दूसरा विवाह कर लिया था जिससे एक पुत्री थी और एक पुत्र। विधवा विमाता ने संपत्ति के बँटवारे का झगड़ा उठाया। पिताजी वसीयतनामा लिख गये थे जिससे झगड़े की कोई आशंका न थी। फिर भी उन्होंने विमाता से विवाद नहीं किया, केवल अपने निर्वाह के लिए थोड़ी संपत्ति लेकर शेष सारी संपत्ति विमाता को सौंप दी। इसके बाद अपनी पत्नी और अनुज श्रीदेवीदयालजी के साथ दक्षिण अफ्रिका चले गये। यह दिसम्बर, 1912 की बात है।

दिसम्वर के अन्तिम सप्ताह में भवानीदयालजी सपरिवार 'डरबन' पहुँचे। चार दिन वे लोग जहाज पर ही कैदियों की तरह बंदी रहे। अंत में भारत लौट जाने का नादिरशाही हुक्म मिला। तब महात्मा गांधी की प्रेरणा से पोलक साहब ने सुप्रीम कोर्ट का दरवाजा खटखटाया। वहाँ से आदेश मिलने पर इमिग्रेशन-अफसर ने एक पारसी सज्जन रुस्तमजी से 100 पौंड की जमानत लेकर उन लोगों को जहाज से उतरने दिया। सुप्रीम कोर्ट ने चौदह दिनों के अन्दर प्रवासाधिकार सिद्ध करने का अवसर दिया था। पर इस अत्यल्प अवधि के अन्दर कुछ भी न हो सका। अतएव वे लोग नेटाल-प्रांत के प्रधान नगर डरबन से ट्रांसवाल की ओर चल पड़े। वहाँ की सीमा पर वालकरस्ट में ये लोग पकड़े गये, मैजिस्ट्रेट के सामने

मामला चला; आखिर प्रवासी भारतवासियों के हितैषी पोलक साहब की जमानत पर छूटकर ही वे लोग ट्रांसवाल में प्रवेश कर सके। इसके बाद फिर प्रिटोरिया की अदालत में भी मामला चला किन्तु सरकार ने मुकदमा उठा लिया, और उन्हें प्रवासाधिकार प्राप्त हो गया।

ट्रांसवाल में उनके पहुँचते ही जागृति के युग का सुप्रभात हुआ। जर्मिस्टन नगर के नवयुवकों ने 'इंडियन यंगमेंस एसोसिएशन' स्थापित कर उनको ही उसका अध्यक्ष बनाया। यह 1913 की घटना है। और इसी साल महात्मा गांधी ने सत्याग्रह-संग्राम की घोषणा की–विशेषतः भारतीय श्रमजीवियों पर लगे हुए तीन पौंड सालाना टैक्स को रद्द कराने के लिए। भवानीदयालजी की वीर पत्नी सत्याग्रह की लड़ाई में शामिल हो गईं। जब 'ऑरेंज-फ्री-स्टेट' की सीमा पर देवीजी गिरफ्तार न हुईं तब नेटाल की ओर बढ़ीं। इधर भवानीदयालजी ने जर्मिस्टन में सत्याग्रह छेड़ा था; पर केवल छह घंटे जेल में रखकर उन्हें छोड़ दिया गया। छूटते ही वे अपनी पत्नी के साथ युद्ध-पथ के पथिक हुए। दस सत्याग्रही महिलाओं और श्रीथंबी नायडू आदि कई सत्याग्रही पुरुषों के साथ उन्होंने नेटाल की सीमा पार की। अपनी पत्नी और अन्य सत्याग्रही स्त्री-पुरुषों के साथ पकड़े तो गए, पर केवल रात-भर जेल में रखकर मुक्त कर दिये गये। इसके बाद उन्होंने न्युकास्त्ल पहुँचकर उस देशव्यापी हड़ताल का श्रीगणेश किया जो दक्षिण अफ्रिका के इतिहास में एक अमर अध्याय है। उस हड़ताल में लगभग पचीस हजार हिंदुस्तानी मजदूरों ने भाग लिया था जिनमें से दस हजार जेल भी गये थे। भवानीदयालजी और उनकी पत्नी को तीन-तीन महीने का कठोर कारा-दंड मिला। उस समय देवीजी की गोद में सवा साल का बच्चा भी था। पति-पत्नी ने अलग-अलग न्युकास्त्ल, पिटरमेरीत्सबर्ग और डरबन की जेलों में कैद की अवधि बिताई। इसी बीच कुछ शिकायतें दूर कराने के लिए उन लोगों को भूख-हड़ताल भी करनी पड़ी थी। कारा-मुक्त होने पर, 1914 में, भवानीदयालजी महात्मा गांधी के अखबार 'इंडियन ओपिनियन' के हिन्दी-विभाग के सम्पादक हुए। उस समय इस पत्र के सम्पादकीय विभाग में स्वयं महात्मा गांधी और प्रसिद्ध बैरिस्टर पोलक साहब भी थे। पर जब महात्माजी ने दक्षिण अफ्रिका से स्वदेश की ओर प्रस्थान किया तब भवानीदयालजी का इस पत्र से सम्बन्ध-विच्छेद हो गया।

महात्माजी के भारत चले आने पर, 1914 में, भवानीदयालजी ने जर्मिस्टन में 'ट्रांसवाल हिन्दी प्रचारिणी सभा' स्थापित की। साथ ही एक हिन्दी रात्रि पाठशाला और एक हिन्दी फुटबॉल क्लब भी खोला। इस तरह उन्होंने प्रवासी भारतवासी भाइयों में 'हिन्दी-हिन्दू-हिन्दुस्थान' का भाव जगाकर भारतीयता को पुष्ट किया। फिर अगले ही साल, 1915 में, उन्होंने नेटालप्रांत में भी हिन्दी-प्रचार का कार्यारंभ किया–न्युकास्त्ल, डेनहौसर, ग्लंको, हाटिंगस्प्रुट, बर्नसाइड, लेडीस्मिथ, विनेन, जेकब्स

आदि स्थानों में हिन्दी-प्रचारिणी सभाएँ और हिन्दी-पाठशालाएँ स्थापित कीं—डरबन के निकट क्लेर-इस्टेट में एक हिन्दी-आश्रम बनाया, जिसमें पाठशाला, पुस्तकालय और छापाखाने की व्यवस्था की गई। पाठशाला में देवीजी भारतीय बच्चों को निःशुल्क हिन्दी-शिक्षा देती थीं। भवानीदयालजी अपना समस्त पुस्तक-संग्रह पुस्तकालय को दे डाला। यहाँ तक कि एक 'दक्षिण अफ्रिका हिन्दी साहित्य सम्मेलन' भी स्थापित किया, जिसका प्रथमाधिवेशन लेडीस्मिथ नगर में और द्वितीयाधिवेशन पिटरमेरीत्सबर्ग नगर में हुआ था। इस प्रकार उनके सतत सदुद्योग से प्रवासी भाइयों में हिन्दी-प्रेम की अनुदिन अभिवृद्धि होने लगी। डरबन से 'धर्मवीर'-नामक हिन्दी-साप्ताहिक निकलने लगा। 1917 और 1918 में भवानीदयालजी ने ही बड़ी योग्यता से उसका संपादन किया था। संपादन-कार्य करते हुए प्रवासी भाइयों में वैदिक धर्म का प्रचार भी करते जाते थे। किन्तु पत्र के स्वामी से मतभेद होने के कारण संपादकत्व छोड़ देना पड़ा।

इस समय तक प्रवासी भारतवासियों में वे बहुत लोकप्रिय हो चुके थे। उनकी सच्ची सेवा और लगन में सबकी बड़ी आस्था थी। इसलिए 1919 में वे दक्षिण अफ्रिका के प्रवासी भारतवासियों का प्रतिनिधित्व करने के लिए अमृतसर के काँगरेस में भेजे गये। भारत आकर काँगरेस के खुले अधिवेशन में उन्होंने प्रवासी भाइयों के दुखड़े सुनाए। उन्हीं दिनों बिजौलिया (मेवाड़) के किसानों का सत्याग्रह चल रहा था; उदयपुर राज्य के अधिकारियों की ओर से उन पर घोर अत्याचार हो रहे थे। उसी के लिए एक जाँच-कमीशन बना। राजपूताना-मध्यभारत-सभा ने भवानीदयालजी को भी कमीशन का सदस्य चुना। किन्तु कमीशन का कार्यारंभ होने से पहले ही प्रजावत्सल महाराणा ने अपना खास कमीशन बैठा दिया। इसलिए 1920 ई. में भवानीदयालजी नेटाल लौट गये। फिर भी इस यात्रा में उन्होंने मेवाड़, मध्यभारत, युक्तप्रांत और बिहार का दौरा करके सैकड़ों भाषण दिये तथा अनेक महत्त्वपूर्ण सभाओं में योग देकर प्रवासी भाइयों के प्रति भारतीय जनता की सहानुभूति प्राप्त की। इसी यात्रा में अपने पुत्र ब्रह्मदत्त और भतीजे कृष्णदत्त को वृन्दावन के गुरुकुल में प्रविष्ट कराया। कालांतर में सुपुत्र ने प्रशंसनीय साहित्यिक योग्यता प्राप्त कर ली और हिन्दी में उनकी कई कहानियाँ छपीं। 'प्रवासी-प्रपंच'[1] नामक एक उपन्यास भी उन्होंने लिखा था। वहाँ के अँगरेजी-पत्रों में भी उनकी कहानियाँ छपा करती थीं। हिन्दी और अँगरेजी, दोनों में ब्रह्मदत्तजी बहुत अच्छी कहानियाँ लिखते थे।

सन् 1920 में नेटाल पहुँचने पर भवानीदयालजी प्रवासी भाइयों के विशेष श्रद्धा-भाजन बन गये। 1921 में उन्होंने नेटाल इंडियन काँगरेस को नवजीवन प्रदान

---

1. यह उपन्यास पुस्तक-भंडार (पटना) से प्रकाशित हुआ था।

किया। यह संस्था मृतप्राय हो चुकी थी; पर उन्होंने नूतन संगठन-शक्ति से इसे प्रबुद्ध किया। प्रवासी भाइयों ने उन्हें ही इसका उप-सभापति बनाया, और उसी समय से वे बराबर इस पद पर बार-बार चुने जाते रहे और फिर उसके सभापति भी चुने गये। प्रवासी भाइयों की सेवा का क्षेत्र दिन-दिन विस्तृत होने लगा। भवानीदयालजी ने एक सुसंचालित एवं सुसंपादित पत्र के अभाव का अनुभव करके डरबन के निकट जेकब्स नामक स्थान में अपनी पत्नी के नाम पर 'जगरानी-प्रेस' खोल दिया, और उसी प्रेस से 1922 में 'हिन्दी' नामक साप्ताहिक पत्र निकाला जो अँगरेजी और हिन्दी में बहुत ही सुन्दर निकलता था। 'हिन्दी' के प्रकाशन से एक मास पूर्व ही जगरानी देवी का देहांत हो गया। फिर भी भवानीदयालजी ने आगे बढ़े-हुए पग को पीछे न हटाया। हाँ, देवीजी के आग्रह, अनुरोध एवं उत्साह से ही 'हिन्दी' का जन्म हुआ था, इसलिए उनकी स्मृति-रक्षा के निमित्त उन्होंने प्रेस का नामकरण तदनुसार ही किया। जगरानीजी आदर्श पति की आदर्श पत्नी थीं।

'हिन्दी' के सम्पादक, व्यवस्थापक, अध्यक्ष, सब-कुछ भवानीदयालजी ही थे। उसकी सम्पादन-शैली में उनकी साहित्यिक प्रवृत्ति एवं मनोवृत्ति की स्पष्ट छाप थी। उसके अनेक विशेषांक बड़े महत्त्व के निकले थे। वैसे सर्वांग-सुन्दर विशेषांक भारत में भी बहुत ही कम साप्ताहिकों के निकले थे। मेरे पास 'हिन्दी' पत्रिका बराबर आती थी। उस पत्रिका का प्रचार दक्षिण अफ्रिका और भारतवर्ष के अतिरिक्त केनिया, युगांडा, टंगानिका, मॉरिशस, फ़िजी, ट्रिनिडाड, डेमरारा, सुरीनाम आदि स्थानों के प्रवासी भारतीयों में भी था। अपने समय में वह समग्र प्रवासी भारतीयों की मुखपत्रिका बन गई थी। उसके प्रकाशन में बराबर उन्होंने घाटा ही उठाया, फिर भी चार साल तक बड़े सुन्दर ढंग से उसे निकाला।

जिस साल (1922) 'हिन्दी' निकली, उसी साल भवानीदयालजी को वहाँ की इंडियन काँगरेस का प्रतिनिधि बनकर गया की काँगरेस में सम्मिलित होने के लिए भारत आना पड़ा। उनके ही प्रयत्न से गया काँगरेस में वह प्रस्ताव स्वीकृत हुआ था जिसके अनुसार नेटाल इंडियन काँगरेस, ट्रांसवाल ब्रिटिश इंडियन एसोसिएशन और केप ब्रिटिश इंडियन कौंसिल नामक संस्थाएँ भारतीय काँगरेस से सम्बद्ध कर ली गईं तथा दक्षिण अफ्रिका के प्रवासी भारतवासियों को प्रतिवर्ष भारत की काँगरेस में दस प्रतिनिधि भेजने का अधिकार मिला। पुनः 1925 में भी, एक शिष्टमंडल के सदस्य बनकर वे भारत आये। इसी साल दक्षिण अफ्रिका में ऋषि दयानन्द की जन्म-शताब्दी मनाने के लिए एक कमेटी बनी थी जिसके प्रधान वे ही चुने गये थे। लगातार सात दिनों तक बड़ी धूमधाम से शताब्दी-जयन्ती-महोत्सव होता रहा। इसी अवसर पर नेटाल आर्य प्रतिनिधि सभा की स्थापना हुई और इसके अध्यक्ष भी भवानीदयालजी ही निर्वाचित हुए। लेडीस्मिथ नगर में वैदिक परिषद्

भी उनके ही सभापतित्व में हुई। इन शुभ कार्यों को सम्पन्न करके शीघ्र ही उन्हें भारत की यात्रा करनी पड़ी; क्योंकि सन् 1925 ई. में ही यूनियन पार्लियामेंट में प्रवासी भारतवासियों के विरुद्ध 'एशियाटिक बिल' पेश किया गया, जिसका उद्देश्य यह था कि गोरों से भारतीयों की बस्ती बिलकुल अलग बसाई जाय। भवानीदयालजी ने भारतीयों को अछूत बनानेवाले इस अपमानजनक कानून के विरुद्ध घोर आंदोलन खड़ा किया। नेटाल इंडियन काँगरेस की ओर से सम्पूर्ण नेटाल में सभाएँ हुईं और सबमें उनके ओजस्वी व्याख्यान हुए।

साउथ अफ्रिकन इंडियन काँगरेस की ओर से केप टाउन में एक सभा हुई जिसमें भारत भेजने के लिए एक शिष्टमंडल बनाया गया। उसमें केप, ट्रांसवाल और नेटाल की ओर से सात सदस्य चुने गये जिनमें एक भवानीदयालजी भी थे। 1925 के दिसम्बर में कलकत्ता पहुँचकर उन लोगों ने लॉर्ड रीडिंग से भेंट करके अपना वक्तव्य पेश किया। उस समय मैं 'मतवाला'-मंडल में था। भवानीदयालजी का शिष्टमंडल चौरंगी (कलकत्ता) के 'कॉन्टिनेंटल होटल' में ठहरा था, इसलिए बराबर भेंट होती रही। उसी समय मैंने उनकी वह ऐतिहासिक पुस्तक देखी थी, जो सन् सत्तावन के गदर पर हिन्दी में लिखी गई थी और जिसमें अँगरेज-इतिहासकारों के प्रमाण-वाक्य उद्धृत कर यह बतलाया गया था कि भारतीय स्वतंत्रता के उस प्रथम संग्राम का अन्त करने में कैसी क्रूरता दिखाई गई थी[1]। उसी यात्रा में भवानीदयालजी कानपुर की काँगरेस में शामिल हुए थे। वहाँ उन्होंने प्रवासी भाइयों के प्रश्न को राष्ट्रीय महासभा के सामने रखा जिससे भारत-भर में यह चर्चा फैल गई और इस भारतव्यापी आंदोलन का परिणाम यह हुआ कि उक्त बिल किसी प्रकार कानून का रूप न ग्रहण कर सका। अंततः केप टाउन में राउण्ड टेबल कॉन्फ्रेंस हुई—दक्षिण अफ्रिका की सरकार के साथ भारत सरकार का समझौता हुआ। माननीय श्रीनिवास शास्त्री भारत के प्रथम राजदूत बनकर दक्षिण अफ्रिका गये।

इस बार की भारत-यात्रा की स्मृति में भवानीदयालजी ने 1926 में, अपने गाँव बहुआरा में 'प्रवासी-भवन' बनवाया। इस भवन के बनवाने में जनता से कोई सहायता नहीं ली थी, अपने पैसे से बनवाया था। पर इसमें जो पाठशाला थी वह नेटाल के श्री ए. दुखन के खर्च से चलती थी। वहाँ जो पुस्तकालय था उसमें प्रवासी-साहित्य का दर्शनीय संग्रह था। मैंने जून, 1927 में प्रवासी-भवन जाकर वह अपूर्व संग्रहालय देखा था; पर बाद में उसका सारा सामान दक्षिण अफ्रिका चला गया और वहाँ डरबन नगर की जेकब्स पहाड़ी पर भवानीदयालजी के पुत्र

1. भारत के स्वतन्त्रता-संग्राम में स्वामीजी के जेल चले जाने पर उनके बहुत-से राजनीतिक कागज-पत्रों के साथ इस पुस्तक की पांडुलिपि भी अँगरेजी-राज्य की पुलिस के हाथ लग गई थी।

और भतीजे ने पन्द्रह हजार रुपये लगाकर जो 'भवानी-भजन'[1] बनवाया, उसमें सुरक्षित रखा गया।

सन् 1927 में ही, श्रीरामनवमी के दिन, भवानीदयालजी ने संन्यास ग्रहण किया, पर अपना नाम नहीं बदला; क्योंकि पीड़ित देशबन्धुओं के मोक्ष के लिए ही गेरुआ बाना धारण किया था। अब वे सार्वदेशिक आर्य प्रतिनिधि सभा (दिल्ली) की ओर से वैदिक धर्म का प्रचार करने के लिए दक्षिण अफ्रिका लौट गये और दो बरसों तक वहाँ प्रचार-कार्य करते रहे—साथ-साथ काँगरेस का काम भी होता रहा। पुनः 1929 के अंत में वे भारत पहुँचे और उपनिवेशों से लौटे हुए प्रवासी भारतीयों की दशा की जाँच की। उत्तर प्रदेश, बिहार, बंगाल, मद्रास, बम्बई आदि प्रदेशों में दौरा करके प्रवासी भाइयों की दशा अपनी आँखों देखी और उनके संबंध में आवश्यक सामग्री भी एकत्र की। इस प्रयत्न में सफल होने के लिए उन्हें दस हजार मील की यात्रा करनी पड़ी थी। उन्होंने एक 'अंतरिम रिपोर्ट' निकालकर भारत सरकार से प्रार्थना की कि वह एक कमीशन नियुक्त कर इस मामले की जाँच कराये। सरकार ने उनकी प्रार्थना के अनुसार श्रीनटसेन और श्री ग्रे का एक कमीशन बिठा दिया। इसी यात्रा में उन्होंने मद्रास में (1929 के अन्त में ही) नेटाल हाउस का उद्घाटन किया था। यह भवन भारत सरकार की ओर से बना था, जिसमें लूले, लँगड़े और अपाहिज प्रवासियों को आश्रय मिलता था।

सन् 1930 में जब वेस्ट इंडीज द्वीप से भारतीयों को लेकर 'सतलज' जहाज कलकत्ता पहुँचा तो बड़ी सनसनी फैल गई। चालीस दिनों की यात्रा में चौवालीस भारतीय मर चुके थे। भवानीदयालजी ने पंडित बनारसीदासजी चतुर्वेदी के साथ मिलकर देश-भर में घोर आंदोलन किया। 'सतलज' के चले जाने पर बंगाल सरकार ने एक कमीशन चुना जिसमें चौबीस-परगना के मैजिस्ट्रेट तथा प्रोटेक्टर ऑफ् इमिग्रैंट्स के साथ एक सदस्य भवानीदयालजी भी चुने गये; किन्तु उन्होंने उस कमीशन में बैठना अस्वीकृत कर दिया। उनकी इस नीति का समर्थन महात्मा गांधी ने भी किया था। उसी समय लाहौर की काँगरेस में स्वाधीनता का प्रस्ताव स्वीकृत हुआ। आसेतु-हिमाचल विद्युत्प्रवाह दौड़ गया। स्वदेशोद्धार-युद्ध में भवानीदयालजी भी सम्मिलित हो गये। बिहार को ही अपना कार्य-क्षेत्र बनाया। अपनी मातृभूमि

---

1. अंततः उस प्रवासी-भवन को सदा के लिए छोड़कर स्वामीजी स्वदेश चले आये थे। उन्होंने अजमेर नगर के बाहर नवनिर्मित आदर्श नगर में 'प्रवासी-भवन' बनवाया। उसी में अपना संग्रहालय भी सुरक्षित रखा। 1944 में वहाँ जाकर मैंने प्रवासी-भवन के विशाल भवन को देखा था। उसमें प्रवासी भारतवासियों से सम्बन्धित प्रचुर सामग्री थी। अजमेर के प्रवासी-भवन से उन्होंने 'प्रवासी' नामक मासिक पत्र भी निकाला था। उनके संग्रहालय में जितनी सामग्री मैंने देखी थी, उतनी सामग्री प्रवासी भारतवासियों के सम्बन्ध में वर्त्तमान भारत सरकार के पास भी शायद नहीं हो। देशी-विदेशी दोनों प्रवासी-भवन भवानीदयालजी के पुत्र और पुत्रवधू के अधिकार में थे।

(जिला शाहाबाद) के गाँव-गाँव में दौरा करके काँगरेस का उत्साहवर्द्धक संदेश सुनाया। जिला काँगरेस कमेटी ने उनको ही अपना सभापति चुना। जिला-भर में जागृति की लहर उमड़ पड़ी। 12 मार्च को जब महात्मा गांधी 'डाँडी' की ऐतिहासिक यात्रा पर कूच करने लगे, भवानीदयालजी को एक आशीर्वादात्मक तार देकर उनकी सफलता की कामना प्रकट की। किन्तु मार्च 1930 के अंत में भवानीदयालजी आरा-स्टेशन पर गिरफ्तार कर लिये गये। उस दिन जिला-भर में हड़ताल मनाई गई। मामला चला। बक्सर, डुमराँव और जगदीशपुर के जोशीले व्याख्यानों पर राजद्रोह का आरोप हुआ। ढाई वर्ष का कारावास-दंड मिला। हजारीबाग सेंट्रल जेल में 'ए'-श्रेणी में रक्खे गये। वहाँ साल-भर रहना पड़ा[1]। वहाँ बिहार के सभी प्रमुख नेताओं और प्रसिद्ध काँगरेस-कर्मियों का जत्था जुटा था। 'कारागार'-नामक हस्तलिखित मासिक पत्र भवानीदयालजी के संपादकत्व में निकलने लगा जिसके व्यवस्थापक थे मुजफ्फरपुर-निवासी श्रीमथुराप्रसादसिंह और चित्रकार थे गिद्धौर के कुमार कालिकाप्रसादसिंह। उसके 'सत्याग्रह-विशेषांक' में बिहार के प्रत्येक जिले के सत्याग्रह का इतिहास दिया गया था। उसके केवल तीन ही अंक निकले थे जिनकी पृष्ठ-संख्या 1200 थी[2]। गांधी-इरविन समझौते के बाद जब वे लोग मुक्त हुए, तब 'कारागार' के वे अंक बिहार-विद्यापीठ (पटना) को सौंप दिये गये। बाद में संभवतः पुलिस की तलाशी में वहाँ से वह अमूल्य वस्तु लुप्त हो गई थी।

सन् 1930 में ही वृन्दावन के गुरुकुल में प्रथम प्रवासी-परिषद् हुई थी जिसके प्रधान अध्यक्ष भवानीदयालजी ही चुने गये थे। उन्होंने भाषण लिखकर छपा भी डाला, पर ठीक उसी समय आरा में गिरफ्तार हो गये। अतः जेल जाते समय अपने परम मित्र पंडित बनारसीदासजी चतुर्वेदी ('विशाल भारत'-संपादक) को कार्य-भार सौंप दिया, जिन्होंने वहाँ जाकर उनका मुद्रित भाषण पढ़ा, और बड़ी योग्यता से परिषद् का संचालन किया।

उपनिवेशों से लौटे हुए प्रवासी भारतीयों के निमित्त भवानीदयालजी के अनुरोध से सरकार ने जो कमीशन बिठाया था उसकी रिपोर्ट असंतोषजनक निकली। इसलिए जेल से छूटते ही उन्होंने अपनी विस्तृत रिपोर्ट मई, 1931 में प्रकाशित कर दी। देश-देशांतर में इस रिपोर्ट की चर्चा हुई। महात्मा गांधी और

1. गांधी-इरविन समझौते (1931) के फलस्वरूप राजनीतिक बंदी छोड़ दिये गये थे।-सं.
2. "मथुरा बाबू 'कारागार' की कापी जेल-भर में घुमाते और उसके लिए लेख और कविताएँ वसूल करते। 'कारागार' का पहला अंक 'कृष्णांक' और दूसरा अंक 'दीवाली अंक' था। तीसरा अंक था 'सत्याग्रह-अंक' जिसमें प्रांत के समस्त जिलों के नेताओं ने अपने-अपने जिले में सत्याग्रह-संग्राम के तमाम उद्योगों का वर्णन किया था। पहले दो अंक दो-दो सौ पन्ने की कापी में थे, पर 'सत्याग्रह-अंक' में इस प्रकार की चार कापियाँ लगी थीं।" 'प्रवासी की आत्मकथा', भवानीदयाल संन्यासी, पृ. 367।

'टाइम्स ऑफ् इंडिया' तक ने इस पर अग्रलेख लिखा। तब भवानीदयालजी ने देश-विदेश के प्रभावशाली पत्रों के अग्रलेखों का संग्रह पुस्तकाकार प्रकाशित किया– 'पब्लिक ओपिनियन ऑन दि असिस्टेड एमिग्रेशन स्कीम अंडर इंडो-साउथ ऐफ्रिकन ऐग्रिमेंट'। केप-टाउन की दूसरी गोलमेज-परिषद् में इस रिपोर्ट की बड़ी चर्चा हुई और अंत में केप-टाउन-समझौते से 'रिपैट्रिएशन' (प्रत्यागमन) की धारा निकाल दी गई।

सन् 1931 में अखिलभारतीय हिंदी साहित्य सम्मेलन का अधिवेशन श्रीरत्नाकरजी के सभापतित्व में कलकत्ता विश्वविद्यालय के सिनेट हॉल में हुआ था[1]। सौभाग्यवश मैं भी उसमें उपस्थित था। उसी अवसर पर भवानीदयालजी की अध्यक्षता में अखिलभारतीय हिंदी संपादक सम्मेलन हुआ था जिसके स्वागताध्यक्ष थे 'विश्वमित्र'-संचालक श्रीमूलचन्द्रजी अग्रवाल। उसमें बाबू राजेंद्रप्रसादजी, पंडित अंबिकाप्रसादजी वाजपेयी, पंडित कृष्णकांतजी मालवीय, पंडित लक्ष्मणनारायणजी गर्दे आदि प्रतिष्ठित विद्वानों और पत्रकारों के भाषण हुए थे। भवानीदयालजी के ही अनुरोध से मुझे पत्रकार-सम्मेलन का मंत्रिपद ग्रहण करना पड़ा। किन्तु एक अनिवार्य कारण से मुझे 'गंगा' का संपादकत्व छोड़कर सुलतानगंज (भागलपुर) से काशी चला जाना पड़ा, इसलिए कोई ठोस काम न हो सका–यद्यपि पंडित बनारसीदासजी चतुर्वेदी ने एक कार्यक्रम बनाकर उसके साथ आरंभिक व्यय के लिए दस रुपये भी भेज दिये थे।

सन् 1931 में ही देवघर (वैद्यनाथधाम) में बिहार प्रादेशिक हिन्दी साहित्य सम्मेलन का दशम अधिवेशन हुआ था जिसके अध्यक्ष भवानीदयालजी ही चुने गये थे; किन्तु उस समय बीमार रहने पर भी बिहार-रत्न राजेन्द्र बाबू के अनुरोध से उनको सभापतित्व अंगीकृत करना पड़ा। उनका भाषण बड़े महत्त्व का हुआ था। उस समय वे 'आर्यावर्त्त' नामक हिन्दी-साप्ताहिक का संपादन कर रहे थे। यह पत्र बिहार की आर्य प्रतिनिधि सभा ने पटना से निकाला था। किन्तु 1932 में भारत सरकार के प्रवासी-विभाग के सदस्य सर मुहम्मद शफी और महात्मा गांधी से मिलकर, प्रवासी भारतवासियों के विषय में बातचीत करके भवानीदयालजी को दक्षिण अफ्रिका चला जाना पड़ा; इसलिए 'आर्यावर्त्त' अपने प्रधान संपादक के बिछुड़ते ही बंद हो गया। फ़िज़ी-द्वीप जाने की तैयारी करके भवानीदयालजी जब दक्षिण अफ्रिका पहुँचे, तब फ़िज़ी के गवर्नर ने दक्षिण अफ्रिका के गवर्नर जनरल को तार देकर उनका फ़िज़ीवाला पासपोर्ट रद्द करा दिया। फ़िज़ी और भारत की कौंसिलों तथा देश-विदेश के पत्रों में इस प्रवेश-निषेध की बड़ी गरम चर्चा रही, पर फ़िज़ी की सरकार टस-से-मस न हुई। इसमें सबसे बड़ा विस्मयजनक कारण

---

1. देखें : संस्मरण, 'कलकत्ता में साहित्य-सम्मेलन'।–सं.

यह हुआ कि शाहाबाद के मैजिस्ट्रेट के सामने भवानीदयालजी ने राजद्रोह के अभियोग में जो बयान दिया था उसे फ़िज़ी के 'पैसफिक प्रेस' नामक अखबार ने अविकल छाप डाला था। फ़िज़ी की कौंसिल में भी उस बयान की चर्चा हुई, और उसी के कारण वहाँ प्रेस-ऐक्ट भी पास हुआ।

सन् 1933 में जब दूसरी बार वे नेटाल की आर्य प्रतिनिधि सभा के प्रधान चुने गये, उन्होंने पूर्ववत् आर्य-धर्म की सोत्साह सेवा की। उसी समय, उनकी ही अध्यक्षता में, वहाँ 'दयानंद निर्वाण अर्द्धशताब्दी' मनाई गई। नेटाल-भर में यह महोत्सव बड़े समारोह से संपन्न हुआ। संयोगवश उसी साल दक्षिण अफ्रिका में 'कलोनाइज़ेशन स्कीम' का झगड़ा उठ खड़ा हुआ। दूसरी गोलमेज परिषद् (केप टाउन) में भारत सरकार और दक्षिण अफ्रिका की सरकार ने मिलकर तय किया था कि भूमंडल में कोई ऐसा उपनिवेश ढूँढ़ा जाय जिसमें भारत की बढ़ती हुई प्रवासी प्रजा को बसाने की व्यवस्था हो सके–साथ ही यहाँ के प्रवासी भारतवासी भी देखें कि प्राप्त उपनिवेश में उनके बसने की सुविधा है या नहीं। स्कीम यही थी। दक्षिण अफ्रिका की भारतीय काँगरेस ने इस योजना में योग देने का वचन भी दिया; किन्तु जब कमीशन बैठा, काँगरेस के तीन-चार सदस्यों ने विरोधियों के साथ मिलकर अपना एक अलग दल खड़ा किया। फिर भी काँगरेस अपने वचन पर दृढ़ रही और भवानीदयालजी उसी दृढ़-संकल्प दल में थे। उन्होंने नेटाल-भर में दौरा करके काँगरेस-पक्ष का समर्थन किया। मेरीत्सबर्ग नगर के सिटी हॉल में जब वे भाषण दे रहे थे, विरोधियों ने अवांछित रूप से हुल्लड़बाजी की। पर अंत में काँगरेस की ही विजय हुई–योजना का अंत हो गया; कमीशन ने काँगरेस के मत का ही समर्थन किया।

सन् 1934 में जब सम्राट् पंचम जॉर्ज के सुपुत्र दक्षिण अफ्रिका पधारे, भारत सरकार के एजेंट कुँवर सर महाराजसिंह ने भवानीदयालजी को उनसे मिलाया। उस भेंट में युवराज ने उनसे बातें भी कीं। यह भेंट डरबन के 'ड्रिल हॉल' में हुई थी जहाँ भारतीय काँगरेस की ओर से प्रिंस को भोज दिया गया था। फिर डरबन नगर के मेयर ने जिन नौ भारतीय नागरिकों को प्रिंस के स्वागत में आमंत्रित किया था उनमें एक भवानीदयालजी भी थे। मेयर ने ही प्रिंस से उनका प्रथम परिचय कराया। 1934 में ही नेटाल इंडियन काँगरेस ने दक्षिण अफ्रिका के गवर्नर-जनरल लॉर्ड क्लॉरेंडन को एक चाय-पार्टी दी थी, जिसमें बड़ौदा के आर्य कन्या महाविद्यालय की कन्याओं ने बाण द्वारा भवानीदयालजी के गले में पुष्प-हार पहनाकर अद्भुत हस्त-कौशल दिखाया था। 1935 में जब सम्राट् पंचम जॉर्ज के शासन की रजत-जयंती मनाई गई थी, तब डरबन कॉरपोरेशन ने उसकी व्यवस्था के लिए भारतीयों की भी एक कमेटी बनाई थी, जिसके एक सदस्य भवानीदयालजी भी थे। उसी साल की जनवरी में वे डरबन नगर के 'कमिश्नर ऑफ् ओथ्स' बनाये

गये। डरबन कॉरपोरेशन ने उनके सम्मान में एक सड़क का नाम 'दयाल-रोड' रख दिया था। सन् 1935 के अंत में 'साउथ अफ्रिकन इंडियन कॉंगरेस' के प्रतिनिधि बनकर भवानीदयालजी पुनः भारत आये। इसी यात्रा में उन्होंने बिहार के गया नगर में 'राजेन्द्र आश्रम' का उद्घाटन किया और लखनऊ की कॉंगरेस के खुले अधिवेशन में प्रवासी भारतीयों की दुःख-गाथा सुनाई। भारत सरकार के प्रतिनिधि सर जगदीशप्रसाद और सर गिरिजाशंकर वाजपेयी से मिलकर प्रवासी भारतीयों की समस्या पर दो दिन बातें कीं। महात्मा गांधी और अन्य प्रमुख भारतीय नेताओं से भी प्रवासी-समस्या पर विचार-विनिमय किया; साथ-साथ समाचार-पत्रों में आंदोलन भी किया। इस प्रकार अपनी यात्रा सफल करके वे 1936 में दक्षिण अफ्रिका लौट गये और वहाँ उक्त कॉंगरेस ने एक प्रस्ताव द्वारा उनकी सफलता का अभिनंदन किया। इसी समय उन्होंने पोर्तुगीज ईस्ट अफ्रिका में वैदिक धर्म का प्रचार भी किया था। 1937 में पूर्व-अफ्रिका के प्रधान नगर लॉरेंसो मार्क्विस में उनके ही कर-कमलों से वेद-मंदिर की आधार-शिला रखी गई थी। उस शिलान्यास-महोत्सव का सचित्र विवरण भारतीय हिन्दी-पत्र-पत्रिकाओं में भी छपा था। वह वेद-मंदिर वहाँ के भारत-समाज की संपत्ति है, और तब उसमें पचास हजार से भी अधिक रुपये खर्च हुए थे। उसमें भारतीय बालक-बालिकाओं को हिन्दी-माध्यम द्वारा धार्मिक और सांस्कृतिक शिक्षा भी दी जाती थी।

भवानीदयालजी की लिखी हुई हिन्दी-पुस्तकों के नाम हैं–(1) दक्षिण अफ्रिका के सत्याग्रह का इतिहास, (2) दक्षिण अफ्रिका के मेरे अनुभव, (3) सत्याग्रही महात्मा गांधी, (4) हमारी कारावास-कहानी, (5) ट्रांसवाल में भारतवासी, (6) नेटाली हिन्दू, (7) शिक्षित और किसान, (8) वैदिक धर्म और आर्य-सभ्यता, (9) वैदिक प्रार्थना। इनके अलावा बहुत-सी छोटी-छोटी पुस्तिकाएँ (ट्रैक्ट) भी हैं। कई हिन्दी-पुस्तकों की भूमिकाएँ भी बड़े महत्त्व की हैं। देश-विदेश के पत्रों में उन्होंने जो लेख लिखे थे, और अनेक सभासमितियों में उनके जो भाषण हुए थे, उन सबका यदि संग्रह किया जाता तो एक बड़ा भारी पोथा तैयार हो जाता। हिन्दी में उनकी और उनकी सहधर्मिणी की एक छोटी-सी जीवनी बहुत दिनों पहले निकली थी, जो अप्राप्य है; पर बाद में 'अजीतमल' (इटावा) के 'इंडियन कलोनियल एसोसिएशन' से अँगरेजी में उनकी एक वृहत् जीवनी प्रकाशित हुई थी जिसके सुयोग्य लेखक थे श्रीप्रेमनारायण अग्रवाल।

स्वामी भवानीदयालजी मेरे ही जिले के मूल-निवासी थे, इसलिए भी मुझ पर उनका अविरल स्नेह रहा। मेरे संग्रहालय में उनकी सैकड़ों चिट्ठियाँ और उनके सार्वजनिक कार्यों के अनेक मुद्रित विवरण संगृहीत हैं, जिनमें अखबारों की कतरनें भी काफी हैं। मेरा तो अनुभव है कि सार्वजनिक नेताओं की सच्ची जीवनी अखबारों की कतरनों से ही तैयार हो सकती है।

श्रीबाबूराव विष्णु पराड़कर
1883-1955

संसार में जन्म और मरण का विधि-विधान नित्य की साधारण घटना है। प्रत्युत, संयोग-वियोग की लीला प्रतिक्षण संसार में होती ही रहती है। तब भी हम संसारियों को किसी प्रिय व्यक्ति के बिछुड़ने पर उसके गुणों का स्मरण करके सन्ताप होता ही है। सामाजिक प्राणी होने के कारण मनुष्य उन विशिष्ट व्यक्तियों के निधन से भी दुखी होता है, जिनसे उनका निकट सम्बन्ध तो नहीं होता, पर उनके लोकोपकारी गुणों का स्मरण करके वह स्वभावतः दुखी हो उठते थे। इसमें कोई सन्देह नहीं कि साहित्यसेवियों से समाज का अधिकाधिक कल्याण होता है। उनकी मेधाशक्ति से साहित्य की समृद्धि-वृद्धि भी कम नहीं होती। उनके लोकहितकर विचारों से असंख्य व्यक्तियों को कर्त्तव्य-पालन की प्रेरणा मिलती है। उनकी लेखनी और वाणी का सदुपयोग सदा जनगण-मंगल में ही होता है। वे अपनी ईश्वरदत्त शक्तियों का प्रयोग हिन्दी-माता के चरणों में अर्पित कर देते हैं।

ऐसे वन्दनीय विद्वानों के लोकान्तरित होने से हिन्दी-हितैषी समाज की जो क्षति होती है, उसकी पूर्ति की आशा नहीं की जा सकती। साहित्य-संसार में जो स्थान रिक्त होते जा रहे हैं, वे अधिकतर पूर्ण नहीं हो पाते—यद्यपि किसी व्यक्ति-विशेष के बिना संसार का कोई काम रुकता नहीं है।

सम्पादकप्रवर पण्डित बाबूराव विष्णु पराड़कर का मुक्तिधाम काशी में मोक्षलाभ हुआ। उनकी साहित्य-सेवा, देशभक्ति, कीर्ति और मृत्यु चिरस्मरणीय और स्पृहणीय है। 'आज'-सम्पादक के रूप में उन्होंने राष्ट्र और समाज की जो स्तुत्य सेवा की, वह साहित्य के इतिहास में स्वर्णवर्णांकित रहेगी। राष्ट्रभाषा हिन्दी और भारतीय संस्कृति की प्रतिष्ठा के संरक्षण और संवर्द्धन में वे सदैव तत्पर रहते थे। दैनिक 'आज' को उन्होंने सुसम्पादित मासिक पत्र के समान संग्रहणीय और मननीय बना दिया। प्रेस-कमीशन ने उनके 'आज' को एक संस्था कहा था। उनके वियोग से शोकाकुल होकर समस्त देश ने श्रद्धाञ्जलि अर्पित की। ऐसा ही मरण जीवन का आभरण है।

पराड़करजी के पिता विहार के भागलपुर कॉलेज में संस्कृताध्यापक रह चुके थे। स्वयं पराड़करजी ने भी भागलपुर में ही शिक्षा पाई थी। इस प्रकार विहार से उनका ममतामय सम्बन्ध था, पर उनके हृदय में सम्पूर्ण भारत-राष्ट्र के लिए उत्कृष्ट ममता थी। उनकी कल्पना में वृहत्तर भारत का रूप था! उनकी चिन्ता का विषय मानव-जाति का हित था। मानवता के कल्याण की भावना में ही वे लीन रहते थे। किन्तु जीते-जी उनको लोगों ने ठीक नहीं पहचाना। उनके साथ हिन्दी-पत्रकारिता का पिछले पचास वर्ष का इतिहास चला गया। लोग वह

साहित्यिक सम्पत्ति उनसे नहीं ले सके।

पराड़करजी की सचित्र जीवनी हिन्दी-संसार में सबसे पहले 'बालक' में छपी थी। श्रीनारायण राजाराम सोमण और श्रीगणपति कृष्ण गुर्जर उनके पीछे पड़ गये। जब उन्होंने देखा कि इन दोनों से किसी तरह पिण्ड न छूटेगा, तब जीवनी छापने की अनुमति दी। सामग्री तो सोमणजी और गुर्जरजी ने इधर-उधर से जुटाई, फोटो भी औचक ही लिया गया। पराड़करजी को आत्मविज्ञापन बिलकुल पसन्द नहीं था। वे कभी किसी सभा-सम्मेलन में भी जाना नहीं चाहते थे। घर से ज्ञानमण्डल तक ही उनकी अपनी दुनिया थी। नाक की सीध पर चुपचाप आते-जाते थे, दायें-बायें ताकते भी नहीं थे। राजनीतिक हवा का रुख और देश की नाड़ी पहचानने में ही सदैव तल्लीन रहते थे। उनकी प्रत्येक साँस में राष्ट्र की हितैषणा थी। राष्ट्र के गौरव की रक्षा और उसकी सेवा के लिए ही उन्हें 'आज' का उत्कर्ष अभीष्ट था। जनता के दिल की धड़कन का वे अपने भीतर अनुभव करते थे। इसीलिए उनकी दूरदर्शिता का लोहा नेता भी मानते थे। वे जीवन का प्रत्येक क्षण स्वाध्याय द्वारा ज्ञानार्जन में ही बिताते। पत्रोत्तर देना भी उनके लिए झंझट का काम था। एक दफा उन्होंने 'आज' में टिप्पणी लिखी कि सर्वथा अनिवार्य आवश्यकता होने पर ही पत्र लिखना चाहिए और पत्र न मिले तो समझो कि कुशल-मंगल है।

पूज्य पराड़करजी ने 'आज' के माध्यम से कई सुयोग्य सम्पादकों का निर्माण किया। यही काम आचार्य द्विवेदीजी ने भी किया था। हिन्दी में सम्पादन-कला का विकास-इतिहास जो जानते हैं, वे इसके साक्षी हैं। पराड़करजी ने दैनिक पत्र को लोकोपयोगी और लोकप्रिय बनाने की कला बड़ी सफलता से प्रदर्शित की। दैनिक पत्र को स्थायी साहित्य की वस्तु बनाकर उन्होंने प्रत्यक्ष दिखा दिया। इसीलिए उनके देहान्त के उपरान्त भी 'आज' में वही ओज है, 'आज' के ही सिर पर ताज है।

द्विवेदीजी से उनकी समता इस अर्थ में भी है कि वे गहन-से-गहन विषय को भी सरल-से-सरल बनाकर जनता को हृदयंगम करा देते थे। अन्तर्राष्ट्रीय कूटनीति, मुद्रास्फीति, राष्ट्रीय अर्थशास्त्र, साम्प्रदायिक एकता आदि गूढ़तम विषयों के स्पष्ट समझाने में वे सिद्धहस्त थे। उनकी भाषा संस्कृतनिष्ठ, परन्तु सुबोध होती थी। 'हिन्दुस्तानी' को वे 'खिचड़ी' के बदले 'खचड़ी' भाषा कहते थे। उनका कहना था कि वह कभी भारतीय सभ्यता और संस्कृति की वाहिनी नहीं हो सकती। उन्होंने अखबारी दुनिया में अपने गढ़े हुए अनेक नये शब्दों के सिक्के चला दिये। पत्रकारिता के क्षेत्र में उनकी लेखनी एक टकसाल-सी थी। जनता की रुचि और प्रवृत्ति वे खूब पहचानते थे। लोकमत का दिशा-संकेत करके वे जन-नायकों को भी प्रभावित करते रहे। इसीलिए राष्ट्रीय आन्दोलन के तूफान में 'आज' ने अविचल प्रकाश-स्तम्भ का काम किया।

बिहार में जो प्रलयकारी भूकम्प सन् 1934 ई. में हुआ था, उसमें काशी भी डोली थी। मैं उस समय लहेरियासराय (दरभंगा) में था। किन्तु मेरा परिवार काशी में था। विश्वनाथजी की कृपा से मेरी पत्नी और मेरे छोटे बच्चे सकुशल रहे। पर मैं उनके लिए बहुत चिन्तित था। बिहार की बरबादी सुनकर मेरी पत्नी ने मेरे नौकर को पराड़करजी के पास भेजा। उन्होंने नारी-हृदय की व्यग्रता का अनुमान करके अपने छोटे भाई माधवरावजी को मेरे घर पर सान्त्वना देने के लिए भेजा। इतना ही नहीं, पचीस रुपये भी भेज दिये और मेरी कुशलता का संवाद भी भेज दिया।

मेरा उनसे कोई विशेष सम्बन्ध न था। मेरी देख-रेख में छपाई का कुछ काम ज्ञानमण्डल में होता था। उनके प्रिय अनुज माधवरावजी से ही मेरा अधिक लगाव था। मैं 'आज' में शायद ही कभी कुछ लिखता था। फिर भी उनका स्नेह और उनकी सहानुभूति का पात्र मैं बना रहा। अत्यन्त साधारण परिचय होने पर भी कौन किसकी इतनी सुध लेता है। किन्तु यह तो उनकी मनुष्यता की महिमा थी कि वे सामान्य साहित्यिक व्यक्ति के भी सुहृद् ही प्रमाणित होते थे। मैं जब पचीस रुपये लौटाने गया, तब उन्होंने भूकम्प की प्रलयकारी लीला का आँखों-देखा वर्णन लिखने का आदेश दिया और मैंने 'आज' के कई अंकों में उसका विस्तृत वर्णन लिखा था।

काशी के धन्वन्तरि पंडित त्र्यम्बक शास्त्री उनकी अपनी बिरादरी के थे और मित्र भी। किन्तु शास्त्रीजी जब वृद्धावस्था में एक कुमारी कन्या से नई शादी करने लगे, तब पराड़करजी ने 'आज' द्वारा खुल्लमखुल्ला उसका लगातार विरोध किया। प्रौढ़ावस्था में उन्होंने स्वयं विधवा-विवाह किया था। समाज-सुधार के मामले में वे किसी से पीछे नहीं थे। शास्त्रीजी कट्टर सनातनी थे। छोटे पराड़करजी (माधवरावजी) भी सनातन धर्म के श्रद्धालु अनुयायी थे। फिर भी दोनों भाई राम-लक्ष्मण थे। सिद्धान्त-सम्बन्धी मतभेद का कुछ भी प्रभाव भ्रातृस्नेह पर नहीं पड़ा था। शास्त्रीजी की मैत्री भी विचार-विभेद से दूषित नहीं हुई। किन्तु पराड़करजी निर्भय होकर उचित बात कहने से कभी न चूके। महान् व्यक्तियों में मतभेद के कारण मनोमालिन्य नहीं होता।

जहाँ तक मुझे याद है, स्वतंत्रता-संग्राम के दिनों में, राष्ट्र की विभिन्न समस्याओं पर पराड़करजी ने 'सदाशिव' नाम से 'आज' के अंकों में एक लेखमाला लिखी थी। उनके सम्पादकीय लेखों के साथ उनके गुमनाम लेखों का भी संग्रह छपना चाहिए था। राष्ट्रभाषा का बड़ा उपकार होता यदि 'आज' में प्रकाशित पराड़करजी की प्रत्येक पंक्ति संगृहीत होकर प्रकाशित हो जाती। उनकी सुसम्पादित ग्रंथावली ही उनका वास्तविक स्मारक होगी।

उन्होंने सत्याग्रह के युग में जो 'रणभेरी' बजाई थी, उसके भी क्रान्तिकारी

लेखों का प्रकाशन अत्यावश्यक है। वह पत्रिका कब, कहाँ, किधर से निकलकर लोगों के हाथ में पहुँच जाती थी, यह अँगरेजी-राज्य की पुलिस लाख चेष्टा करके भी न जान सकी। वह पराड़करजी की लेखनी का जादू नौकरशाही के सिर पर चढ़कर बोलता रहा। पर उस पत्रिका के स्रोत या सूत्र का पता किसी तरह न लग सका। वह पराड़करजी के ही अमोघ अस्त्र की माया थी। काशी की गलियों में पुलिस के सिर पर 'रणभेरी' की प्रतियाँ अचानक बरसती थीं और पुलिस आसमान ताकती रह जाती थी।

पराड़करजी ने 'आज' के द्वारा देश, समाज, धर्म, साहित्य और संस्कृति की जो सेवा की है, वह चिरस्मरणीय रहेगी और ईमानदार इतिहासकार ही उसका यथार्थ मूल्यांकन कर सकेगा।

श्रीरघुवीर नारायण
1884-1955

श्रीरघुवीर नारायणजी अपने 'बटोहिया' नामक लोकगीत के लिए बहुत विख्यात थे। भोजपुरी-भाषा के उस एक ही गीत ने उनको अमर बना दिया। किसी समय उस देशानुरागपूर्ण गीत की मधुरिमा देश-देशान्तर के सुविस्तृत, भोजपुरी क्षेत्र के वायुमण्डल में व्याप्त होकर दिशाओं को सुरभित-मुखरित करती रही। सन् 1912 में जब भारतीय काँगरेस का महाधिवेशन पटना में हुआ था, तब उन्हीं का रचा हुआ 'भारत-भवानी' नामक राष्ट्रीय गीत 'वन्देमातरम्' के स्थान पर गाया गया था। उनके ये दोनों गीत उस युग के जन-जन के कण्ठ में बसे हुए थे। ये गीत विदेशों के प्रवासी भारतीयों में भी प्रचलित हो गये थे। कविताएँ तो उन्होंने और भी लिखीं, पर ये दो ही गीत सहृदय-समाज में उनके सम्मान के कारण हुए। विद्वद्वर पं. रामावतार शर्मा, पं. अम्बिकादत्त व्यास और बाबू शिवनन्दन सहाय उनके काव्य-गुरु थे। इन्हीं तीनों से उन्हें काव्य-साहित्य की शिक्षा-दीक्षा मिली थी। वास्तव में तो वे अँगरेजी के वड़े उद्‌भट कवि थे। उनकी अँगरेजी-कविताओं पर वड़े-बड़े अँगरेज विद्वान् भी मुग्ध हो चुके थे। उस समय (1905) के इंगलैण्ड के राजकवि (पोयट लारियट) अलफ्रेड ऑस्टिन ने उनकी एक अँगरेजी-कविता ('ए टेल ऑव विहार') की भूरि-भूरि प्रशंसा की थी।

श्रीपारसनाथ सिंह
1896-1954

श्रीपारसनाथसिंहजी द्विवेदी-युग के साहित्य-सेवी थे। हिन्दी जगत में वे कवि, आलोचक, निबंधकार, पत्रकार और इतिहासकार के रूप में सुपरिचित थे। उनके समान बहुज्ञ और बहुश्रुत विद्वान् के असामयिक निधन से हिन्दी को बड़ी हानि हुई। उनके गम्भीर स्वाध्याय और शास्त्रानुशीलन का जो फल हिंदी को मिलनेवाला था, वह नहीं मिल सका। उनकी मेधाशक्ति के प्रसाद से साहित्य वंचित रह गया !

जब मैं सुलतानगंज (भागलपुर) से प्रकाशित 'गंगा' मासिक पत्रिका का संपादक था, तब उन्होंने 'वैशाली'-सम्बन्धिनी एक लेखमाला लिखी थी। गुणग्राही साहित्यकारों ने उस लेखमाला की बड़ी प्रशंसा की थी। उससे उनकी गवेषणात्मक प्रवृत्ति का पता लगता था। नालन्दा और विक्रमशिला नामक प्राचीन विश्वविद्यालयों पर भी उन्होंने अनुसंधानपूर्ण लेख लिखना शुरू किया था; पर उस लेखमाला को पूरा नहीं कर सके। फिर भी अत्यन्त कार्य-व्यस्त रहते हुए वे जो साहित्य-सेवा करते थे, वह उनकी ज्ञान-गरिमा और प्रतिष्ठा के अनुकूल थी। पटना से जब 'हिमालय' निकला, तब फिर मैंने और भाई बेनीपुरीजी ने उनका स्मरण किया। उन्होंने बड़ी कठिनाई से समय निकालकर 'खाँ साहब' का रेखा-चित्र इतनी स्वाभाविकता से अंकित किया था कि 'हिमालय' के सुधी पाठकों ने उनसे और भी लिखवाने का आग्रह किया।

उनकी लेखमालाओं से पता चलता है कि वे एक सिद्धहस्त शैलीकार भी थे। स्कूल में उन्होंने उर्दू-फारसी पढ़ी और संस्कृत तथा बंगला का अध्ययन स्वतंत्र रूप से किया था। उनकी संस्कृत-बहुल शैली भी परिमार्जित और ललित होती थी। 'खाँ-साहब' में वे उर्दूदाँ दीख पड़ते हैं; पर वह भी मुहावरेदार हिन्दी की हास्यरसात्मक शैली है।

आचार्य शुक्लजी ने शैली के विचार-प्रसंग में लिखा भी है कि हास्यरस अथवा व्यंग्य-विनोद की रचनाओं में उर्दू-मिश्रित शैली खूब फबती है। किन्तु उनकी उर्दू-मिश्रित शैली भी बोलचाल की भाषा का निखरा हुआ रूप प्रदर्शित करती है। वे लिखते समय सदैव भाषा के शुद्ध एवं सरल रूप पर ध्यान रखते थे। उनकी कविताएँ भी प्रांजल भाषा का रूप दरसाती हैं। भारतीय पक्षियों पर उन्होंने जो पुस्तक लिखी है, उससे उनके ज्ञान क्षेत्र के विस्तार का पता चलता है।

श्रीपारसनाथसिंह एक बहुश्रुत विद्वान् थे। पत्रकार, इतिहासकार, शैलीकार, निबन्धकार और ज्योतिर्विद्या विशारद तो वे थे ही, मनुष्य बहुत ऊँचे दर्जे के थे। विद्वत्ता और मनुष्यता के संयोग से उनका व्यक्तित्व बड़ा प्रभावशाली था। अपनी

विलक्षण मेधाशक्ति के बल से उन्होंने यश और सम्मान के साथ धन भी काफी कमाया। उनकी पुण्यस्मृति में 'सर्चलाइट' और 'प्रदीप' (पटना) तथा 'लीडर' और 'भारत' (प्रयाग) के जो स्मारक अंक निकले, उन्हें देखकर उनकी लोकप्रियता और बहुमुखी प्रतिभा का जो प्रशस्त परिचय मिला, वह बिहार के लिए वस्तुतः गर्व-गौरव का विषय है।

पं. रूपनारायण पाण्डेय
1884-1958

पण्डित रूपनारायण पाण्डेय लखनऊ के रानीकटरा मुहल्ले के निवासी थे। अपनी आयु के पचहत्तरवें वर्ष में, 12 जून, 1958 को, अपने घर पर ही वे अचानक चल बसे। वर्त्तमान शताब्दी का चौथाई भाग उन्होंने पत्र-सम्पादन-कला की सतत साधना में ही बिताया था। 'नागरी-प्रचारक', 'निगमागम-चन्द्रिका', 'इन्दु', 'कान्यकुब्ज', 'माधुरी' आदि प्रसिद्ध मासिक पत्र-पत्रिकाओं का सम्पादन उन्होंने जिस योग्यता और सफलता से किया, वह हिन्दी-पत्रकारिता के इतिहास में चिरस्मरणीय रहेगा। पाण्डेयजी जब काशी में कविवर श्रीजयशंकरप्रसादजी के घर पर रहकर भारत-धर्म-महामण्डल की मुखपत्रिका 'निगमागम-चन्द्रिका' और 'इन्दु' का सम्पादन करते थे, तब हम भी बनारस की दीवानी अदालत में हिन्दी-लिपिक थे और साहित्यानुराग-वश प्रायः नागरी-प्रचारिणी सभा में जाया करते थे। वहीं पर सर्वप्रथम प्रसादजी के साथ-साथ उनके भी दर्शन हुए थे। फिर उनसे परिचित होने का भी सुयोग मिला और अन्त में उनके साथ साहित्यिक काम करने के सुदिन भी नसीब हुए। अपने सहकारी के प्रति उनकी सहानुभूति आदर्श थी।

उनका घरेलू जीवन बड़ा नियमित था। उन्होंने अपने जीवन के प्रत्येक क्षण का सदुपयोग स्वाध्याय और साहित्याराधन में ही किया। यही कारण है कि पत्र-सम्पादन-कार्य के अतिरिक्त वे अपनी मौलिक और अनूदित रचनाओं की राशि से हिन्दी के साहित्य-भण्डार की शोभा बढ़ा गये। उनकी बहुत-सी लिखित, अनूदित एवं सम्पादित पुस्तकें दूसरे सज्जनों के नाम से भी प्रकाशित हुई हैं। द्रव्योपार्जन के लिए विवश होकर उन्हें ऐसा करना पड़ता था; क्योंकि उनका व्यक्तिगत बजट बहुत लम्बा-चौड़ा था। अच्छे-से-अच्छे भोजन, वस्त्र, सुगन्ध आदि के बड़े शौकीन थे। मगही पान, जर्दा, किमाम और सुरती वे बनारस से भी मँगाते थे। गाजीपुर और कन्नौज से बढ़िया इत्रों का पार्सल डाक से आता था। सन्ध्या समय भंग-भवानी का सेवन करने पर उत्तम मिठाइयों और रबड़ी-मलाई की

आवश्यकता अनिवार्य थी।

गोरा छरहरा बदन, सिर पर किश्तीनुमा टोपी या साफा, कभी झलमली धोती या चूड़ीदार पॉजामा, पॉलिशदार जूता, कोट की जेब में घड़ी, हाथ में चिकनी छड़ी, दो-दो सुवासित रूमाल, मुँह में पान की गिलौरी, आँखों में सुरमा, खासे छैल-छबीला बनकर आइने के सामने मुस्कराते हुए खड़े होते थे और बाहर निकलने पर साथी-संगी के लिए अपने ही पैसों के साथ न्याय करते थे। जैसे शाहखर्च, वैसे ही मजाक-पसन्द भी। बहुत ही अच्छी तबीयत पाई थी पाण्डेयजी ने।

संस्कृत और बंगला की पुस्तकें और पत्र-पत्रिकाओं के खरीदने में भी उनके काफी पैसे खर्च होते थे। कई ऐसी पत्रिकाओं के वे नियमित ग्राहक थे। उनके कितने ही लेखों और टिप्पणियों का सार-संकलन 'माधुरी' के विविध स्तम्भों में प्रकाशित करते थे। अँगरेजी के पत्रों से भी सारांश ग्रहण करने में उनका कौशल दर्शनीय था। अँगरेजी की पर्याप्त शिक्षा न पाने पर भी वे उसके लेखों का मर्म समझकर नोट तैयार कर लेते थे। श्रीमद्‌भागवत-महापुराण का अक्षरशः हिन्दी-अनुवाद (शुकोक्तिसुधा-सागर) उन्होंने बड़ी ललित शैली में किया था, जो विगत दूसरी दशाब्दी में ही बम्बई निर्णयसागर प्रेस से प्रकाशित हुआ था। बंग-भाषा के विख्यात नाटककार श्रीद्विजेन्द्रलाल राय के सभी नाटकों का हिन्दी-अनुवाद उन्होंने ही किया था। कई बंगीय उपन्यास भी उनके द्वारा अनूदित होकर प्रकाशित हो चुके हैं। अनुवादों के अतिरिक्त उनकी बहुत-सी मौलिक पुस्तकें भी छपी हैं। उनके अध्ययन-कक्ष में पुस्तकें और पत्र-पत्रिकाएँ यथास्थान सजी-सजाई रखी रहती थीं। मेज-कुर्सी पर लिखने-पढ़ने में उन्हें आराम नहीं मिलता था। मोटे गद्दे पर मसनद के सहारे या छाती के नीचे तकिया लगाकर पढ़ते-लिखते थे। बैठने पर डेस्क का उपयोग करते थे। इसी कारण, 'माधुरी'-कार्यालय में कभी-कभी एकाध ही घण्टे के लिए आते थे, अधिकतर अपने घर पर ही एकान्त में लेखों और प्रूफों का सम्पादन-संशोधन किया करते थे। सम्पादन-कार्य में उनका घोर परिश्रम आचार्य द्विवेदीजी का स्मरण कराता था। वास्तव में सम्पादकीय परिश्रम की दृष्टि से उनका स्थान पूज्य द्विवेदीजी के बाद ही था। हमने द्विवेदी-अभिनन्दन-ग्रन्थ के प्रकाशन-काल में काशी-नागरी-प्रचारिणी सभा में संचित द्विवेदीजी द्वारा सम्पादित लेखों को देखा था। यदि पाण्डेयजी द्वारा सम्पादित लेख भी आज कहीं संचित होते, तो अनुसन्धायकों को तुलनात्मक अध्ययन का अवसर मिलता। श्रमशील सम्पादक की कार्यकुशलता का प्रमाण संगृहीत रहने से शोधकर्त्ताओं को एक नई दिशा मिल सकती है।[1]

---

1. इस प्रसंग में उल्लेख्य है कि शिवजी द्वारा संपादित पाक्षिक 'जागरण' (फरवरी-जुलाई, 1932) के सभी अंकों की उनके द्वारा संशोधित पांडुलिपियाँ उनके संग्रहालय में सुरक्षित हैं।—सं.

पाण्डेयजी बड़े सुन्दर-सुडौल अक्षर लिखते थे। शीघ्रता में लिखने पर भी वे मोती ही पिरोते थे। लेख-सम्पादन और प्रूफ-संशोधन भी ऐसी सफाई से करते थे कि प्रेस को कभी कोई कठिनाई नहीं होती थी। कितने ही लेखों को आपाद-मस्तक रँग डालते थे, फिर भी लेखक की मौलिकता की नस पर नश्तर नहीं लगने पाता था। उनकी इस कला की प्रशंसा श्रीगणेशशंकर विद्यार्थीजी ने अपने 'प्रताप' में की थी। विद्यार्थीजी का प्रशंसा-पत्र पाना सहज न था, वे आचार्य द्विवेदीजी के सहकारी रह चुके थे और बड़ी संयत लेखनी के धनी भी थे।

पाण्डेयजी हिन्दी के प्रसिद्ध कवि भी थे। उनकी 'कविरत्न' उपाधि सार्थक थी। उनकी 'वन-विहंगम' कविता हिन्दी-जगत् में बहुत लोकप्रिय हुई। उनका एकमात्र पुत्र जब बाल्य-काल में ही काल-कवलित हो गया था, तब उन्होंने द्विवेदी-युग की 'सरस्वती' में 'दलित कुसुम' शीर्षक कारुणिक कविता लिखी थी। उन्हीं दिनों उनकी 'हृदयेश्वरी' कविता की भी खासी चर्चा रही। पर वे विनम्रतावश अपने को कवि नहीं मानते थे। इसीलिए मित्रों के अनुरोध पर भी अपना कोई कविता-संग्रह नहीं निकलने दिया।

बातचीत करते समय वे प्रायः आँखें मूँद-मूँदकर मुस्कराते-मुस्कराते बतियाते थे। अपने आरम्भिक जीवन की चर्चा करते समय कहा करते थे कि शैशव में ही पितृवियोग होने पर वृद्ध पितामह के अविरल वात्सल्य-स्नेह ने ही जीवन-पथ प्रशस्त किया। पितामह संस्कृत के अच्छे पण्डित थे; प्राचीन शास्त्रीय पद्धति से संस्कृत की शिक्षा दी थी; किन्तु संसार-प्रवेश होने से पूर्व ही उनकी छत्रच्छाया भी हट गई। इस प्रकार पाण्डेयजी को स्वयं जीवन-निर्माण करना पड़ा। सांसारिक अनुभव उनके बड़े कटु थे। स्वावलम्बन के बल पर ही उन्होंने अपनी दुनिया सँवारी थी। यदि उनसे आत्मसंस्मरण लिखवाये गये होते, तो व्यावहारिक एवं साहित्यिक जीवन के लिए उनका मूल्य दिन-दिन बढ़ता जाता। जीवन के अन्तिम समय में अग्नि-पुराण के हिन्दी-अनुवाद का साहित्यिक संस्करण तैयार करने के वे बड़े इच्छुक और उत्सुक थे, पर उनकी वह कामना उनके साथ ही सती हो गई।

पं. ज्वालादत्त शर्मा

1888-1958

पण्डित ज्वालादत्त शर्मा मुरादाबाद के किसरौल मुहल्ले के निवासी थे। उन्होंने द्विवेदी-युग में ही 'प्रतिभा' नामक एक सुन्दर मासिक पत्रिका निकाली थी। वह उस युग की सुसम्पादित पत्रिकाओं में गिनी जाती थी। उसमें पुरातत्त्व-विषयक,

संस्कृत-साहित्य-सम्बन्धी और आलोचनात्मक लेख अच्छे छपते थे। जब हिन्दी में उर्दू-साहित्य की चर्चा बहुत कम थी, तभी शर्माजी ने उर्दू के कई कवियों—गालिब, दाग, जौक आदि—की सुन्दर जीवनी और शायरी की आलोचना पहले-पहल लिखी थी। वे पुस्तकें हरिदास-कम्पनी (कलकत्ता) से निकली थीं। उर्दू-फारसी पर उनका अच्छा अधिकार था, संस्कृत के भी पण्डित थे। इनके सिवा बंगला, गुजराती, मराठी, और अँगरेजी में भी उनकी अच्छी गति थी। हिन्दी के विचारशील एवं समर्थ लेखकों में उनका सम्मानपूर्ण स्थान था। पत्र-सम्पादक, आलोचक और कथाकार के रूप में उन्होंने बड़ी ख्याति पाई थी। मुरादाबाद से 'शंकर' नामक एक पत्र निकलता था। उसमें उनके दार्शनिक और ज्योतिष-शास्त्र-सम्बन्धी लेख भी छपे थे। स्पष्ट है कि अध्यात्म-शास्त्र और प्रत्यक्ष-शास्त्र में भी उनकी पैठ थी।

हमने 'मतवाला'-मण्डल (कलकत्ता) में उनका और पण्डित पद्मसिंह शर्मा का विदग्धतापूर्ण वार्तालाप सुना था। दोनों ही बात-बात में संस्कृत की सूक्तियाँ और उर्दू के शेर कहते जाते थे। धुरन्धर साहित्यसेवियों में परस्पर जो साहित्यिक बातचीत होती है, उसे तत्क्षण लिपिबद्ध कर लेने की परिपाटी हिन्दी में चल पड़ती, तो साहित्य का शृंगार होता चलता। शर्माजी बड़े प्रखर वक्ता भी थे। हमने लखनऊ में उनका भाषण सुना था। उस समय हम वहाँ 'माधुरी' के सम्पादकीय विभाग में काम करते थे। गंगा-पुस्तकमाला में उनकी 'भवभूति' नामक पुस्तक उसी समय प्रकाशित हुई थी। उसकी पाण्डुलिपि और प्रूफ देखने का सौभाग्य हमें प्राप्त हुआ था। उस गवेषणापूर्ण पुस्तक से उनके पाण्डित्य और अनुसन्धानात्मक प्रवृत्ति का परिचय मिलता है। उन्हीं दिनों संस्कृत के प्रकाण्ड विद्वान् और 'साहित्यदर्पण' के हिन्दी-तिलककार पण्डित शालग्राम शास्त्री के मृत्युंजय-औषधालय में एक साहित्यिक गोष्ठी का आयोजन हुआ था। शर्माजी ही मुख्य अतिथि थे। उनके ओजस्वी भाषण से ज्ञात हुआ कि उन्होंने व्रजभाषा-काव्य और वंग-भाषा के रवीन्द्र-साहित्य का भी गम्भीर अध्ययन किया है। लखनवी उर्दूदाँ भी उनकी जवानदानी की सराहना करने लगे। एक बार काशी में भी प्रोफेसर रामदास गौड़ के घर पर हमने गौड़जी के साथ उनकी बातचीत सुनी थी। विषय था—'तुलसीदास का ज्योतिष-ज्ञान'। गौड़जी प्रसिद्ध वैज्ञानिक तो थे ही, तुलसी-साहित्य और ज्योतिष-विज्ञान के भी मर्मज्ञ माने जाते थे। वे भी शर्माजी के विस्तृत अध्ययन की प्रशंसा करते न अघाये। उस युग के वयोवृद्ध साहित्यिकों की स्मृति-शक्ति बड़ी तीक्ष्ण थी। लखनऊ और बनारस में रहते समय हमें शर्माजी के दर्शन एवं सत्संग के अनेक सुअवसर उपलब्ध हुए थे। खेद है कि मुरादाबाद के पुराने साहित्यसेवियों के संस्मरण शर्माजी के साथ ही चले गये। 'मानस'-टीकाकार पण्डित ज्वालाप्रसाद मिश्र, 'टॉड-राजस्थान' के हिन्दी-अनुवादक पण्डित बलदेवप्रसाद मिश्र, 'सनातनधर्म-पताका' के सम्पादक और 'हनुमन्नाटक' के हिन्दी-टीकाकार पण्डित

रामस्वरूप शर्मा आदि मुरादाबादी साहित्यकारों के अनूठे संस्मरण उनसे सुनने का सौभाग्य हमें प्रयाग में प्राप्त हुआ था, जब वहाँ द्विवेदी-अभिनन्दन-ग्रन्थ यन्त्रस्थ था। यह बड़ी ग्लानि का विषय है कि हिन्दी के अनेक पुराने साधक-सेवक अपने साथ ही साहित्यिक संस्मरणों को लेते चले गये। इस शोचनीय क्षति की पूर्त्ति अब असम्भव है। हिन्दी की इस अपार निधि के लुप्त हो जाने का मुख्य कारण प्रकाशकों की उदासीनता है।

शर्माजी पत्र-लेखन-कला में बड़े दक्ष थे। उनके पत्रों में संस्कृत के श्लोकार्द्ध और उर्दू-शेरों के टुकड़े बड़ा आनन्द देते थे। उनके अक्षर आचार्य द्विवेदीजी से मिलते-जुलते होते थे। यदि उनकी कोटि के लेखकों के साहित्यिक पत्रों के प्रकाशन का प्रयत्न किया जाय, तो कई धुरन्धर लेखकों की लुप्तप्राय कला का उद्धार हो सकता है। पत्र-साहित्य और संस्मरण-साहित्य के प्रकाशन से हिन्दी-जगत् के शोधकर्त्ताओं को बड़ा लाभ होगा।

उनका लम्बा-तगड़ा शरीर, उनकी सफेद दाढ़ी और चश्मे के अन्दर से मनःप्रसाद की झलक दिखानेवाली उनकी सतेज आँखें उनके व्यक्तित्व को प्रभावशाली बनाती थीं। उनकी वाणी में भी बड़ा आकर्षण था। जिस समाज में बैठ जाते थे, अपना रंग जमा देते थे।

24 मार्च 1958 ई. को उनका आकस्मिक देहावसान हो गया। उस दिन वे मुरादाबाद से दिल्ली अकेले ही जा रहे थे। रास्ते में रेल के डब्बे में ही उनका शरीरपात हो गया। स्वयं चादर तानकर सोये और उसी दशा में दिल्ली-स्टेशन पर उनकी लाश उतारी गई। वहाँ उनके जामाता ने उनका शव पहचाना। कैसा हृदयद्रावक दृश्य रहा होगा वह !

पं. लोचनप्रसाद पाण्डेय
1886-1959

पं. लोचनप्रसाद पाण्डेय द्विवेदी-युग के ख्यातनामा कवि थे। वे मध्य-प्रदेश के विलासपुर जिले के 'बालपुर' ग्राम-निवासी थे। उनके दोनों छोटे भाई, पं. मुरलीधर पाण्डेय और पं. मुकुटधर पाण्डेय भी, हिन्दी के यशस्वी कवि हैं। 18 नवम्बर, 1959, बुधवार (मार्गशीर्ष कृष्ण 3, विक्रमाब्द 2016) को 75 वर्ष की आयु में उनका देहान्त हुआ। प्राचीन शिलालेखों और ताम्रपत्रों तथा हस्तलेखों के शोध एवं अध्ययन-अनुशीलन में उनका विशेष अनुराग था। उत्कल-भाषा और उसके साहित्य में भी उन्होंने अनुसन्धान किया था। उड़िया, हिन्दी और अँगरेजी की

शोध-पत्रिकाओं में उनके कई महत्त्वपूर्ण लेख छपकर साहित्यिक अनुसन्धायकों को प्रेरणा दे चुके हैं।

उनसे हमारा प्रथम परिचय प्रयाग के इण्डियन प्रेस में, 1916 में हुआ था। उस समय हम आरा (बिहार) के 'प्रेम-मन्दिर' की पुस्तकें छपवाने के लिए वहाँ गये थे। फिर, कलकत्ता-प्रवास के समय कई बार उनके दर्शन हुए। कलकत्ता के शोध-संस्थानों और संग्रहालयों में खोज करने के लिए वे प्रायः वहाँ जाते थे। उत्कल-प्रदेश के देशी रजवाड़ों के संग्रहालय भी उनकी मननशीलता के आधार थे। भारतीय साहित्य और संस्कृति की महत्ता में उनकी बड़ी आस्था थी। उनकी मृत्यु से कुछ ही महीने पहले उनका एक लम्बा पत्र हमें प्राप्त हुआ था। वह पत्र 'साहित्य' के जनवरी, 1960 के अंक में प्रकाशित हुआ था। प्रौढ़ावस्था में काव्य-रचना से सर्वथा विरक्त होकर साहित्यिक शोधकार्य में ही वे सदा प्रवृत्त रहते थे। निरन्तर सरस्वती-समाराधन में संलग्न रहने के कारण बुढ़ापे में उनका स्वास्थ्य बहुत शोचनीय हो गया था। तब भी वे अहर्निश साहित्यिक मनन-चिन्तन में ही लीन रहते थे। 'साहित्य' में जो उनका अन्तिम पत्र प्रकाशित है, उससे पता चलता है कि वे कितने सहृदय और हिन्दी-प्रेमियों के प्रति स्नेहशील थे।

आचार्य चन्द्रबली पाण्डेय
1904-1958

हिन्दी के साहित्य-सेवियों में आचार्य चन्द्रबली पाण्डेय एक विशिष्ट व्यक्ति थे। उनका जीवन और विचार भारतीय ऋषियों से बहुत प्रभावित था। वे बड़े निष्ठावान् साधक थे। उनका आचरण तपस्वी के समान था। उन्हें देखकर स्वर्गीय सत्यनारायण कविरत्न का स्मरण हो आता था। सत्यनारायणजी ग्रेजुएट थे, पर ठेठ देहाती किसान के वेश में रहते थे। इन्दौर के अखिलभारतीय हिन्दी साहित्य सम्मेलन में कविरत्नजी को गँवार समझकर स्वयंसेवकों ने भीतर जाने से रोक दिया था। किन्तु कविगोष्ठी में कविता-पाठ करने पर किसी दूसरे का रंग जमने नहीं दिया था। पाण्डेयजी भी एम. ए. पास होकर देहाती वेश में ही रहते थे। उनकी विद्वत्ता और साधुता पर आधुनिक युग का आडम्बर नहीं सवार हुआ था।

अखिलभारतीय हिन्दी साहित्य सम्मेलन के जयपुर अधिवेशन (1944) में जाते समय हमने दिल्ली स्टेशन पर देखा था कि पाण्डेयजी नंगे पैर, नंगे सिर, बगल में कम्बल की गठरी दबाये तीसरे दर्जे की गाड़ी में सवार हो रहे हैं। उनके सत्संग के लोभ से हम भी उनके साथ जा बैठे। उनकी गठरी में खद्दर के कुछ

कपड़े और असिद्ध अन्न थे। गाढ़े खद्दर के कुर्ते में खादी के ही बटन थे। जयपुर तक वे साहित्यिक चर्चा करते रहे। हम लोग एक ही कमरे में साथ ही ठहरे। वे अलोना भोजन करते थे। अँकुरे हुए चने और मूँग के साथ एक-दो चम्मच मधु खाकर रह जाते थे। रात-भर पानी में तर की हुई मूँग की दाल से सुबह नाश्ता करते देख जब हमने पूछा कि इस तरह के प्रयोग से शरीर का निर्वाह कैसे होगा, तब कहने लगे कि अभी तो मैं नमक की तरह मीठा भी छोड़नेवाला हूँ—शरीर तो साधने से सध जाता है।

पाण्डेयजी संस्कृत, फारसी, बंगला, मराठी आदि भाषाओं के जानकार तो थे ही, प्राचीन हिन्दी-काव्य के भी मर्मज्ञ थे। हिन्दी-हिन्दुस्तानी का जब आन्दोलन चला था, तब उन्होंने कई पुस्तकें और लेख लिखकर हिन्दी का पक्ष-समर्थन किया था। उस समय काशी-नागरी-प्रचारिणी सभा ने 'हिन्दी' नामक जो पत्रिका निकाली थी उसके प्रथम सम्पादक पाण्डेयजी ही हुए थे। हिन्दी के द्वारा भी उन्होंने बड़ी निर्भीकता और प्रचंड तेजस्विता के साथ हिन्दी का पक्ष पुष्ट किया था। स्पष्टवादी आलोचक होने के कारण साहित्य-संसार में कुछ अप्रियता भी उन्हें मिली। पर वे अपने मन की जँची बात कहने से कभी न चूके।

पाण्डेयजी का शरीरपात, काशी में 24 जनवरी, 1958 को हुआ था। तब उनकी आयु 53 वर्ष की थी। दो-तीन साल पूर्व से वे अस्वस्थ थे। हमारा अनुमान है कि आधुनिक युग ने उनके कठोर संयम को बरदाश्त नहीं किया। उनके प्रयोग वर्त्तमान युग के लिए असाध्य प्रमाणित हुए।

डॉ. भगवानदास
1869-1958

विद्वद्वर श्रीभगवानदासजी भारतवर्ष के सुविख्यात दार्शनिक थे। मुक्तिधाम काशी में उनका मोक्ष-लाभ हुआ। अन्तिम समय में उनकी आयु नवासी वर्ष नव मास की थी। 18 सितम्बर, 1958 गुरुवार की रात में सात बजकर छप्पन मिनट पर भारत का एक अप्रतिम विद्वान्, जिसकी विद्वत्ता की ख्याति देश-देशान्तर में फैली थी, उठ गया। वर्त्तमान युग के भारतीय मनीषियों में भगवानदासजी अग्रगण्य माने जाते थे। उनका ज्ञान अगाध था। स्मरण-शक्ति अलौकिक थी। पाण्डित्य स्वावलम्बी था। उनके लेख, भाषण और ग्रन्थ हिन्दी-साहित्य के भण्डार का गौरव बढ़ानेवाले अमूल्य रत्न के समान हैं।

अखिलभारतीय हिन्दी-साहित्य-सम्मेलन के एकादश अधिवेशन (1920,

कलकत्ता) के सभापति भगवानदासजी ही हुए थे। उसी में सर्वप्रथम मंगलाप्रसाद-पारितोषिक की घोषणा हुई थी। भारतीय हरिजन-महासम्मेलन और भारतीय संस्कृति-सम्मेलन के अध्यक्ष-पद से किये गये उनके भाषण अपूर्व हैं। वे दोनों पुस्तक-रूप में प्रकाशित हो चुके हैं। उनके दोनों विषयों पर वैसे भाषण आज तक देखने-सुनने में नहीं आये। जिस किसी विषय पर वे बोलते-लिखते थे, उस विषय में फिर दूसरे के लिए कुछ शेष नहीं रहने देते थे। काशी में रहते समय उनके दर्शन और भाषण-श्रवण के अनेक अवसर हमें मिले थे। कोई ऐसा विषय न था, जिस पर वे अधिकारपूर्वक बोल या लिख नहीं सकते थे। लिखते-बोलते समय एक ही शब्द के अनेक पर्याय कहते, एक ही वाक्य को विविध प्रकार से अभिव्यक्त करते और एक ही बात की पुष्टि में अनेक प्रमाण संस्कृत, अरबी, फारसी, अँगरेजी, हिन्दी आदि भाषाओं के साहित्य से देते चलते थे। सुधी श्रोता और पाठक भी उनकी बहुज्ञता की थाह नहीं पाते थे। काशी के प्रसिद्ध दैनिक 'आज' में वे प्रायः स्वदेश की विभिन्न समस्याओं पर सन्मार्ग-दर्शक लेख लिखा करते थे। राजनीतिक, सामाजिक, धार्मिक, साहित्यिक और सांस्कृतिक विषयों पर वे जो कुछ लिख देते थे, उस पर उन क्षेत्रों के नेताओं का तो ध्यान आकृष्ट होता ही था, उन विषयों का सुलझा हुआ निदान भी सुलभ हो जाता था। शास्त्रीय विवेचनों से भरे उनके लेख और भाषण भी बड़े सुबोध होते थे। जन्मना-कर्मणा-ब्राह्मण-विषय पर 'आज' में उन्होंने वर्णाश्रमधर्म-सम्बन्धी कई लेख लिखे थे, जो धुरन्धर महापण्डितों को भी चकित-चमत्कृत करनेवाले थे। काशी के एक प्रकाशक की 'कामकुंज' नामक कामशास्त्र-सम्बन्धी गवेषणापूर्ण पुस्तक की भूमिका लिखाने के लिए कई बार उनकी सेवा में प्रकाशक के साथ उपस्थित होने का सौभाग्य हमें प्राप्त हुआ था। उन्होंने बहुत ही लम्बी भूमिका लिख दी और कहा कि तुम लोगों की उतावली के कारण संक्षेप में ही लिखना पड़ा, क्योंकि मूल-पुस्तक से भी बड़ी भूमिका उचित नहीं जँचती।

अँगरेजी में तो उनका दार्शनिक ग्रन्थ प्रसिद्ध ही है, हिन्दी में भी 'दर्शन का प्रयोजन' अपने ढंग का अकेला ही है। 'समन्वय' उनका सबसे पहला हिन्दी-ग्रन्थ है। उनकी ग्रन्थावली प्रकाशित करके उनकी सभी रचनाओं को हिन्दी पाठकों के लिए सुलभ कर देना चाहिए। वह ग्रन्थावली हिन्दी की अनमोल निधि होगी और आकर-ग्रन्थ का काम करेगी। काशी-नागरी-प्रचारिणी सभा की स्वर्ण-जयन्ती (1943) के साहित्यिक समारोह में भगवानदासजी के लम्बे-तगड़े शरीर और उनकी पैगम्बरी वेश-भूषा ने सबकी टकटकी बाँध ली थी। उपर्युक्त भूमिका के प्रसंग में उन्होंने बतलाया था कि ब्रह्मचर्य, व्यायाम और स्वाध्याय ही आनन्दमय जीवन के साधन हैं। उनका खुला कसरती बदन देखकर ऐसा जान पड़ा कि वे निजी अनुभव बतला रहे हैं। साहित्य-संस्कार के तो वे मूर्द्धन्य विद्वान थे ही, राजनीति

के क्षेत्र में भी उनकी विद्वत्ता की सत्ता स्थापित थी। काशी में महात्मा गांधी उनके ही अतिथि होते थे। महामना मालवीयजी और देशभक्त बाबू शिवप्रसादगुप्त से भी उनको सम्मान प्राप्त होता था। काँगरेस के बड़े-से-बड़े नेता भी उनकी सलाह से लाभ उठाते थे। श्रीमती एनी बेसेण्ट के तो वे दाहिने हाथ ही थे।

पं. कृष्णविहारी मिश्र
1880-1959

पण्डित कृष्णबिहारी मिश्र का देहान्त 24 मई, 1959 को उनके अपने गाँव में हुआ। वे सिधौली-गँधौली (सीतापुर, उत्तर प्रदेश) के निवासी थे। मृत्युकाल में उनकी आयु लगभग सत्तर वर्ष की रही। स्वनामधन्य मिश्रबन्धुओं के वे समीपी कुटुम्बी थे। व्रजभाषा-साहित्य के वे मर्मज्ञ और विशेषज्ञ माने जाते रहे। रीतिकालीन कवियों और उनके रचे साहित्य पर अधिकारपूर्वक लिखते और बोलते। वे एक अच्छे समीक्षक और पत्र-सम्पादक भी थे। वेश-भूषा, रहन-सहन, बोलचाल और विचार-व्यवहार से वे साहित्यिक रईस जान पड़ते। धीरे-धीरे चलते, बोलते और लिखते। बोलते और हँसते भी बहुत कम। केवल शिष्ट विनोद ही पसन्द करते, थोड़ा भी अरुचिकर होने पर गम्भीर और मौन हो जाते। कभी-कभी मधुर हँसी से शरीर हिल-डोल जाता, पर ठहाके से कभी वातावरण न गूँजता।

हम जब 'मतवाला'-मण्डल से 'माधुरी' के सम्पादकीय विभाग में गये, तब वहाँ मिश्रजी के सत्संग का सुयोग मिला। 'माधुरी'-सम्पादक पण्डित रूपनारायण पाण्डेय और मिश्रजी का पारस्परिक सौहार्द दर्शनीय था। 'माधुरी' में प्रकाशनार्थ जो व्रजभाषा-विषयक रचनाएँ आती थीं, उन्हें पाण्डेयजी निःसंकोच मिश्रजी को संशोधन-सम्पादन के लिए दे देते थे। 'माधुरी' के निमित्त प्राप्त सामग्री को स्वीकृत-अस्वीकृत करने का अधिकार मिश्रजी को ही मिला था। वे गंगा-पुस्तकमाला की व्रजभाषा-साहित्य-सम्बन्धी पुस्तकों का भी सम्पादन करते थे। 'देव और बिहारी' नामक उनकी प्रसिद्ध पुस्तक वहीं से निकली थी। 'मतिराम-ग्रन्थावली' के वे ही सम्पादक थे। उन्होंने अपने गाँव के घर से ही 'समालोचक' नामक मासिक पत्र निकाला था। हिन्दी के प्राचीन काव्य-साहित्य-सम्बन्धी उनके निबन्ध और सम्पादकीय लेख बड़े शोधपूर्ण होते थे।

मिश्रजी ने रईसी तबीयत पाई थी। हिन्दी के यशस्वी साहित्यसेवी पण्डित शान्तिप्रिय द्विवेदी भी उस समय वहीं थे। उनसे मिश्रजी का खासा मनोरंजन होता था। जब प्रेमचन्दजी भी वहाँ आ गये, तब मनोरंजन की घटा सघनता से घिरने

लगी। शान्तिप्रियजी साहित्यिक विनोद के योग्य अवसर उपस्थित करने में बड़े कुशल थे। पर मिश्रजी अपने कार्य में संलग्न रहते हुए ही सब बातों का आनन्द लेते थे। प्रेमचन्दजी के वार्त्तालाप के विषय बहुत थे—राजनीतिक, सामाजिक, धार्मिक आदि भी; पर मिश्रजी का विषय एकमात्र साहित्य ही था—वह भी केवल प्राचीन। जब कभी रत्नाकरजी आते थे, तब उनसे मिश्रजी की बातचीत सुनने योग्य होती थी। व्रजभाषा के महाकवियों के एक-एक शब्द के रूप, प्रयोग, अर्थ और भाव पर विचार-विनिमय करते समय दोनों ही महारथी अपने अध्ययन-मनन की गम्भीरता प्रकट करते थे।

आचार्य ललिताप्रसाद सुकुल
1904-1959

आचार्य ललिताप्रसाद सुकुल का निधन 25 मई, 1959 को जयपुर (राजस्थान) में हुआ, जहाँ वे आरोग्य-लाभ करने की इच्छा से गये थे। अन्तकाल में उनकी आयु पचपन साल की थी। कलकत्ता-विश्वविद्यालय् के हिन्दी-विभाग में उसके स्थापन-काल से ही प्राध्यापक और फिर अध्यक्ष रहकर उन्होंने अनेक युवक-युवतियों को सुयोग्य साहित्यकार बनाया। केवल बनाया ही नहीं, उन्हें साहित्य-क्षेत्र की विभिन्न दिशाओं में शोधकार्य करने की प्रेरणा देकर उनका मार्ग-प्रदर्शन भी किया। और, डॉक्टर सत्येन्द्र जब आगरा-विश्वविद्यालय में चले गये, तब 'रीडर' के पद पर भी काम करते रहे। अपने पाण्डित्य और व्यक्तित्व के प्रभाव से उन्होंने विश्वविद्यालय में यथेष्ट प्रतिष्ठा प्राप्त की थी।

वंगभाषा के दुर्जय दुर्ग में रहकर सुकुलजी ने राष्ट्रभाषा हिन्दी की मर्यादा एवं गौरव-गरिमा की रक्षा श्लाघ्य रीति से की। वंगीय हिन्दी-परिषद् की स्थापना करके वे अपनी हिन्दी हितैषिता और दूरदर्शिता का परिचय दे गये हैं। उस परिषद् से उनके निर्देशन में कई महत्त्वपूर्ण ग्रन्थ प्रकाशित हुए हैं। उन्हीं के तत्त्वावधान में परिषद् से ही 'जन-भारती' नामक शोधसमीक्षा-प्रधान त्रैमासिक पत्रिका भी निकलती रही, जो नियमित रूप से उल्लेखनीय साहित्य-सेवा करती रही। मीराबाई-ग्रन्थावली का प्रामाणिक संस्करण निकालकर उन्होंने परिषद् की ओर हिन्दी-जगत का ध्यान आकृष्ट किया ही था, मुंशी देवीप्रसाद मुन्सिफ की लिखी मीराबाई की अप्राप्य जीवनी का सुसम्पादित एवं गवेषणापूर्ण संस्करण सुलभ करके साहित्य-संसार के अनुसन्धायकों का भी बड़ा उपकार किया था। वे यावज्जीवन एकान्त भाव से हिन्दी की निस्पृह सेवा में ही लगे रहे, कभी डॉक्टरेट की उपाधि

पाने की कामना तक न की; पर उनकी देखरेख में काम करके बहुतों ने कितनी ही उपाधियाँ प्राप्त कर लीं।

जहाँ तक स्मरण है, हमें अपने काशी-प्रवास के समय सुकुलजी के प्रथम दर्शन का सौभाग्य प्राप्त हुआ था। द्विवेदी-युग के प्रसिद्ध साहित्य-सेवी पण्डित चन्द्रमौलि सुकुल उन दिनों बनारस-ट्रेनिंग-कॉलेज के प्रिन्सिपल थे। हिन्दी में सबसे पहले मनोविज्ञान-विषयक प्रामाणिक ग्रन्थ लिखने का श्रेय पण्डितजी को ही मिला था। वे दुर्गाकुण्ड के पास रहते थे और सम्भवतः आचार्य सुकुलजी के कोई सम्बन्धी या स्नेही थे। उस समय आचार्यजी की प्रौढ़ावस्था थी और वे साहित्य-सेवा के पथ पर आरूढ़ होकर हिन्दी-संसार को अपनी प्रशस्त प्रतिभा का परिचय दे चुके थे। पहली भेंट में ही वे अपनी अध्ययनशीलता और विनम्रता का जादू डाल देते थे। उनके समान मिलनसार, हँसमुख, विनयी और सेवाव्रती वर्त्तमान युग में बहुत कम हुए। हमारी लम्बी बीमारी में वे बराबर खोज-खबर लेने की चिन्ता रखते रहे। परिचित होने पर नेह निवाहने में वे आगे ही रहते थे।

पं. गिरिजादत्त शुक्ल 'गिरीश'

1899-1959

पण्डित गिरिजादत्त शुक्ल 'गिरीश' 6 जून, 1959 को प्रयाग में स्वर्गगामी हुए। वे हिन्दी के लब्धकीर्त्ति कवि, कथाकार, निबन्धकार और आलोचक थे। उनकी सबसे पहली कविता-पुस्तक ('रसाल-वन') बिहार से ही प्रकाशित हुई थी। उस समय वे प्रयाग-विश्वविद्यालय में एम. ए. के विद्यार्थी थे। आरा के 'प्रेम-मन्दिर' नामक प्रकाशन-भवन के संचालक कुमार देवेन्द्रप्रसाद जैन भी प्रयाग के ईसाई-मिशनरी कॉलेज में स्नातक थे। शुक्लजी को स्वावलम्वी और अध्यवसायी नवयुवक के रूप में देखकर जैनजी बहुत प्रभावित हुए तथा उनकी पुस्तक छापकर आर्थिक सहायता द्वारा उन्हें प्रोत्साहन दिया। फिर तो शुक्लजी ने अनवरत स्वाध्याय और परिश्रम करके अपनी परिस्थिति ऐसी सुधार ली कि उनके अपने प्रकाशन-गृह (दारागंज, प्रयाग) से ही उनकी अधिकांश रचनाएँ प्रकाशित हुईं। महाकवि हरिऔध, राष्ट्रकवि मैथिलीशरण गुप्त और आचार्य रामचन्द्र शुक्ल पर उन्होंने जो समीक्षात्मक ग्रन्थ लिखे हैं, वे उनकी मेधाशक्ति के परिचायक हैं। उनकी कवित्व-शक्ति का भी परिचय उनके 'तारक-वध' नामक प्रसिद्ध काव्य-ग्रन्थ से मिलता है। उनके आधे दर्जन से अधिक उपन्यास हिन्दी-कथा-साहित्य में आदर पा चुके हैं। अपने प्रकाशन के प्रचार का प्रवन्ध करते हुए भी वे निरन्तर साहित्य-सेवा में संलग्न रहे।

'गिरीश'जी प्रायः प्रति वर्ष बिहार में आते थे। पटना जिले के सेवदह ग्राम में राष्ट्रपति डॉक्टर राजेन्द्रप्रसादजी के नाम पर स्थापित जो राजेन्द्र-साहित्य-महाविद्यालय है, उसमें वे कम-से-कम एक सप्ताह रहकर विद्यार्थियों से साहित्य-चर्चा किया करते थे। बिहार-हिन्दी-साहित्य-सम्मेलन के भवन में पहुँचने पर उन्हें घरेलू सुख-सुविधा का अनुभव होता था। कठिनाइयों में भी प्रसन्न और अभावों के बीच भी सन्तुष्ट रहना उनका सहज स्वभाव था।

गोस्वामी गणेशदत्तजी
1889-1959

गोस्वामी गणेशदत्तजी ने 10 जून, 1959 को संसार छोड़ा। वे अखिल-भारतीय हिन्दी-साहित्य-सम्मेलन के जयपुर महाधिवेशन के सभापति हुए थे और हम वहाँ साहित्य-परिषद् के अध्यक्ष होकर गये थे। उससे भी पहले हमारे काशी-प्रवास के समय उनके दर्शन हिन्दू-विश्वविद्यालय में हुए थे, जहाँ से उनके सम्पादकत्व में सुन्दर साप्ताहिक 'सनातन-धर्म' निकलता था। उन्होंने स्वयं साहित्य-रचना तो बहुत कम की; पर हिन्दी-प्रचार और साहित्य-संवर्धिनी संस्थाओं का संरक्षण खूब किया। महामना मालवीयजी के कृपापात्रों में वे प्रमुख थे। अखिल-भारतीय सनातनधर्म-महासभा और पंजाब-प्रान्त की सनातनधर्म-प्रतिनिधि-सभा के प्रधानमन्त्री के रूप में उन्होंने अनेक शिक्षण-संस्थाओं का संस्थापन एवं संचालन तथा धार्मिक शिक्षा के साथ-साथ हिन्दी-नागरी-प्रचार-कार्य करके समाज की सराहनीय सेवा की।

गोस्वामीजी बड़े ओजस्वी वक्ता थे। धर्मरक्षक महापुरुषों की कर्मवीरता सुनाते समय उनकी वाणी में आवेश और उत्तेजना भर आती थी। किन्तु, कभी उन्होंने साम्प्रदायिक मनोवृत्ति का सार्वजनिक प्रदर्शन नहीं किया। वे कहते थे कि सहिष्णुता भारतीय संस्कृति की एक विशेषता है। जहाँ-कहीं भाषण करते, राष्ट्रीय एकता की रक्षा पर सदैव ध्यान रखते। पंजाब का विभाजन होने पर विस्थापित शरणार्थियों की सेवा-सहायता में तथा उखड़ी हुई हिन्दी-संस्थाओं को स्थिरता से जमाने में वे बरसों अटूट परिश्रम करते रहे। उनकी देशभक्ति असन्दिग्ध थी। हम पर उनकी ऐसी अहैतुकी कृपा थी कि बिहार में आते, तो हमें अवश्य दर्शन देते। हमसे छपरा जाकर भी मिले और हमारी बीमारी में आर्थिक सहायता भेजने की इच्छा भी प्रकट की।

पं. रमाशंकर अवस्थी
1900-1959

कानपुर के हिन्दी-दैनिक 'वर्त्तमान' के सम्पादक पण्डित रमाशंकर अवस्थी 14 जुलाई, 1959 को स्वर्गवासी हुए। वयोवृद्ध सम्पादकों में उनका आदरणीय स्थान था। व्यंग्य-विनोद-लेखकों में भी उनकी कम प्रतिष्ठा न थी। 'वर्त्तमान' में वे नित्य ही 'मनसुखा' नाम से हास्य-रस का जादू जगाते थे। उन्होंने 'मनसुखा' नाम से एक सचित्र साप्ताहिक पत्र भी निकाला और चलाया था। देश के स्वतन्त्रता-संग्राम के भी वे निर्भीक सैनिक रहे। उनकी साहित्य-सेवा सदा राष्ट्रीयता को पुष्ट करती रही।

अवस्थीजी से हम कलकत्ता के 'मतवाला'-मण्डल में परिचित हुए थे। 'मतवाला' की प्रशंसा में उन्होंने कहा था कि यह 'मतवाला' नहीं, 'मत' वाला है और वास्तविक लोक-मत प्रकट करता है। वे स्वयं बिना हँसे ही अपनी सरस बातों से दूसरों को हँसाया करते थे। उस समय के प्रचलित 'बोलशेविज्म' शब्द का रूपान्तर 'बोल शिव जयम्' करके उसमें भारतीय भाव की स्थापना करते थे। उनके लिखे व्यंग्य-विनोद का संकलन और प्रकाशन हिन्दी के हास्यरसात्मक साहित्य की शोभावृद्धि करेगा। उनके चुटकुले बड़े जानदार होते थे। उनकी पत्रकार-कला अगली पीढ़ी को भी प्रेरणा देने योग्य सिद्ध होगी। वे ऐसे हँसोड़ थे कि स्वर्ग में भी स्वर्गवासियों के मन को सुख देकर अपना 'मनसुखा' नाम सार्थक कर रहे होंगे।

पं. केदारनाथ शर्मा सारस्वत
1899-1959

पं. केदारनाथ शर्मा सारस्वत काशी-निवासी थे। कश्मीर-राज्य में उनके पूर्वजों की बड़ी प्रतिष्ठा थी। 19वीं सदी के उत्तरार्द्ध में उनके पूर्वज पंजाब से काशी आये थे। उनके पितामह पं. नित्यानन्द मीमांसक एक तपस्वी और तेजस्वी विद्वान थे। उनके पिता पं. पद्मनाभ शास्त्री काशी के यशस्वी न्यायाचार्य थे। अपने समय के वे एक प्रचण्ड शास्त्रार्थी विद्वान थे। काशी-प्रवास के समय हमें भी शास्त्रीजी के स्नेहदान पाने का सौभाग्य प्राप्त हुआ था। स्वर्गीय सारस्वतजी ने संस्कृत के तीन सुप्रसिद्ध विद्वानों से संस्कृत-साहित्य की शिक्षा प्राप्त की थी–महामहोपाध्याय पं. दामोदर शास्त्री, महामहोपाध्याय पं. रामावतार शर्मा और महामहोपाध्याय

पं. देवीप्रसाद शुक्ल कवि चक्रवर्ती उनके पूज्य गुरु थे।

जिस समय वे काशी के हिन्दू-कॉलेज की 'रणवीर संस्कृत-पाठशाला' में साहित्यशास्त्र के अध्यापक थे, उस समय उन्होंने अनेक वर्षों तक संस्कृत के प्रसिद्ध मासिक पत्र 'सुप्रभातम्' का सम्पादन बड़ी योग्यता और सफलता से किया था। उस समय के संस्कृत-पत्रों में 'सुप्रभातम्' का बड़ा आदर था। 'सुप्रभातम्' की आर्थिक व्यवस्था करने में उन्हें ऋण-ग्रस्त भी होना पड़ा था। फिर भी, वे बड़े उत्साह और धैर्य से बरसों तक संचालन और सम्पादन करते रहे। संस्कृत के पण्डित होकर भी वे हिन्दी के बड़े हिमायती थे। आयुर्वेद के वे अनन्य अनुरागी थे। उन्होंने स्वयं 'वनौषधि' नामक हिन्दी मासिक पत्र अपने सम्पादकत्व में काशी से प्रकाशित किया था। आयुर्वेदिक चिकित्सा-पद्धति को लोकप्रिय बनाने के लिए उन्होंने जड़ी-बूटियों का एक दवाखाना भी खोला था। वे ऐसे प्रगतिशील विचार के संस्कृतज्ञ थे कि काशी के पण्डित-समाज को आधुनिक युग की आवश्यकता के अनुसार शास्त्रीय व्यवस्था देने को प्रेरित करने के लिए 'जगद्गुरु' नामक एक हिन्दी साप्ताहिक पत्र काशी से ही निकाला था। उसका सम्पादन करते समय उन्हें काशी की पण्डित-मण्डली का कोप-भाजन भी बनना पड़ा, तब भी वे अपने प्रगतिशील विचारों को बड़ी निर्भीकता से प्रकाशित करते रहे। 'सुप्रभातम्' के अन्तिम वर्षों में वे उसका कुछ अंश हिन्दी में भी प्रकाशित करते रहे।

अपने जीवन के अन्तिम दिनों में वे 'अखिल-भारतीय संस्कृत-साहित्य-सम्मेलन' के कई वर्षों तक प्रधानमन्त्री रहे। उस सम्मेलन के मासिक मुखपत्र 'संस्कृत-रत्नाकर' का सम्पादन और सम्मेलन-कार्यालय का संचालन करने के लिए वे काशी छोड़कर कई साल तक दिल्ली में दृढ़ता से आसन जमाये रहे। वे भारत की राजधानी में उक्त सम्मेलन के प्रधान कार्यालय के निमित्त एक विशाल भवन बनवाना चाहते थे, जिसके लिए उन्हें भूमिदान भी प्राप्त हो चुका था। संस्कृत की उन्नति के लिए उनके उर्वर मस्तिष्क में बड़ी-बड़ी योजनाएँ थीं। अपनी योजनाओं को कार्यान्वित करने में वे दिन-रात ऐसे कार्यव्यस्त रहा करते थे कि कभी स्वास्थ्य की चिन्ता करने का अवकाश न मिलता था। प्रतिक्षण कार्य-तत्पर रहने के कारण ही उनका शरीर जर्जर हो गया। नाना प्रकार के साहित्यिक और सांस्कृतिक कार्यों को सम्पन्न करने के लिए वे सदा जागरूक और कटिबद्ध रहा करते थे। राजर्षि पुरुषोत्तमदास टण्डन के अखिल-भारतीय संस्कृति-सम्मेलन के संचालन में भी उनका हार्दिक सहयोग था। उस सम्मेलन की त्रैमासिक मुख-पत्रिका 'भारतीय संस्कृति' का सम्पादन-भार उन्हीं के कन्धों पर था। उन्होंने उस हिन्दी-पत्रिका को सुसम्पादित हिन्दी-पत्रिकाओं में सम्मान पाने योग्य बना दिया था। उनकी आन्तरिक इच्छा थी कि संस्कृत के मननीय ग्रन्थों के सुबोध हिन्दी-अनुवाद विस्तृत एवं शोधपूर्ण टीका-टिप्पणी के साथ प्रकाशित कराये जायँ। अपनी उस इच्छा की पूर्ति के निमित्त

उन्होंने महाकवि राजशेखर की 'काव्य-मीमांसा' नामक प्रसिद्ध पुस्तक का हिन्दी-अनुवाद बिहार-राष्ट्रभाषा-परिषद् को प्रकाशनार्थ दिया। उसके सरल अनुवाद और उसकी पाण्डित्यपूर्ण भूमिका की प्रशंसा समस्त हिन्दी-संसार में हुई। बिहार-राष्ट्रभाषा-परिषद् ने उनसे 'कथासरित्सागर' का भी हिन्दी अनुवाद कराया, जिसका प्रथम खण्ड प्रकाशित हो चुका है और द्वितीय खण्ड की सम्पूर्ण पाण्डुलिपि भी उन्होंने परिषद्-कार्यालय में भेज दी थी। खेद है कि उस ग्रन्थ के तृतीय खण्ड का हिन्दी-अनुवाद वे पूरा न कर सके। उसके दो खण्डों के अनुवाद में उन्होंने जो घोर परिश्रम किया, वह उनकी वृद्धावस्था के स्वास्थ्य के लिए बड़ा घातक सिद्ध हुआ। दिल्ली के एक अस्पताल में 5 दिसम्बर, 1959 (शनिवार) को, दिमाग की एक नस फट जाने के कारण 60 वर्ष की आयु में उनका प्राणान्त हो गया। उनके साथ हमारा बन्धुत्व और सौहार्द था। उनकी विनोदप्रियता और स्नेहपरायणता चिरस्मरणीय रहेगी।

पं. प्रमोदशरण पाठक

हिन्दी के पुराने पत्रकार फतुहा (पटना)-निवासी पण्डित प्रमोदशरण पाठक का देहावसान, लगभग साठ वर्ष की आयु में, 25 फरवरी, 1959 ई. को हुआ। वे बड़ी सच्ची लगन के पत्रकार थे। किसी परिस्थिति में उनका उत्साह मन्द नहीं होता था। जैसे पण्डित पारसनाथ त्रिपाठी ने अस्तंगत 'पाटलिपुत्र' को पुनः प्रकाशित करने का उत्साह दिखाया था, वैसे ही पाठकजी ने भी समाधिस्थ 'बिहार-बन्धु' का पुनर्जन्म, सन् 1920-21 ई. के असहयोग आन्दोलन के समय, कराया था। 'बिहार-बन्धु' के सम्पादन और प्रकाशन में उनकी तत्परता देखने योग्य थी।

'बिहार-बन्धु' नाम में उनकी बड़ी ममता थी। उसके बहुत ही पुराने अंकों का संग्रह करने में उन्होंने बड़ा परिश्रम किया था। किन्तु, देश के स्वतन्त्रता-संग्राम में जेल जाने पर वे बहुमूल्य अंक सुरक्षित न रह सके। उन्हें पुराने पत्रों को संचित रखने में शान्ति मिलती थी। कहते थे कि अखबारनवीसी की बीमारी में पुराने अखबारों का संचय कर रखने से चित्त को चैन रहता है। वे एक अच्छे वैद्य भी थे। आयुर्वेद की चिकित्सा-पद्धति में उनका अटूट विश्वास था। कभी-कभी मिलते थे, तो अपना बनाया हुआ 'दिव्यानन्द मोदक' चखाते थे और कहते थे कि ध्यान-पूजन में यह बड़ा सहायक होता है। वैद्यक की तरह ज्योतिष के भी अनुरागी थे। बिहार-राष्ट्रभाषा-परिषद् के अनुसन्धान-पुस्तकालय के लिए कुछ दुर्लभ पत्र-पत्रिकाएँ लेकर जब आये थे, तो कहने लगे कि वैद्यक और ज्योतिष के अनुसार

यह शरीर अब चन्द रोज का ही मेहमान है। उस समय उनकी बात हँसी में भले ही उड़ा दी गई, पर वह उनके अन्तर्यामी की वाणी थी।

संस्कृत और हिन्दी के सिवा बँगला और उर्दू के भी वे जानकार थे। फारसी-लिपि लिख-पढ़ नहीं सकते थे, पर उर्दू के शेर बड़े मौके के और मार्के के सुनाया करते थे। बोल-चाल में भी उर्दू के शब्दों और मुहावरेदार वाक्यों का बड़ा शुद्ध उच्चारण करते थे। संस्कृत-पाठशालाओं के पुराने पण्डितों के रचे हुए बहुत-से अवसरानुकूल श्लोक प्रायः सुनाते थे और कहते थे कि प्राचीन भारतीय पद्धति से संस्कृत पढ़े हुए पण्डितों के साथ ही संस्कृत सती हो जायगी। उनके विनोद बड़े आनन्दवर्द्धक होते थे। जिस मण्डली में बैठते थे, सूक्तियों और सुभाषितों से सबको चहका देते थे।

पटना सिटी से जब पण्डित जीवानन्द शर्मा, काव्यतीर्थ, ने साप्ताहिक 'प्रजाबन्धु' निकाला, तब उसके सम्पादकीय विभाग से पाठकजी का भी सम्बन्ध था। उन्होंने सन् 1934 ई. के भूकम्प के बाद ही संस्कृत और हिन्दी में 'भूदेव' नामक एक मासिक-पत्र भी निकाला था, जिसमें विप्रसमाज-सम्बन्धी उनके लेख बड़े सामयिक होते थे। यद्यपि वे स्वयं शाकद्वीपीय ब्राह्मण थे, तथापि ब्राह्मण जातिमात्र के संगठन पर उनके उदार विचार बड़े स्पष्ट थे। जब पण्डित ईश्वरीप्रसादजी शर्मा कलकत्ता के साप्ताहिक 'हिन्दू-पंच' के सम्पादक थे, तब उसमें पाठकजी के अनेक लेख प्रकाशित हुए थे, जिनसे उनके राजनीतिक, सामाजिक और धार्मिक विचारों का परिचय मिला था।

उपर्युक्त पत्रों में स्वतन्त्र और सम्पादकीय लेखों के सिवा उन्होंने कोई पुस्तक नहीं लिखी, पर उन्हीं से पता चला था कि वे 'भूदेवों का भारत' नामक एक बड़ी पुस्तक लिख रहे थे, जिसमें भारत के उत्थान-पतन का उत्तरदायित्व ब्राह्मण जाति पर रखा गया था। पता नहीं, वह पुस्तक किस स्थिति में है।

डॉ. तारापद चौधुरी

डॉ. तारापद चौधुरी 31 अक्तूबर, 1959 को पटना में अपने निवास-स्थान पर अचानक हृदयगति अवरुद्ध होने से चल बसे। वे पटना विश्वविद्यालय में संस्कृत-विभागाध्यक्ष थे। वंगीय विद्वान होकर भी वे हिन्दी के बड़े अनुरागी थे। संस्कृत के विद्वान होने के कारण वे हिन्दी-विषयक साहित्यिक चर्चा में संस्कृतनिष्ठ हिन्दी बोलते थे। परन्तु, पटना में बहुत दिनों तक रहने के कारण बोल-चाल की भाषा में भी स्वच्छन्दतापूर्वक शुद्ध बोलते थे। पालि और प्राकृत भाषा के भी पंडित

थे। उनका व्यक्तित्व बड़ा आकर्षक था। बड़े मिलनसार और मधुरभाषी थे। बिहार-राष्ट्रभाषा-परिषद् के अन्तर्गत जो विद्यापति-विभाग है, उसके वे सरकार द्वारा मनोनीत सदस्य थे। उस विभाग में विद्यापति-ग्रन्थावली के सम्पादनार्थ जो सम्पादक-मण्डल संघटित हुआ था, उसके भी वे एक कर्मठ सदस्य थे। विद्यापति-पदावली के पाठान्तरविषयक विचार-गोष्ठी में उनके परामर्श बड़े मूल्यवान होते थे। महाकवि विद्यापति के 'दानवाक्यावली' नामक ग्रन्थ की प्राचीन हस्तलिखित प्रति उनको सम्पादनार्थ दी गई थी और बड़े मनोयोग से वे उसका निरीक्षण-परीक्षण कर रहे थे। आशा थी कि उनके द्वारा सुसंपादित होकर ही वह ग्रन्थ प्रकाशित होगा, किन्तु, जगन्नियन्ता को वह स्वीकृत करने में क्यों हिचक हुई, वही जाने !

डॉ. अनन्त सदाशिव अल्तेकर

डॉ. अनन्त सदाशिव अल्तेकर का निधन अकस्मात हृदय की गति रुक जाने से पटना में ही हुआ। 24 नवम्बर, 1959 को सन्ध्या समय तक वे स्वस्थ रहे और रात में भारतीय मुद्रातत्त्व-परिषद् की पत्रिका का प्रूफ-संशोधन भी किया। किन्तु, 25 नवम्बर को उनके आकस्मिक शरीरपात से पटना के विद्वत्समाज में घोर शोकान्धकार छा गया। इस अनभ्र वज्रपात से समस्त नगर का शिक्षित वर्ग व्यग्र हो उठा। वे पटना विश्वविद्यालय में प्राचीन भारतीय इतिहास और संस्कृति के प्रमुख प्राध्यापक थे। विभागाध्यक्ष होने पर भी अपने सहकर्मियों और विद्यार्थियों पर उनका अविरल स्नेह था। उनके सौहार्द और वात्सल्य से सभी बड़े प्रभावित तथा उपकृत थे। पुरातन इतिवृत्त और पुरातत्त्व-विज्ञान के भारत-विख्यात विद्वानों में उनकी गणना होती थी। पुरातत्त्वज्ञों में उनकी जो प्रामाणिकता और प्रतिष्ठा थी, उससे वह शिक्षण-संस्था भी गौरवान्वित होती रही, जिससे उनका सम्बन्ध था। वे 1949 में काशी के हिन्दू-विश्वविद्यालय से पटना आये थे। सन् 1950 में बिहार-राष्ट्रभाषा-परिषद् का कार्यारम्भ होने पर वे भी उसके सदस्य निर्वाचित हुए। वे मुद्राशास्त्र के पारंगत विद्वान थे। अतः, परिषद् के अनुरोध से उन्होंने उसके लिए हिन्दी में भारतीय मुद्राविज्ञान पर एक शोधपूर्ण ग्रन्थ लिखा, जो उनके जीवन-काल में ही प्रकाशित हो चुका था। उन्होंने हिन्दी में ही प्राचीन भारतीय शासनपद्धति-विषयक जो इतिहास-ग्रंथ लिखकर प्रकाशित कराया था, उस पर परिषद् की ओर से उन्हें एक सहस्र मुद्रा का सम्मान-पुरस्कार भी समर्पित किया गया था। उस पुरस्कार को ग्रहण करने के लिए वे परिषद् के वार्षिक महोत्सव

में उपस्थित न हो सके थे। हमने उनके निवास-स्थान पर जाकर उनको सादर पुरस्कार समर्पित किया, तो अस्वस्थ रहते हुए भी शय्या से उठ खड़े हुए और हँसकर कहने लगे कि मैंने राष्ट्रभाषा समझकर हिन्दी की सेवा की है, आर्थिक लाभ के लिए नहीं, फिर भी घर में आई हुई लक्ष्मी का सत्कार करना ही कर्त्तव्य मानता हूँ। वे यद्यपि महाराष्ट्रीय विद्वान थे, तथापि हिन्दी बोलने और लिखने में भाषा की शुद्धता पर पूरा ध्यान रखते थे। उनकी सरलता और सादगी आदर्श थी। मराठी-भाषाभाषी हिन्दी-सेवकों में उन्हें भी सदा सादर स्मरण किया जाता रहेगा। उनके तत्त्वावधान में प्राचीन पाटलिपुत्र के ध्वंसावशेष का जो उत्खनन हो रहा था, उसमें उनका घोर परिश्रम और नवयुवकोचित उत्साह देखकर उनके प्रति सहज ही श्रद्धा उन्मुख होती थी। पटना के 'काशीप्रसाद जायसवाल-शोध-प्रतिष्ठान' के अवैतनिक संचालक रहकर उन्होंने उसके द्वारा कई शोधपूर्ण ऐतिहासिक ग्रन्थों का प्रकाशन कराया था। उनसे ही पता चला था कि बिहार-सरकार के अनुरोध से वे बिहार का एक सर्वांग-सम्पन्न इतिहास लिख रहे थे, जिसके लिए वे बिहार-राज्य में हिन्दी-विषयक साहित्यिक प्रगति का विवरण प्राप्त करना चाहते थे और इसके निमित्त उन्होंने पटना के प्रमुख साहित्यसेवियों से विचार-विमर्श भी किया था। किन्तु, वह महत्त्वपूर्ण कार्य सम्पन्न न हो सका, यह अत्यन्त क्लेशकर विषय सदा खटकता रहेगा।

श्रीरघुनाथ रामकृष्ण खाडिलकर
1914-1960

काशी के सुप्रसिद्ध हिन्दी-दैनिक 'आज' के भूतपूर्व सम्पादक श्रीरघुनाथ रामकृष्ण खाडिलकर केवल छियालीस वर्ष की आयु भोगकर 28 फरवरी, 1960 ई. को लखनऊ के अस्पताल में स्वर्गगामी हुए। 'आज' के सम्पादन से पहले वे काशी के हिन्दी-दैनिक 'संसार' और लखनऊ के हिन्दी-दैनिक 'नवजीवन' का भी दो वर्षों तक सम्पादन कर चुके थे। उनकी पत्रकार-कलाविषयक पुस्तक पर जब बिहार-राष्ट्रभाषा-परिषद् से एक सहस्र मुद्रा का सम्मान पुरस्कार मिला था, तब वे स्वयं पटना पधारे थे। उस समय वे पूर्ण स्वस्थ नवयुवक-से दीख पड़े थे। किन्तु, 'आज' से (जून, 1959 ई. में) सम्बन्ध-विच्छेद होने के बाद उनकी मानसिक स्थिति का प्रभाव उनके शरीर पर भी प्रत्यक्ष होने लगा। अपनी महायात्रा से कुछ ही दिन पहले उन्होंने एक पत्र हमें लिखा था, जिससे उनकी आन्तरिक दशा का आभास मिल गया था। लखनऊ में सपरिवार रहते हुए वे रोगाक्रान्त हुए; पर शरीर की

चिकित्सा तो किसी प्रकार होती रही, खिन्न मन की चिकित्सा कैसे हो पाती। वे महाराष्ट्री ब्राह्मण थे और सम्पादक-प्रवर पण्डित बाबूराव विष्णु पराड़कर के तत्त्वावधान में उन्होंने पत्रकार-कला की शिक्षा पाई थी। पराड़करजी के निधन के बाद (1955 से) वे बड़ी योग्यता से गुरु-परम्परा की प्रतिष्ठा निबाह रहे थे। उनका सम्पादन-कौशल देखकर यह आशा होती थी कि भविष्य में वे एक यशस्वी अनुभवी पत्र-सम्पादक होंगे। वे गणित के बड़े अच्छे जानकार थे और तद्विषयक एक अपूर्व पुस्तक लिखकर स्वयं प्रकाशित भी की थी। पटना में उनके साथ जो अल्पकालिक संसर्ग हुआ, उसमें उनकी महत्त्वाकांक्षाएँ सुनकर ऐसा अनुमान करने का आधार मिला कि पत्रकारिता-सम्बन्धी अनुभव-प्राप्ति के लिए विदेश-यात्रा करके जब वे स्वदेश लौटेंगे, तब राष्ट्रभाषा हिन्दी की पत्रकारिता के स्तर को उन्नत करने की जो योजनाएँ उनके मन में हैं, वे कार्यान्वित हो सकेंगी। किन्तु, जिस समय वे प्रसन्न मुद्रा में अपना अन्तःपट खोलकर रंगीन सम्भावनाएँ दिखला रहे थे, उस समय अदृश्य रूप में विहँस-विहँसकर विधाता कुछ और ही सोच रहा था और उसी की सोचावट आगे आई !

बाबू बालकृष्णदास अग्रवाल
1891-1959

काशी-निवासी बाबू बालकृष्णदास अग्रवाल 68 वर्ष की आयु में 14 अगस्त, 1959 ई. को कैलाशवासी हुए। वे भारतेन्दु हरिश्चन्द्र के फुफेरे भाई और नामी नाटककार बाबू राधाकृष्णदास के सुपुत्र थे। उनका प्रसिद्ध उपनाम बल्ली बाबू था। काशी की भारतेन्दु-नाटक-मंडली के प्राण, हृदय और मस्तिष्क वे ही थे। अत्यन्त कुशल नाट्य-निर्देशक और अभिनेता तो थे ही, नाट्य-कला-शास्त्र के भी वे मर्मज्ञ थे। हमें अपने काशी-प्रवास के समय उनके सत्संग के अनेक अवसर मिले थे। काशी के प्रसिद्ध नाट्य-शास्त्री और साहित्य-सेवी पं. गोविन्दशास्त्री दुगवेकर के साथ उनका नाट्यकला-सम्बन्धी विचार-विमर्श हमने एक बार सुना था। शास्त्रीजी को हम संगीत-मर्मज्ञ और नाट्यशास्त्री तथा पत्रकार के रूप में पहले से जानते थे; पर उस दिन शास्त्रीजी के साथ उनका वार्तालाप सुनकर हम उनके नाट्यकला-सम्बन्धी शास्त्रीय ज्ञान से भी बड़े प्रभावित हुए। सुपरिचित होने के कारण हमने उनसे साग्रह निवेदन किया था कि हिन्दी-रंगमंच के निर्देशन और अभिनय-कला पर आप हिन्दी में एक पुस्तक लिखिए, किन्तु लिखने का उनको विशेष अभ्यास न था। खेद है कि उनके ज्ञान का संचय साहित्य में न हो सका। स्वर्गीय दुगवेकरजी

के सम्बन्ध में भी यही बात कही जा सकती है—यद्यपि उन्होंने एक सफल पत्रकार और नाटककार के रूप में हिन्दी-साहित्य को अपने उपयोगी विचारों से बहुत लाभान्वित किया। बल्ली बाबू का अभिनय-कौशल हिन्दी रंगमंच का गौरव था।

पं. देवीप्रसाद शुक्ल
1877-1959

पं. देवीप्रसाद शुक्ल 28 अगस्त, 1959 ई. को 82 वर्ष की आयु में स्वर्गवासी हुए। 'सरस्वती' के सम्पादन काल में जब आचार्य महावीरप्रसाद द्विवेदी ने उन्निद्र रोग से आक्रान्त होने के कारण सम्पादनकार्य में एक वर्ष के लिए अवकाश ग्रहण किया था, तब द्विवेदीजी के स्थान पर शुक्लजी ही 'सरस्वती' के सम्पादक हुए थे। वे प्रयाग विश्वविद्यालय में प्राध्यापक थे। जिस समय हम द्विवेदी-अभिनन्दन-ग्रन्थ को छपवाने के लिए प्रयाग के इण्डियन प्रेस में रहते थे, उस समय अनेक बार उनके दर्शन का सौभाग्य प्राप्त हुआ था। उस समय वे मदनमोहन मालवीय-छात्रावास (प्रयाग) के अधीक्षक थे। एक वर्ष तक 'सरस्वती'-संपादन करने के अतिरिक्त उन्होंने कोई उल्लेखनीय साहित्य-रचना नहीं की; पर आचार्य द्विवेदीजी के निर्देशन में एक वर्ष तक 'सरस्वती' के सम्पादन का मानदंड बराबर ऊँचा रखा। वे कहा करते थे, 'सरस्वती' पर द्विवेदीजी की अटूट ममता थी। बड़ी सहृदयता से वे यह भी स्वीकार करते थे कि अवकाश-ग्रहण करने पर भी द्विवेदीजी 'सरस्वती' के प्रत्येक अंक के लिए प्रति सप्ताह आवश्यक निर्देश भेजा करते थे। शुक्लजी की अल्पावधिक साहित्य-सेवा हिन्दी-जगत् में सदा सादर स्मरणीय रहेगी।

पं. सरयू पण्डा गौड़
1905-1959

पं. सरयू पण्डा गौड़ इतिहास-प्रसिद्ध बाबू कुँवरसिंह की राजधानी जगदीशपुर (शाहाबाद) के निवासी थे। वे 9 सितम्बर, 1959 ई. को पटना के अस्पताल में स्वर्गीय हुए। अन्तिम समय में उनकी आयु 50 और 60 वर्षों के बीच रही होगी। वे हास्य-रस के सिद्धहस्त लेखक माने जाते थे। उनकी भाषा में उर्दू-शैली की झलक दीखती है। उनको आचार्य रामचन्द्र शुक्ल का वह मत बहुत पसन्द था

कि हास्य-रस की रचना के लिए उर्दू-शैली का प्रयोग बड़ा उपयुक्त होता है। उनके लिखे अनेक उपन्यास और कहानी-संग्रह प्रकाशित और प्रसिद्ध हो चुके हैं। बाबू कुँवरसिंह के वंशधरों के अनेक अद्‌भुत और विचित्र संस्मरण वे प्रायः सुनाया करते थे। विशेषतः उस राजवंश के सुयोग्य उत्तराधिकारी और अन्तिम रईस बाबू शारदाप्रसादसिंह (हीराजी) के साहित्यानुराग और उनकी दानशीलता की रोचक कहानियाँ गौड़जी के साथ ही चली गईं। पटना आने पर वे प्रायः हमारे साथ ठहरते थे। छेड़ देने पर बड़ी रात तक दरबारी किस्से सुनाते रहते थे। उनका विचार था कि हिन्दी के लेखकों और प्रकाशकों के पारस्परिक व्यवहार का दिग्दर्शन करानेवाला एक साहित्यिक उपन्यास लिखें, परन्तु क्रूर काल ने उनकी वह इच्छा पूरी न होने दी।

श्रीभगवतीचरणजी
1900-1959

श्रीभगवतीचरणजी का देहान्त 22 सितम्बर, 1959 ई. को हुआ था। वे शाहाबाद (बिहार) के मूल निवासी थे; पर उनका सारा जीवन चम्पारन में बीता। वे एक सफल अध्यापक, नाटककार और कवि थे। हिन्दी और उर्दू में भी बड़ी सुन्दर कविता करते थे। 'जमदग्नि का सत्याग्रह' नामक उनकी कविता-पुस्तक बहुत दिन पहले प्रकाशित होकर प्रसिद्धि पा चुकी है। उनके लिखे 'यसमा' और 'मुगले आजम' नामक मौलिक नाटक छपे तो नहीं; पर अनेक बार रंगमंच पर सफलता से खेले गये। यह बात असहयोग-आन्दोलन के आरम्भिक युग की है। उस समय हिन्दी में मौलिक नाटकों की कमी थी। उन्होंने अपनी रचनाओं के प्रकाशन की चिंता कभी न की, केवल एकान्त भाव से निरन्तर साहित्य-सेवा करते रहे। उर्दू-कवि-सम्मेलनों में भी वे अपनी प्रतिभा का चमत्कार दिखाते थे। कई मुशायरों में दंगल मारा था। एक हिन्दी-कवि-सम्मेलन के सभापति-पद से उन्होंने पद्यबद्ध भाषण किया था। बहुत पान और रसगुल्ले खाने के शौकीन थे तथा बड़े आग्रह से मित्रों को भी खिलाते थे। अंतिम समय में उनकी अवस्था लगभग 60 वर्ष की होगी।

पं. नाथूराम 'प्रेमी'
1881-1960

हिन्दी के वयोवृद्ध साहित्यसेवी पं. नाथूराम 'प्रेमी' का देहावसान, 31 जनवरी, 1960 (रविवार) की रात में, साढ़े आठ बजे, बम्बई में हुआ। वे बम्बई की देशविख्यात प्रकाशन-संस्था 'हिन्दी-ग्रन्थ-रत्नाकर-कार्यालय' के संस्थापक और संचालक थे। उस संस्था से उन्होंने हिन्दी की सैकड़ों अच्छी पुस्तकें प्रकाशित की थीं। जिस समय हिन्दी में सुसम्पादित और सुमुद्रित पुस्तकों की कमी थी, उस समय उन्होंने कई महत्त्वपूर्ण पुस्तकों के प्रकाशन का अनुकरणीय आदर्श स्थापित किया। उनके प्रकाशनों की प्रशंसा समस्त हिन्दी-जगत में हुई और उन पुस्तकों से हिन्दी-साहित्य की समृद्धि-वृद्धि भी हुई। वे हिन्दी-साहित्य के अभावों की पूर्ति का ध्यान बराबर रखते थे। सुरुचिपूर्ण साहित्य के प्रकाशन से उन्होंने अपनी संस्था को हिन्दी की प्रकाशन-संस्थाओं में श्रेष्ठ स्थान का अधिकारी बना दिया। वृद्धावस्था में भी वे बड़ी लगन से अहोरात्र परिश्रम करते रहे।

सन् 1921-22 में जब हम आरा (बिहार) के 'मारवाड़ी-सुधार' नामक हिन्दी-मासिक पत्र के सम्पादक थे, तब बम्बई जाने पर हमें उनके दर्शनों का सौभाग्य प्राप्त हुआ था। उस समय पुस्तकों की पाण्डुलिपियों के सम्पादन और प्रूफ-संशोधन में उन्हें तल्लीन देखकर उनकी श्रमशीलता पर चकित रह जाना पड़ा था। इसी कारण उनकी प्रकाशित पुस्तकों की भाषा और छपाई की शुद्धता तथा सुन्दरता सर्वत्र स्तुत्य मानी गई। साहित्यानुरागियों के प्रति उनका स्नेह-प्रदर्शन बड़ा आकर्षक था। नवागन्तुक का आतिथ्य करने में उनकी श्रद्धा वन्दनीय थी। एक बार की भेंट को उन्होंने जीवन-भर के स्नेह-सम्बन्ध का आधार बना दिया। सुपरिचित साहित्यिक व्यक्ति का स्वास्थ्य-समाचार जानने के लिए वे समय-समय पर पत्र भी लिखा करते थे। उनकी साहित्य-सेवा के सम्मान में जब उन्हें एक सुन्दर अभिनन्दन-ग्रन्थ समर्पित किया गया, तब उन्होंने उसे स्नेह-स्मृति की भेंट के रूप में हमारे पास भेजकर लिखा था कि यह मेरा सम्मान केवल साहित्यकारों की उदारता का प्रतीक है। अपनी सेवाओं के लिए वे किसी प्रकार के आदर की आशा नहीं करते थे। निस्पृह भाव से वे एकान्त साहित्य-साधना में लगे रहे। उनके पुत्र-शोक में जो समवेदना का पत्र भेजा गया, उसके उत्तर में उन्होंने पत्र-प्रेषक को ही सांत्वना देने का अपूर्व धैर्य प्रदर्शित किया था। उन्होंने लिखा था कि इष्ट-मित्रों का आश्वासन ही मेरे सेवा-मार्ग का सम्बल है। वे जैन थे। जैन-शास्त्रों में उनकी अच्छी पैठ थी। अपने ज्ञान के बल से अपने दुस्सह दुःख को दबाकर वे दृढ़ संकल्प के साथ साहित्य-सेवा में संलग्न रहे। हिन्दी के गण्य-मान्य और समर्थ प्रकाशकों में वे मूर्द्धन्य थे।

आचार्य क्षितिमोहन सेन
1878-1960

आचार्य क्षितिमोहन सेन बयासी वर्ष की जराजीर्ण आयु में 12 मार्च, 1960 को गोलोकवासी हुए थे। अन्तिम समय में उनका जरा-जर्जर शरीर सर्वथा अशक्त हो गया था। बंगाली होने पर भी वे हिन्दी के सर्वमान्य मूर्द्धन्य विद्वान समझे जाते थे। शान्तिनिकेतन के विश्वभारती-विश्वविद्यालय में रहने पर भी समस्त हिन्दी-जगत में वे अपनी विद्वत्ता के कारण साहित्य के शीर्षस्थानीय आचार्य माने जाते थे। हिन्दी के सन्त-साहित्य और भक्ति साहित्य पर उनके पाण्डित्यपूर्ण लेख तथा भाषण साहित्यिक अनुसन्धायकों के लिए बड़े महत्त्व के होते थे। हिन्दी के निर्गुणवादी साहित्य के तो वे विशेषज्ञ ही थे और निर्गुणी साहित्य-विषयक उनके विचार प्रामाणिक समझे जाते थे। मृत्यु से कुछ ही साल पहले वे बिहार-राष्ट्रभाषा-परिषद् के एक वार्षिकोत्सव में भाषण करने के लिए आमन्त्रित किये गये थे। हमारे बहुत अनुनय-विनय करने पर वे पटना आने को तैयार हुए और यहाँ अपनी कन्या के निवास-स्थान पर ही ठहरे थे। जब हम उनके दर्शनार्थ वहाँ गये, हमें उनके शिथिल शरीर और क्षीण स्वर को देख-सुनकर बड़ा पश्चात्ताप हुआ। हमने अपने आग्रह के लिए परिताप प्रकट किया, तो कहने लगे कि मुझे अपनी कन्या के परिवार को देखने के लिए पटना आना ही था, परिषद् के व्याज से वह अवसर प्राप्त हो गया, तो अच्छा ही हुआ, नहीं तो अब दूर की यात्रा करने योग्य शरीर नहीं रह गया और वाणी भी श्रान्त के बदले शान्त हो चली है, फिर भी आज के उत्सव में समवेत साहित्यिक सज्जनों का समागम मेरे लिए अलभ्य-लाभ होगा। महोत्सव में पधारकर उन्होंने अपने संक्षिप्त भाषण के क्रम में कहा कि ऐसे विराट् समारोहों में भाषण का कुछ भी आनन्द नहीं उपलब्ध हो सकता, केवल साहित्य-मर्मज्ञों की स्वतन्त्र गोष्ठी में ही मेरे भाषण की सार्थकता सिद्ध हो सकती है। हमें उस समय वे दिन याद हो आये, जब हमने अपने कलकत्ता-प्रवास के समय आचार्यजी की प्रौढ़ावस्था के भाषण सुने थे। कलकत्ता-विश्वविद्यालय के सिनेट हॉल और वंगीय साहित्य-परिषद् की व्याख्यान-शाला में वे बिना ध्वनिविस्तारक यंत्र के ही हजारों श्रोताओं के बीच बोले थे। हिन्दी और बंगला में उनके भाषण बड़े ओजस्वी होते थे। अन्य वंगीय वक्ताओं की तरह वे दहाड़ते तो न थे, पर उनकी ज्ञान-गरिमा से विभूषित मधुर वाणी और साहित्य-रस-सिक्त भाषा उनके भाषण को प्रभावशाली तथा आकर्षक बना देती थी।

वृद्धावस्था में भी वे साहित्यिक कार्य के सम्पादन में कठिन परिश्रम करने से विमुख नहीं होते थे। बिहार-राष्ट्रभाषा-परिषद् से एक ग्रन्थ की पाण्डुलिपि उनकी सेवा में सम्मत्यर्थ भेजी गई। वह पहले कई अन्य विद्वानों के पास भी भेजी जा

चुकी थी, पर किसी की सम्मति सन्तोषजनक न प्रतीत हुई। अन्त में आचार्यजी ने उस पर अपनी विस्तृत समीक्षात्मक सम्मति भेजकर सचमुच चकित कर दिया। नये विद्वानों ने अपने उत्तरदायित्व के प्रति जो उदासीनता दिखाई थी, उसका रहस्य आचार्यजी की कर्त्तव्यनिष्ठा के सामने उद्घाटित हो गया।

पं. बालकृष्ण शर्मा 'नवीन'
1897-1960

कविवर पण्डित बालकृष्ण शर्मा 'नवीन' का 29 अप्रैल, 1960 को अपराह्न में, दिल्ली के विलिंगडन अस्पताल में, शरीर-पात हुआ था। उसी समय राज्यसभा ने आपके शोक में शान्तिपूर्वक क्षणभर मौन धारण कर आपके प्रति सम्मान प्रकट किया। उसके तत्कालीन अध्यक्ष माननीय उपराष्ट्रपति डॉक्टर राधाकृष्णन् ने उस अवसर पर कहा था कि आज से पचीस वर्ष पूर्व कानपुर में शर्माजी से मेरी पहली भेंट हुई थी और वे पैंतीस वर्षों से काँगरेस-दल की सेवा कर रहे थे। सबसे बढ़कर दुःखद घटना यह हुई कि 26 अप्रैल, 1960 को राष्ट्रपति-भवन में 'पद्मभूषण' की उपाधि के लिए उनको प्रमाणपत्र और स्वर्णपदक समर्पित हुआ, और उसके तीन दिन बाद ही वे इस संसार से चल बसे। गणतन्त्र-दिवस पर 'पद्मभूषण' की उपाधि से विभूषित होने के बाद ही वे पक्षाघात-पीड़ित होकर रोगशय्या-ग्रस्त हो गये थे। पहले से भी उनके स्वास्थ्य की चिन्ताजनक स्थिति हिन्दी-संसार को व्यग्र बनाये हुए थी। राजनीति और साहित्य के क्षेत्र में अपनी निःस्पृह सेवाओं के बल से उन्होंने पर्याप्त प्रतिष्ठा और कीर्त्ति अर्जित की थी। कानपुर के प्रतापी सम्पादक और शहीदों के सिरताज श्रीगणेशशंकर विद्यार्थी के वे दक्षिण बाहु थे। विद्यार्थीजी ही उनको एक प्रतिभाशाली बालक के रूप में ग्वालियर से अपने साथ कानपुर लाये थे। उस समय उनकी अवस्था बारह-तेरह वर्ष से अधिक न थी। उसी समय से वे विद्यार्थीजी के संरक्षण में रहकर राष्ट्र और राष्ट्रभाषा की सेवा का पाठ अभ्यस्त करने लगे। विद्यार्थीजी से ही उन्होंने देश-सेवा और पत्रकार-कला की दीक्षा ली थी। साप्ताहिक 'प्रताप' और मासिक 'प्रभा' के सम्पादन के सिवा राजनीतिक संघर्ष में भी वे विद्यार्थीजी के अभिन्न सहयोगी रहे। विद्यार्थीजी के समान सच्चे पारखी की पैनी दृष्टि ने उनमें जिस मेधाशक्ति की परख की थी, वह उनकी किशोरावस्था से ही लोक-लोचन के समक्ष प्रकट होने लगी। कवित्व और वक्तृत्व की शक्ति से सम्पन्न तो वे थे ही, स्वतन्त्रता-संग्राम के एक वीर सैनिक भी थे। अपनी क्रान्तिकारिणी कविताओं और साहसोत्साहवर्द्धिनी वक्तृताओं

से अनेक नवयुवकों को राष्ट्रीय आन्दोलन में आत्मोत्सर्ग करने की प्रेरणा देकर उन्होंने वस्तुतः एक बहादुर सेनानी का कर्त्तव्य पूरा किया था। अपनी गद्य-रचनाओं की ओजस्विता से भी उन्होंने अपने को विद्यार्थीजी का सच्चा उत्तराधिकारी प्रमाणित किया था। केन्द्रीय संसद, विधान-परिषद्, लोकसभा और राज्यसभा के वे एक प्रभावशाली सदस्य थे। उत्तर प्रदेश के काँगरेसी क्षेत्र में उन्होंने एक स्थानीय नेता का ही आसन अधिकृत किया था।

हमने उनका सर्वप्रथम दर्शन सन् 1921 ई. में, कानपुर के 'प्रताप'-कार्यालय में किया था। उसके बाद जब-जब वे मिले, उनकी सहृदयता से स्नेह-तन्तु दृढ़ होता गया। उनमें सदा उमड़ती रहनेवाली एक अजीब मस्ती थी। 1959 में जब वे पटना पधारे थे, तो बिहार-हिन्दी-साहित्य-सम्मेलन की बच्चनदेवी-साहित्य-गोष्ठी में उनका प्रवचन हुआ था। उनके आकर्षक व्यक्तित्व और उस मस्तानी तबीयत की झाँकी आज भी आँखों से ओझल नहीं होती। जानकारों का कहना है कि आजीवन अविबाहित रहने के कारण जीवन के शेषकाल में उन पर 'वृद्धस्य तरुणी विषम्' कहावत चरितार्थ होकर रही। किन्तु, वे पहले भी नीरस-हृदय नहीं थे। उनकी सरसता उनकी कई रचनाओं में स्पष्ट हुई है। यों मौत के बहुतेरे बहाने हुआ करते हैं। साहित्य-रसिक के जीवन में प्रेमासक्ति एक आनुषंगिक घटना होती है। चिन्त्य विषय यही है कि उनके अभाव से राष्ट्र की धमनियों में उष्ण रक्त उद्वेलित करनेवाला एक तेजस्वी कवि हमारे बीच से उठ गया। हिन्दी-कविता-पाठकों के मस्तिष्क को मथने और हृदय को झकोरनेवाला वह चिरनवीन कवि अब स्वर्ग में भी अपनी भावनाओं का जादू जगा रहा होगा।

श्रीअवधविहारीशरण
1891-1960

पटना हाईकोर्ट के ऐडवोकेट श्रीअवधविहारीशरणजी 3 अगस्त, 1960 (बुधवार) को सन्ध्या समय पटना में ही स्वर्गगामी हुए। देहावसान-काल में उनकी आयु 69 वर्ष की थी। वे हिन्दी के पुराने लेखक थे। वर्त्तमान शती के प्रथम चरण में उन्होंने बड़ी लगन से साहित्य-सेवा की थी। 'मेगास्थनीज का भारत-विवरण' और 'श्रीरामनाम-महिमा' उनकी दो पुस्तकें प्रकाशित हैं। पहली पुस्तक का दूसरा नवीन संस्करण भी उन्होंने अपने अन्तिम समय में देख लिया।

वे आरा नगर के निवासी थे। आरा की नागरी-प्रचारिणी-सभा की सेवा में बराबर उनका सहयोग रहा। सभा की 'साहित्य-पत्रिका' के सम्पादन-कार्य में भी

उन्होंने योगदान किया था। सभा के संस्थापक पण्डित सकलनारायण शर्मा और प्रधानमन्त्री श्रीव्रजनन्दनसहाय 'व्रजवल्लभ' के सम्पर्क और सभा के माध्यम से उन्होंने हिन्दी-हित के अनेक बड़े काम किये थे। सरकारी कचहरियों और देशी राज्यों में देवनागरी तथा हिन्दी का प्रचार करने के लिए सभा ने जो प्रयत्न किये थे, उनमें वे भी बड़े उत्साह के साथ लगे रहे। सभा ने भारतीय विश्वविद्यालयों में हिन्दी को स्थान दिलाने का जो प्रयास किया था, उसमें भी वे सम्मिलित थे। उक्त शर्माजी से उन्होंने घर पर संस्कृत पढ़ी थी और व्रजवल्लभजी तो उनके निकटतम पड़ोसी ही थे। अतः दोनों ने उनकी योग्यता और प्रतिभा तथा कार्यक्षमता का भली भाँति सदुपयोग सभा के लाभ के लिए किया। इसी व्याज से वे अनेक वर्षों तक एकान्त भाव से हिन्दी की आराधना में तत्पर रहे। उनकी मौन सेवा का विज्ञापन नहीं हुआ। वे स्वभावतः आत्म-विज्ञापन से बहुत दूर थे। आत्मगोपन ही उनका ध्येय था। इसीलिए, समाज में रहते हुए भी वे ठीक परखे न जा सके।

वे बड़े मंजुभाषी और मितभाषी थे। एकान्तवास ही उन्हें अधिक पसन्द था। उन्होंने पटना में स्वयं अपना एक सीमित संसार बना लिया था। उसमें आध्यात्मिक रुचि के गिने-चुने भद्र जनों का एक ऐसा दिव्य समाज था, जो भगवद्गीता के 'विविक्तदेशसेवित्वमरतिर्जनसंसदि'-भगवद्वाक्य को सार्थक करने में प्रवृत्त रहता था। उनके साकेतवासी होने से उस समाज के बुद्धिजीवियों के लिए आध्यात्मिक प्रेरणा का मूल स्रोत ही सूख गया।

हम अपनी छात्रावस्था में उनके एक समीपी पड़ोसी थे। उस समय भी वे अहर्निश विद्याध्ययन में दत्तचित्त रहनेवाले एक आदर्श विद्यार्थी थे। मननशील विद्यार्थी तो वे जीवन-भर रहे, पर शिक्षा-प्राप्ति के समय उनकी एकान्तप्रियता और तन्मयता विशेष रूप से दर्शनीय थी। पण्डित सकलनारायणजी के संसर्ग से संस्कृत के व्याकरण, काव्य, धर्मशास्त्र और दर्शन में उनकी अच्छी गति थी। हमने कई बार आध्यात्मिक गोष्ठियों में उनके प्रवचन सुने थे। जान पड़ता था कि वे सचमुच एक पहुँचे हुए सिद्ध पुरुष हैं। वे मौन भाव से हरिनाम-स्मरण करते हुए नंगे पाँव गंगास्नान करने जाते थे। उनकी सादगी और सरलता देखकर कोई नहीं कह सकता था कि वे एक विद्वान और सुप्रतिष्ठित वकील हैं। वे ऐसे शीलवान और संकोची थे कि असमंजस में पड़कर किसी को निराश करने से उन्हें कष्ट होता था। उनकी मनोवृत्ति साधु-महात्माओं के सत्संग में विशेष रमती थी।

बिहार के स्वनामधन्य रामभक्त अयोध्या-प्रवासी महात्मा रूपकलाजी के वे परम प्रिय कृपापात्रों में थे। सन् 1914 ई. में अखिल-भारतीय हिन्दी-साहित्य-सम्मेलन का पंचम महाधिवेशन लखनऊ में हुआ था। आरा की नागरी-प्रचारिणी-सभा का जो प्रतिनिधि-मण्डल उसमें गया था, उसके सदस्यों में आचार्य बदरीनाथ वर्मा और उपर्युक्त 'व्रजवल्लभ'जी प्रमुख थे। उन लोगों के साथ वे भी गये थे और हमें भी

वहाँ जाने का सौभाग्य प्राप्त हुआ था। उन्हीं की प्रेरणा से लौटती बार अयोध्या में श्रीरूपकलाजी के दर्शनार्थ उतरना पड़ा था। वहाँ हमने देखा कि वे अपनी भक्ति-भावना को हरदम छिपाते ही रहे। वे कभी भावुकता का प्रदर्शन नहीं करते थे। क्षण-भर में ही उनका चित्त एकाग्र हो जाता था। पर, उनकी तल्लीनता का रहस्य अविरल अश्रुधारा से प्रकट हो ही जाता था। वस्तुतः, वे एक सद्गृहस्थ सन्त थे। उनके पुण्य-प्रताप के प्रतीक थे उनके प्रिय जामाता डॉक्टर विश्वनाथप्रसादजी, जो हिन्दी-जगत के एक लब्धप्रतिष्ठ साहित्यकार और सुपरिचित भाषा-विज्ञानशास्त्री थे। इतना ही नहीं, उनके सात्विक जीवन का अवसान भी पुरुषोत्तमी एकादशी (श्रावण शुक्ल, 2017 वि.) को ही हुआ। अन्तिम क्षण तक सुमिरनी उनकी उँगलियों पर नाचती रही। वे ऐसे धीर-गम्भीर साधक थे कि सांसारिक प्रपंचों से उनकी मानसिक योग-साधना में कभी कोई विघ्न-बाधा न हुई। पटना के सुशिक्षितों का सन्मार्ग-दर्शक वह वयोवृद्ध निरभिमान मनीषी अनेक हृदयों पर अपने तपोमय जीवन की छाप छोड़कर अचानक शान्त हो गया।

श्रीइन्द्र विद्यावाचस्पति

1889-1960

दिल्ली-निवासी श्रीइन्द्र विद्यावाचस्पति 23 अगस्त, 1960 को सन्ध्या समय 71 वर्ष की आयु में स्वर्गवासी हुए। भाद्र शुक्ल 1 (2017 वि., मंगलवार) की तिथि हिन्दी-संसार की एक बहुत बड़ी विभूति उदरस्थ कर गई। इन्द्रजी अपने अमर बलिदानी वीर पिता स्वामी श्रद्धानन्द के समान केवल साहित्य-सेवी ही नहीं, निर्भीक राजनीतिक नेता भी थे। गुरुकुल-विश्वविद्यालय और आर्य-समाज का संचालन-सूत्र उन्हीं के दृढ़ हाथों में था। उनके संसर्गियों का कहना है कि राजनीतिक क्षेत्र के लौहपुरुष जैसे सरदार पटेल थे, वैसे ही साहित्यिक क्षेत्र के लौहपुरुष इन्द्रजी। उनकी लेखनी में अमोघ शक्ति थी। उनकी वाणी भी बड़ी ओजस्विनी थी। उनके द्वारा संचालित और सम्पादित दैनिक 'अर्जुन' हिन्दी का बड़ा ही शक्तिशाली पत्र था। उन्होंने उसके सिद्धान्त-वाक्य–'अर्जुनस्य प्रतिज्ञे द्वे न दैन्यं न पलायनम्'–की मर्यादा आजीवन निबाही। वे जैसे तेजस्वी पत्रकार थे, वैसे ही समर्थ इतिहासकार भी। उनका 'भारतीय स्वाधीनता-संग्राम का इतिहास' हिन्दी में अपने ढंग का अकेला है। उसमें उनकी स्पष्टवादिता, दूरदर्शिता, चिन्तन-शक्ति की प्रबलता, दृष्टि और बुद्धि की कुशाग्रता देखने योग्य है। उनके निजी विचार बड़े ठोस थे, किसी प्रकार के प्रभाव से डिगनेवाले न थे। हिन्दी का घोर दुर्भाग्य है कि उसके साहित्य-क्षेत्र

में जो एक-से-एक धुरन्धर पत्र-सम्पादक हुए, उनके विचारों और लेखों का संग्रह अथवा संरक्षण न हो सका। इन्द्रजी के अग्रलेखों और उनकी सम्पादकीय टिप्पणियों में ही उनका तेज-ओज भरा पड़ा है, पर वे आज लुप्तप्राय हैं !

इन्द्रजी के प्रथम दर्शन का सौभाग्य हमें 1921 में प्राप्त हुआ था। हम पहले-पहल दिल्ली गये थे। साप्ताहिक 'माहेश्वरी' के सम्पादक अलीगढ़-निवासी कवि 'कर्ण'जी के साथ उनके दर्शनार्थ पहुँचे, तो उन्होंने अपूर्व स्नेह प्रदर्शित किया और उस स्नेह को यावज्जीवन निबाहा भी। समय-समय पर 'अर्जुन' के विशेषांक और अपनी प्रकाशित पुस्तकें भेजकर वे हम पर कृपा दरसाते रहे। जब उनकी एक संस्मरणात्मक पुस्तक ('मैं इनका ऋणी हूँ') निकली, तब उन्होंने उसे भेजते हुए हमें प्रेरणा दी कि प्रत्येक अनुभवी साहित्यकार को ऐसी संस्मरणात्मक पुस्तक लिखनी चाहिए, जिससे भावी पीढ़ी को प्रकाश मिल सके। उन्होंने अपनी अन्तिम पुस्तक ('मेरे पिता') भी भेजी और उसके साथ भी वही बात लिखी। उनका विचार था कि मनोरंजनमात्र के लिए संस्मरण न लिखे जायँ। वे जीवन में अर्जित अनुभवों के मन्थन से निकले सार पदार्थ हों। उनकी उक्त अन्तिम पुस्तक पढ़कर उनके पूज्य पिता की वह संस्मरणात्मक पुस्तक स्मरण हो आई, जो हमने लगभग तीस-पैंतीस वर्ष पूर्व काशी में पढ़ी थी। वह 'कल्याण-मार्ग का पथिक' नाम से ज्ञानमण्डल द्वारा उस समय प्रकाशित हुई थी, जब हिन्दी में संस्मरणों और आत्मकथाओं की बड़ी कमी थी। 'मेरे पिता' के बाद वे 'आत्मकथा' लिखने की बात सोच ही रहे थे कि अचानक उन्हें लोकान्तरित हो जाना पड़ा। उनकी पुस्तकों में जो भव्य भाव निहित हैं, वे उनके जीवन की महत्ता व्यक्त करते हैं। यदि उनके सम्पादकीय लेख भी संगृहीत होकर प्रकाश में आ सकते, तो वे निश्चय ही उनके वास्तविक जीवन के दर्पण होते।

अमर शहीद श्रीगणेशशंकर विद्यार्थीजी की सम्पादकीय शृंखला में इन्द्रजी अन्तिम कड़ी थे। प्रतापी विद्यार्थीजी की परम्परा इन्द्रजी के निधन के साथ ही समाप्त हो गई। हिन्दी-संसार में अब वैसी प्रचण्ड लेखनी का धनी कोई सम्पादक दृष्टिगत नहीं होता। राष्ट्र की जटिल समस्याओं पर सुलझे हुए विचार व्यक्त करते समय अभय होकर दो-टूक बात कहनेवाले वे ही एक थे। उनकी अपनी स्वतन्त्र और सुचिन्तित धारणाएँ थीं, जिनमें वे किसी का कोई संशोधन स्वीकार करने को तैयार नहीं थे। उनकी दृष्टि के सामने भारतीय संस्कृति की रक्षा का जो लक्ष्य था, उससे वे किसी परिस्थिति में टस-से-मस होना नहीं जानते थे। दलगत राजनीति से ऊपर उठे रहकर उन्होंने अपने निश्चित सिद्धान्तों के सम्बन्ध में कभी किसी से कोई समझौता नहीं किया। आर्य-समाज के मूर्द्धन्य नेता होने पर भी साम्प्रदायिकता अथवा देश की अखण्डता के विषय में उनके विचार बड़े निष्पक्ष और देशभक्ति से ओत-प्रोत होते थे। राष्ट्रीय एकता की रक्षा के लिए वे अप्रिय

सत्य कहने में भी हिचकते न थे। अहिंसक काँगरेसी बने रहकर कठोर कटु सत्य कहने का साहस तो उनमें था ही, उसे संयत भाषा में कहने का कौशल भी उनमें विलक्षण था। उनके द्वारा रचित सम्पादकीय साहित्य हिन्दी-पत्रकारिता के लिए अत्यन्त मूल्यवान धन है, जिसकी रक्षा ही उनके प्रति सच्ची श्रद्धांजलि होगी।

पं. लक्ष्मणनारायण गर्दे

1889-1960

पण्डित लक्ष्मणनारायण गर्दे हिन्दी-पत्रसम्पादकों में लोकमान्य तिलक के एकमात्र अनन्य अनुयायी थे। लोकमान्य तिलक के राजनीतिक सिद्धान्तों में उनकी अविचल आस्था भी। सैद्धान्तिक मतभेद के कारण उनको कई पत्रों के सम्पादन-कार्य से विरत होना पड़ा था। जब वे 'भारतमित्र' (कलकत्ता) से अलग हुए और वहाँ के प्रसिद्ध औषध-व्यवसायी डॉक्टर एस. के. बर्मन की ओर से उनके सम्पादकत्व में एक पत्र प्रकाशित करने का निश्चय हुआ, तब उन्होंने उस पत्र का नाम 'श्रीकृष्ण-सन्देश' ही रखने का आग्रह किया। इस नामकरण में भी उनकी स्वीकृत नीति का ही संकेत था। लोकमान्य तिलक के गीताभाष्य (कर्मयोग-शास्त्र) पर गर्देजी के अनेक प्रवचन कलकत्ता में हुए थे। उस समय हम वहाँ के 'मतवाला'-मण्डल में थे। अपने एक प्रवचन में ही उन्होंने पत्र के नामकरण का यह रहस्य प्रकट किया था। पत्र के मुखपृष्ठ पर पार्थरथारूढ़ भगवान श्रीकृष्ण का ही चित्र छपता था। जब बर्मन-कम्पनी ने उस उग्रनीतिधारी पत्र का प्रकाशन बन्द कर दिया, तब गर्देजी ने काशी पहुँचकर पुनः उसके प्रकाशन का प्रबन्ध किया। वे काशी के ही निवासी महाराष्ट्री ब्राह्मण थे। उनकी ही जाति के एक उत्साही सज्जन ने पत्रप्रकाशन-कार्य में सहयोग किया। वे थे श्रीलक्ष्मीनारायण प्रेस के संचालक श्रीगणपति कृष्ण गुर्जर, जो अपने समय में मुद्रण-कला के एक बड़े विशेषज्ञ माने जाते थे। हम सौभाग्यवश उस समय काशी में रहने लगे थे। गर्देजी और गुर्जरजी से घनिष्ठ परिचय होने के कारण हम उस पत्र में व्यंग-विनोद लिखा करते थे। उसमें भी गर्देजी का साग्रह अनुरोध था कि वह भी पत्र के निश्चित सिद्धान्त के अनुकूल ही लिखा जाना चाहिए। फिर, जब काशी का 'श्रीकृष्ण-सन्देश' भी बन्द हो गया, तब वहाँ के अन्य हिन्दी-पत्रों ने गर्देजी की सेवा से लाभ उठाना चाहा। किन्तु, सिद्धान्तविषयक मतभेद के कारण ही वे किसी पत्र से सम्बन्ध स्थापित न कर सके। यद्यपि वे सदा अभावग्रस्त ही रहे तथापि घोर अर्थ-संकट झेलते हुए भी अपनी अंगीकृत नीति से कभी विमुख न हुए।

अपने विचारों पर उनका ऐसा कठोर नियन्त्रण था और अपनी लेखनी पर भी अंकुश रखने में वे ऐसे सजग थे कि दूसरे की नीति की आलोचना करने में श्लाघ्य शिष्टता और शालीनता का परिचय देते थे। महात्मा गान्धी को अलौकिक तपस्वी और निःस्पृह लोकसेवी मानते हुए भी गर्देजी ने कई बार उनकी कुछ बातों का बड़ी भद्रता के साथ विरोध किया। सचमुच, वह विरोध का भाव ऐसा हृदयग्राही था कि गान्धीभक्तों ने भी उसका स्पष्ट अनुभव किया। इस तरह, गान्धी-युग की प्रखर विचारधारा में भी उनका संकल्प अपनी जगह पर चट्टान बना रहा। इस नीति-निर्वाह अथवा सिद्धान्त-संरक्षण के लिए उनको जो कष्ट-कठिनाइयों से बराबर जूझना पड़ा, वह उनके जीवन-संग्राम का एक ज्वलन्त अध्याय है। वे हिन्दुत्व के बड़े हिमायती थे। देशभक्त सावरकर की प्रसिद्ध पुस्तक का हिन्दी-अनुवाद उन्होंने ही 'हिन्दूपद-पादसाही' नाम से किया था। इस विषय में भी वे लोकमान्य तिलक के दृढ़ विचारों के आग्रही समर्थक थे। इसीलिए, जब उनकी बेकारी का हाल सुनकर महामना मालवीयजी ने उनको अपने साप्ताहिक 'सनातनधर्म' का सम्पादन-भार सँभालने के लिए बुलाया, तब उन्होंने नीतिविषयक मतभेद के कारण ही वह पद नहीं ग्रहण किया। संयोगवश उस समय उनके साथ हम भी वहाँ गये थे। जब उनसे कहा गया कि धर्मार्थ स्वार्थ-त्याग कीजिए, तब उन्होंने बड़ी स्पष्टता से उत्तर दिया था कि कभी स्वार्थ-संचय किया ही नहीं, तो स्वार्थ-त्याग का प्रश्न ही अनावश्यक है। उनका कथन था कि हृदय में अनुभूत सत्य को वाग्जाल में छिपानेवाली भाषा मैं नहीं लिख सकता। यही कारण है कि राजनीतिक क्षेत्र की पत्रकारिता से पृथक होने पर वे अन्तकाल तक आध्यात्मिक एवं दार्शनिक साहित्य के अध्ययन तथा निर्माण में संलग्न रहे। शेष जीवन में उनकी साहित्य-सेवा का आधार गोरखपुर का गीता-प्रेस रहा। गान्धीवाद की व्याख्या के समय उनका युक्तियुक्त तर्क-कौशल ऐसा सुसंयत होता था कि देश की वास्तविक परिस्थिति से परिचित लोग विचारमग्न हो जाते थे। भारतीय धर्म और संस्कृति पर प्रवचन करते समय वे श्रोता के मन में आस्था और श्रद्धा उत्पन्न कर देते थे। अर्द्धशताब्दी-पर्यन्त अविश्रान्त भाव से राष्ट्रभाषा हिन्दी की सेवा में तल्लीन रहकर बहत्तर वर्ष की आयु में उन्होंने 23 जनवरी, 1960 को काशी में मोक्षलाभ किया।

आधुनिक युग में हिन्दी के जो तीन स्वनामधन्य सम्पादकाचार्य गण्यमान्य हुए, उनमें एक गर्देजी भी थे। काशी के मासिक 'नवनीत' और 'औदुम्बर' से उनकी साहित्य-सेवा का श्रीगणेश हुआ तथा लखनऊ के दैनिक 'नवजीवन' से उनकी पत्रकारिता का अवसान हो गया। मँझोला कद, गौर वर्ण, चन्दन या रोली का तिलक, किश्तीनुमा काली टोपी, मराठी बगलबन्दी और चादर तथा मराठी चप्पल—उनकी स्वदेशी वेश-भूषा में जो स्वाभाविक आकर्षण था, वह उनके स्मितपूर्वाभिभाषण से और भी प्रभावशाली बन जाता था। वार्तालाप के प्रसंग में

उनके उन्मुक्त हास्य से उनके सौम्य हृदय की प्रफुल्लता का आभास मिलता था। दूध-जलेबी और मगही पान के बनारसी बीड़े खाने के वे बड़े शौकीन थे। यदि उनके सम्पादकीय लेखों का संग्रह प्रकाशित हो सकता, तो हिन्दी-पत्रकारिता के इतिहास का एक महत्त्वपूर्ण अध्याय पूरा हो जाता।

ठाकुर गोपालशरण सिंह

1891-1960

ठीक गान्धी-जयन्ती के दिन (2 अक्तूबर, 1960), आश्विन शुक्ल द्वादशी (2017 वि., रविवार), को कविवर ठाकुर गोपालशरणसिंह का देहान्त 69 वर्ष की आयु में हुआ। द्विवेदी-युग के हिन्दी-कवियों में उनका बड़ा आदरणीय स्थान था। वे रीवाँ-राज्य की नईगढ़ी-रियासत के राज-सम्मानित जागीरदार थे। रीवाँ-नरेश के दरबार में उनकी बड़ी प्रतिष्ठा थी। एक बड़ी रियासत के अधिकारी होने पर भी वे बड़े विनयी और मिलनसार थे। खड़ी बोली की कविता करनेवाले प्रमुख कवियों में भाषा-भाव की दृष्टि से वे एक आदर्श कवि माने जाते थे। उनके 'जगदालोक' नामक प्रबन्ध-काव्य पर 1200) का मंगलाप्रसाद-पारितोषिक और 2100) का देव-पुरस्कार मिला था। 'जगदालोक' ही उनका अन्तिम काव्य-ग्रन्थ है।

आचार्य महावीरप्रसादजी द्विवेदी में उनकी अपार श्रद्धा थी। द्विवेदीजी ने ही 'सरस्वती' में उनकी कविताएँ प्रकाशित करके उन्हें साहित्य-सेवा के क्षेत्र में आगे वढ़ाया था। द्विवेदीजी ने उनकी रचनाओं को केवल प्रकाशित ही नहीं किया, उन्हें संशोधित और परिष्कृत करके पथ-प्रदर्शन भी किया। द्विवेदी-युग की 'सरस्वती' की जो पाण्डुलिपियाँ काशी-नागरी-प्रचारिणी सभा में सुरक्षित हैं, उन्हें देखने से पता चलता है कि द्विवेदीजी ने अपने समय के लेखकों और कवियों के निर्माण में कितना घोर परिश्रम किया था। द्विवेदीजी जिसकी प्रतिभा परख लेते थे, उसे प्रोत्साहन-प्रदान करने में बड़ी उदारता दिखाते थे। यदि सच कहा जाय तो राष्ट्रकवि मैथिलीशरण गुप्त के बाद ठाकुर साहब ही द्विवेदीजी के कृपापात्र और स्नेहभाजन थे।

ठाकुर प्रसाद की 'माधवी' और 'कादम्बिनी' नामक कविता-पुस्तकें जब प्रकाशित हुई थीं, तब हिन्दी के विचारशील समालोचकों ने भी भाषा की स्वच्छता और शुद्धता की दृष्टि से उन्हें गुप्तजी के निकट ही स्थान दिया था। उनकी 'मानवी' और 'ज्योतिष्मती' नामक कविता-पुस्तकों में नारी-जाति के प्रति कवि की जो

सद्भावना और श्रद्धा व्यक्त हुई है, उसको भी आलोचकों ने गुप्तजी की 'यशोधरा' के प्रकाश में परखकर सराहा था। इस प्रकार वे हिन्दी के विद्वान समीक्षकों द्वारा अपने जीवन-काल में ही पर्याप्त प्रशंसित हो चुके थे। उनकी स्फुट कविताओं का संग्रह 'संचिता' में प्रकाशित है और गीतों का संग्रह 'सागरिका' में। वे छायावादी कवि नहीं माने गये हैं, पर उनके रचे कई गीत कितने ही छायावादी और रहस्यवादी कवियों के गीतों से भी सुन्दर हैं। भावों की गम्भीरता और सरसता की व्यञ्जना सहज सुगमता से करने की कला में वे बड़े दक्ष थे। राजसी ठाट-बाट के रईस होने पर भी वे साधारण जनता के सुख-दुःख का अनुभव करने के अभ्यासी थे। उनकी 'ग्रामिका' नामक कविता-पुस्तक से इसका संकेत मिलता है। अपनी प्रजा के हित के लिए उन्होंने अनेक प्रकार के सत्कार्य किये थे। उनके हृदय में राष्ट्र और राष्ट्रपिता के लिए जो चिरसंचित भक्ति थी, वह देश के स्वतन्त्र होने के बाद 'जगदालोक' के माध्यम से प्रकट हो गई और उनकी मृत्यु-तिथि ने उनकी उस भक्ति पर सचाई की छाप-सी लगा दी।

सर्वप्रथम उनके दर्शन का सौभाग्य हमें 'मतवाला'-मण्डल (कलकत्ता) में प्राप्त हुआ था। कलकत्ता आनेवाले प्रायः सभी साहित्य-सेवी वहाँ अवश्य पहुँचते थे। इस सदी की वह तीसरी दशाब्दी थी, जब स्वतन्त्रता-संग्राम बड़े वेग से चल रहा था। उस राष्ट्रीय आन्दोलन में सक्रिय सहयोग देने की परिस्थिति में वे नहीं थे, पर जन-जागरण के लिए उनकी लेखनी सदा सजग रही। आन्दोलन के रचनात्मक कार्यक्रमों को अपने राज्य में चालू करके उन्होंने प्रजा में बड़ी लोकप्रियता प्राप्त की थी। फिर, दुबारा उनसे हमारी भेंट प्रयाग के इण्डियन प्रेस में हुई, उक्त दशाब्दी के अन्त में, जब हम द्विवेदी-अभिनन्दन-ग्रन्थ छपवाने के लिए उस प्रेस में ही रहते थे। वे उस ग्रन्थ को देखने के लिए ही आये थे और द्विवेदीजी के अनन्य भक्त होने के कारण उसे देखकर वे अत्यन्त आह्लादित हुए। वे प्रयाग की हिन्दुस्तानी अकादमी के मान्य सदस्य थे और उसकी बैठकों में आने पर भी वे ग्रन्थ के प्रकाशन की गति-विधि देखने की इच्छा से प्रेस में चले आते थे। द्विवेदीजी के प्रति उनकी गुरुभक्ति अगाध थी। वे बात-बात में द्विवेदीजी के प्रति कृतज्ञता प्रकट करने में सुखानुभव करते दीख पड़े। उक्त ग्रन्थ के प्रकाशित होने से पहले ही वे प्रेस में घण्टों हमारे साथ बैठकर सारा ग्रन्थ पढ़ गये थे। हम उनसे निवेदन करते थे कि छपे पृष्ठों को अपने निवास-स्थान पर ले जाकर पढ़िए और फिर वापस कर दीजिए; पर वे कहते थे कि मेरे लिए तो 'सरस्वती' का जन्मस्थान यह प्रेस एक तीर्थ के तुल्य है, इसलिए मैं मन्दिर में ही आकर मानसिक पूजा करना अपना कर्त्तव्य समझता हूँ। वैसे श्रद्धालु साहित्य-सेवियों की परम्परा क्रमशः दम तोड़ रही है।

पं. दयाशंकर दुबे
1896-1960

हिन्दी-संसार के परम प्रसिद्ध अर्थशास्त्री पं. दयाशंकर दुबे का देहान्त फरवरी, 1960 में प्रयाग में हो गया। अन्तिम समय में उनकी आयु लगभग पैंसठ साल की थी। वे मध्य-प्रदेश के निवासी थे। बहुत दिनों तक वे अखिल-भारतीय हिन्दी-साहित्य-सम्मेलन के अर्थमन्त्री और परीक्षा-मन्त्री थे। अर्थशास्त्र, कृषि-विज्ञान और प्रमुख भारतीय तीर्थों के सम्बन्ध में उन्होंने कई महत्त्वपूर्ण पुस्तकें लिखी थीं। लखनऊ और प्रयाग के विश्वविद्यालय में वे अनेक वर्षों तक अर्थशास्त्र के प्राध्यापक थे।

जिस समय वे लखनऊ-विश्वविद्यालय में थे, उस समय हम वहाँ 'माधुरी' के सम्पादकीय विभाग में काम करते थे। उनके लेख 'माधुरी' में प्रायः छपते रहते थे। ग्राम्य अर्थशास्त्र, सामाजिक अर्थ-व्यवस्था, विदेशी विनिमय, देश-विदेश की आर्थिक समस्याएँ, आदि विषयों पर उनके लेख बड़े प्रामाणिक माने जाते थे। अर्थशास्त्र के वे मर्मज्ञ और अधिकारी विद्वान माने गये तथा हिन्दी में उस विषय का साहित्य भी उन्होंने काफी रचा। पत्र-पत्रिकाओं में भी वे एकमात्र अपने अधिकृत विषय पर ही लेख लिखा करते थे।

लखनऊ में उनसे जो परिचय हुआ, वह क्रमशः घनिष्ठता में परिणत होता गया। जयपुर के अखिल-भारतीय हिन्दी-साहित्य-सम्मेलन से लौटते समय हम प्रयाग में उनसे मिले। दारागंज में उन्होंने पत्थर का एक सुन्दर मकान बनवाया था। उसी के साथ लगे एक मकान में श्रीभगवानदास केला भी रहते थे। दोनों यशस्वी अर्थशास्त्री हिन्दी-जगत में अपनी साहित्य-सेवा के कारण बड़े प्रतिष्ठित समझे जाते थे। साहित्य-सेवा में भी दोनों का पारस्परिक सहयोग था। हिन्दी का अर्थशास्त्रीय साहित्य दोनों विशेषज्ञों का ऋणी है।

हमने देखा कि दुबेजी का अधिकांश समय भगवद्भजन और धार्मिक साहित्य के निर्माण में ही व्यतीत होता था। उन्होंने हमें अपना गंगा-सम्बन्धी ग्रन्थ देकर बड़ा स्नेह प्रदर्शित किया और बतलाया कि नर्मदा, गोदावरी, कावेरी, यमुना, सरयू, आदि पुण्य-सलिला नदियों पर ऐसा ही प्रामाणिक ग्रन्थ तैयार करने में प्रयत्नशील हूँ। इस विषय की सामग्री का संकलन करने के लिए उन्होंने पत्र-पत्रिकाओं में भी विज्ञप्तियाँ प्रकाशित कराई थीं और आजीवन वे इस सत्कार्य में तत्पर रहे। उनके 'गंगा-रहस्य' और 'नर्मदा-रहस्य' नामक ग्रन्थों के समान यदि सभी पुराण-प्रसिद्ध नदियों पर ग्रन्थ तैयार हो जाते, तो साहित्य के एक अभाव की पूर्त्ति हो जाती। किन्तु, उनके निधन से यह काम अधूरा रह गया।

वे नाटे कद के बड़े फुर्तीले और हँसमुख व्यक्ति थे। लखनऊ विश्वविद्यालय के हिन्दी-विभाग के प्राध्यापक पं. बदरीनाथ भट्ट उनके समकालीन थे। दोनों जहाँ

मिल बैठते, वहाँ आनन्द बरसने लगता। दोनों ही अपने उन्मुक्त हास्य से वायुमण्डल को मुखरित कर देते थे। दूर से ही दोनों के आसमान गुँजानेवाले ठहाके सुने और पहचाने जा सकते थे। बन्द गले का कोट और गोल टोपी, कभी पाजामा और कभी धोती पर, दुबेजी का सादा पहनावा था। सर्वत्र ललाट का चन्दन-तिलक उनकी धर्मनिष्ठा का परिचायक था। लखनऊ में गोमती-स्नान और प्रयाग में गंगा-स्नान उनके नित्य-नियम का अंग था। माघ मास में त्रिवेणी-संगम पर प्राण-विसर्जन ही उनकी धर्मपरायणता का द्योतक है। उनके समान सात्त्विक वृत्ति के विद्वान साहित्यकार बहुत कम देखने में आते हैं। निरन्तर धर्म-ग्रन्थों के अनुशीलन में तन्मय रहकर वे जीवन के शेष भाग में स्वाध्याय-तप द्वारा जीवन्मुक्त-सा हो गये थे।

आचार्य चतुरसेन शास्त्री
1891-1960

आचार्य चतुरसेन शास्त्री हिन्दी के ख्यातनामा कथाकार थे। उनकी कहानियों और उनके उपन्यासों से हिन्दी के कथा-साहित्य की शोभा-वृद्धि हुई है। आयुर्वेद-विज्ञान के पण्डित होने से वे एक सफल चिकित्सक भी थे। उनकी लेखनी साहित्य-क्षेत्र की कई दिशाओं में परिचालित हुई है। वैद्यक-ग्रन्थ तो लिखा ही, 'सत्याग्रह' के साथ-साथ 'व्यभिचार' नामक पुस्तक भी लिख डाली। बिहार-राष्ट्रभाषा-परिषद् की भाषण-माला के लिए उन्होंने 'कीमिया-रसायन' नामक पुस्तक तैयार की थी, पर उनके आकस्मिक निधन से वह पुस्तक प्रकाश न देख सकी। पटना पधारने पर वे बिहार-हिन्दी-साहित्य-सम्मेलन की अतिथिशाला में ही ठहरते थे। सम्मेलन की बच्चन देवी-साहित्य-गोष्ठी में उनके प्रवचन भी हुए थे। उनकी कन्या का विवाह पटना नगर में ही हुआ है, जिसके लिए एक बार वे सपरिवार यहाँ पधारे थे।

उनके प्रथम परिचय का सुअवसर हमें लखनऊ के 'माधुरी'-कार्यालय में, 1926 में प्राप्त हुआ था। उसी समय से बराबर उनका स्नेह बना रहा। जब हम राजेन्द्र-कॉलेज (छपरा) में थे, वे पटना से गोरखपुर जाते समय हमें पूर्व-सूचना देकर रास्ते में छपरा उतर गये और कॉलेज के छात्रों को वैज्ञानिक दृष्टि से ब्रह्मचर्य पर भाषण करके मुग्ध कर दिया। ब्रह्मचर्य और अग्निहोत्र को वे समाज-कल्याण का सर्वोत्तम साधन मानते थे। आर्यसमाजी तो वे थे ही, पर उनके साथ बातचीत करने से ऐसा प्रतीत होता था कि उन्होंने उक्त दोनों विषयों के सम्बन्ध में विस्तृत एवं गम्भीर अध्ययन किया है। अपने देश के वैदिक, धार्मिक और ऐतिहासिक साहित्य का अनुशीलन करने में उन्होंने बड़े अनुराग से समय और द्रव्य का सदुपयोग

किया था। निजी संगृहीत ग्रन्थ-भण्डार की चर्चा करते समय उन्होंने यह चिन्ता प्रकट की थी कि जीवन के अन्तिम क्षण को निकट देखकर सबसे अधिक मोह-ममता उन परमप्रिय ग्रन्थों के लिए ही उत्पन्न हो रही है, जिनसे इस जीवन का निर्माण हुआ है। उन्होंने 'चतुरसेन' नामक एक सुन्दर वार्षिक संकलन प्रकाशित किया था और उसे क्रमशः त्रैमासिक तथा मासिक रूप देकर हिन्दी के कथा साहित्य, निबन्ध-साहित्य एवं आलोचना-साहित्य से सम्बद्ध विचार-रत्नों का विशाल कोषागार बनाना चाहते थे। किन्तु, 2 फरवरी, 1960 को दिल्ली के इरविन अस्पताल में आपकी जीवन-लीला के साथ ही आपकी साहित्यिक आकांक्षाएँ भी समाप्त हो गईं।

श्रीकिशोरीदास वाजपेयी
1898-1981

पण्डित किशोरीदासजी वाजपेयी राष्ट्रभाषा हिन्दी के एक मूर्द्धन्य साहित्य-महारथी हैं। वे व्याकरण-शास्त्र, साहित्य-शास्त्र, और भाषा-विज्ञान-शास्त्र के प्रकाण्ड विद्वान थे। दार्शनिक और तार्किक भी उच्चकोटि के थे। प्राचीन भारतीय सभ्यता और संस्कृति के सच्चे अनुरागी थे। उनका पाण्डित्य और आर्जव देखकर विस्मय होता था। विद्वत्ता और सरलता का ऐसा मणिकाञ्चन संयोग अति विरल है। उनकी सादगी में उनकी विद्या-बुद्धि की थाह नहीं मिल पाती। किन्तु उनके भाषणों और लेखों तथा ग्रंथों में उनका विद्या-वैभव देखकर ऐसा प्रतीत होता था कि वे वस्तुतः सरस्वती के वरद-पुत्र हैं। उनकी लेखनी और वाणी में जो प्रखरता और ओजस्विता थी वह उनके पाठक और श्रोता को सहसा आकृष्ट कर लेती थी। उनकी स्पष्टवादिता ने उनको कितने ही लोगों में अप्रिय भी बना दिया, पर कठोर सत्य कहने में वे आश्चर्यजनक निर्भीकता प्रकट करते थे। कुछ लोग तो उनकी दो-टूक बातों से इतना अधिक तिलमिला उठते थे कि उनके प्रति सदा ही खड्गहस्त रहा करते थे। किन्तु वे कभी अपने निश्चित सिद्धान्त से विचलित नहीं हुए। अपने सुचिन्तित विचारों के प्रति उनकी दृढ़ आस्था रही। अपनी धारणाओं के प्रति उनका अटूट धैर्य और स्थैर्य विलक्षण था।

हिन्दी में उन्होंने अनेक पुस्तकें रची हैं, जिनके प्रकाशन से साहित्य-भाण्डार की शोभावृद्धि तो हुई ही है, अभावपूर्त्ति भी हुई है। 'व्रजभाषा या व्याकरण',

'राष्ट्रभाषा का प्रथम व्याकरण', 'हिन्दी-निरुक्त', 'अच्छी हिन्दी', 'हिन्दी शब्दानुशासन', 'भारतीय भाषाविज्ञान', आदि उनकी पुस्तकें हिन्दी-संसार में अतुलनीय महत्त्व की हैं। वे भारत की अमर वाणी संस्कृति के मूलाधार पर स्थित हैं। उनमें पाश्चात्य भावना और साहित्य की छाया भी नहीं है। वे वाजपेयीजी की स्वतंत्र प्रतिभा की निजी उपज हैं, पाश्चात्य विद्वानों की जूठन नहीं।

श्रीवाजपेयीजी ने प्राचीन भारतीय पद्धति से संस्कृत पढ़ी थी। हिन्दी के साहित्य-सेवियों में अब ऐसे साहित्यकार बहुत कम रह गये हैं, जिन्होंने प्राचीन प्रणाली से संस्कृत भाषा और साहित्य का अध्ययन-मनन और अनुशीलन किया हो। ऐसे ठोस विद्वानों में उनका स्थान बहुत ऊँचा है। भाषा-विषयक और साहित्य-संबंधी प्राच्य सिद्धान्तों के परीक्षण में उन्होंने जो तर्क-युक्ति-संगत विचार व्यक्त किये हैं, वे हिन्दी में सर्वथा नवीन और अकाट्य हैं। उनकी वेशभूषा, चिन्तनधारा, विचार-सरणि और विषय-प्रतिपादन की शैली में भारतीयता का सर्वांगीण रूप परिलक्षित होता है। उनके प्रति वे विशेष आग्रही भी हैं।

उनके राजनीतिक, सामाजिक, धार्मिक और साहित्यिक विचारों में एक स्वाधीनचेता चिंतक की निर्द्वन्द्वबुद्धि का स्वतःजागृत प्रकाश झलकता है। इनमें से चाहे जिस किसी विषय पर उनसे बातचीत की जाय, उनके विचार बड़े हृदयग्राही प्रतीत होते थे। राजनीतिक और सामाजिक समस्याओं के संबंध में भी वे अपने ही ढंग से सोचकर जो हल निकालते थे, वे तार्किक को भी निर्विवाद जँचते थे। उनके भाषणों और लेखों से प्रकट होता है कि अपने देश और समाज तथा साहित्य की उलझनदार ग्रन्थियों को सुलझाने के लिए उन्होंने कितनी गहराई से ऊहापोह करके सोचा-समझा और निष्कर्ष निकाला है। इसलिए वे कभी कहीं किसी के सामने झुकते नहीं थे।

उन्होंने भारतीय स्वतंत्रता-संग्राम के साहसी सैनिक के रूप में जो कठिनाइयाँ झेली थीं, उनमें उनके देशभक्तिपूर्ण जीवन की बड़ी ही प्रेरणाप्रद और कारुणिक कहानियाँ निहित हैं। अपने अभावग्रस्त और संघर्षमय जीवन-काल में उन्होंने स्वावलंबन तथा स्वाभिमान का जो उच्चतम आदर्श प्रदर्शित किया, वह उनके साधना-प्रधान जीवन का ज्वलन्त अध्याय है। उनका स्वावलंबन उनके मनस्वी स्वभाव का परिचायक था। आधुनिक युग के साहित्य-निर्माताओं में उनके समान तपोमय जीवन व्यतीत करनेवाले गिने-चुने मिलेंगे। तब भी वाग्युद्ध और विचार-संघर्ष में धीर-वीर की तरह जूझने के लिए वे सदैव कटिबद्ध तथा सन्नद्ध रहे। मेरा अनुमान है कि परशुराम, विश्वामित्र और दुर्वासा के शेष तत्त्व-कणों से विधाता ने उनके इस रूप की सृष्टि की थी। फिर भी उनमें कोमलता और सहृदयता पर्याप्त थी। उनका यशस्वी जीवन सुदीर्घ काल तक हिन्दी-जगत में भारतीय परम्परा के ज्ञान का आलोक फैलाता रहा।

श्रीरामधारीप्रसाद

1904-1948

रामधारी बाबू हिन्दी के अनन्य भक्त थे। उनका इतना ही परिचय पर्याप्त है। हिन्दी के अनन्य भक्त और भी बहुत लोग होंगे, पर रामधारी बाबू की तरह सच्ची लगन के पुजारी बहुत कम लोग देखने में आते हैं। हिन्दी के प्रति उनकी अटूट श्रद्धाभक्ति देखकर कभी-कभी मन में उनके प्रति भी श्रद्धा हो आती थी।

बिहार-प्रादेशिक-हिन्दी-साहित्य-सम्मेलन के जन्मदाताओं में वे प्रमुख थे। उसके प्रत्येक अधिवेशन में उपस्थित होना वे अपना प्रधान कर्त्तव्य मानते थे। उसकी कार्यवाहियों में केवल योगदान ही नहीं करते थे, कार्यभार-वहन के लिए भी सदैव आगे रहते थे—समयोचित सुझाव देकर मार्ग-प्रदर्शन भी करते थे।

जब उक्त सम्मेलन के सभापति हुए तब तो पटना के सम्मेलन-भवन में हर दूसरे-तीसरे महीने एक-एक दो सप्ताह रहकर सम्मेलन के कामों की देखभाल किया करते थे। उन्हीं के सतत प्रयत्न से, बेतिया-राज्य (चम्पारन) के स्वर्गीय साहित्यिक नरेश महाराज नवलकिशोरसिंह की स्मृति में, दो हजार रुपये का वार्षिक पारितोषिक, बिहार के सर्वश्रेष्ठ ग्रंथकार को अर्पित करने के लिए, सम्मेलन को मिला। उनकी इच्छा थी कि स्वर्गीय सूर्यपुराधीश राजा राजेश्वरीप्रसादसिंह 'प्यारे कवि' और श्रीनगराधीश राजा कमलानंदसिंह के नाम पर भी सम्मेलन द्वारा बिहार के साहित्यिकों को वार्षिक पुरस्कार देने की व्यवस्था होनी चाहिए। इसके लिए उन्होंने मूलनिधि और वितरणार्थ सालाना रकम का एक अनुमान-पत्र भी बना डाला था, जिसके सम्बन्ध में वे सम्मेलन के प्रस्ताव द्वारा उन राज्यों के अधिकारियों से अनुरोध कराने की बात सोचा करते थे। पश्चिम बंगाल के सीमान्त पर बिहार के जो जिले हैं, उनमें और छोटानागपुर में हिन्दी-प्रचार के लिए उन्होंने बड़ी तत्परता से उद्योग किया। पटना के अँगरेजी दैनिक 'इण्डियन-नेशन' (5-7-48) में उन्होंने एक गवेषणापूर्ण लेख लिखकर उन वंगीय विद्वानों को युक्तियुक्त उत्तर दिया था, जो बिहार के पूर्वीय जिलों को वंगभाषा-प्रधान बतलाकर बंगाल में मिला देने का घोर आन्दोलन कर रहे थे। उन जिलों के दौरे से जब वे लौटे थे तब मैं उनसे मिलने मुजफ्फरपुर गया था। उन्होंने वहाँ के प्रचार-कार्य का विवरण सुनाया। वहाँ की सार्वजनिक सभाओं में उन्होंने बड़े मिठासभरे कौशल से हिन्दी का पक्ष उपस्थित किया था, जिससे वहाँ के बंगाली सज्जन भी हिन्दी का राष्ट्रभाषाधिकार मानने को सहर्ष प्रस्तुत हो गये थे। बंगला भाषा के वे स्वयं भी प्रेमी थे और आज से कई साल पहले उन्होंने शरत बाबू के एक उपन्यास का हिन्दी-अनुवाद 'जयमाल' नाम से किया था, जो 'पुस्तक-भण्डार' से प्रकाशित हुआ था। किसी भाषा के वे द्वेषी न थे। सबके साहित्य में से अच्छी-अच्छी चीजें हिन्दी में लाने

के लिए अपने शिक्षित मित्रों एवं परिचितों से अनुरोध करते रहते थे।

वे काँगरेस के भी बड़े उत्साही कार्यकर्त्ता थे। कई बार जेल भी हो आये थे। काँगरेस के नेताओं से कभी किसी पद के लिए मिलने-जुलने नहीं जाते थे। जब कभी जाते भी थे तो हिन्दी का पक्ष पुष्ट कराने के लिए—हिन्दी-हित-साधन के निमित्त। माननीय मुख्यमंत्री को आग्रहपूर्वक लाकर सम्मेलन-भवन (पटना) दिखलाया और सरकारी आर्थिक सहायता प्राप्त कर भवन के निर्माण और सुधार का प्रयत्न किया। माननीय अर्थ-मंत्री, शिक्षा-मंत्री, माल-मंत्री—सबसे सम्मेलन के हित-निमित्त ही मिले और उन लोगों से हिन्दी की उन्नति एवं प्रचार-वृद्धि के लिए सहानुभूति तथा सहायता प्राप्त करके ही दम लिया। जब कभी उनको अवसर मिला, हिन्दी को बिहार की राजभाषा और नागरी को राजलिपि घोषित करने के लिए प्रधानमंत्री को स्मरण कराया, शिक्षा-मंत्री से निवेदन किया और जब तक घोषणा न हुई तब तक विविध प्रकार से प्रयास करते ही रहे। हिन्दी की भलाई के काम में उनका उत्साह और उद्वेग देखकर आश्चर्य होता था। हिन्दी का ऐसा धुनी सेवक और हितैषी ढूँढ़ने पर ही मिले तो मिले।

पूज्य राजेन्द्र बाबू के पास सदाकत-आश्रम में ऑल-इण्डिया-रेडियो के दफ्तर से बुख़ारी साहब ने एक भारी पोथा ही भेज दिया था, बहुत लम्बी शब्द-तालिका थी और भाषा-शैली के नमूने भी थे। वह उन्हें सम्मेलनाध्यक्ष के नाते मिला। इस पर उन्होंने स्वयं तो परिश्रम किया ही, डॉक्टर धर्मेन्द्र ब्रह्मचारी शास्त्री, श्रीउमानाथजी से भी परिश्रम कराया। हिन्दी-हितार्थ उनकी कार्य-क्षमता कभी मन्द न पड़ी। अपने पैसे से चारों ओर दौड़-धूप करके हिन्दी का उपकार कराने में लगे रहना उनको बहुत सुखकर प्रतीत होता था।

अखिल-भारतीय-हिन्दी-साहित्य-सम्मेलन के दूर-दूर के अधिवेशनों में भी वे कई बार गये थे। वे खुद तो जाते ही, औरों को भी जाने के लिए प्रेरित करते थे। उस सम्मेलन की स्थायी समिति के वे एकाधिक बार सदस्य चुने गये और उसकी कई बैठकों में शामिल भी हुए। पर यह सब वे नामवरी लूटने के खयाल से नहीं करते थे, करते थे सिर्फ हिन्दी की समस्याओं के सुलझाने में सहयोग देने के लिए—भाषा की प्रगति बढ़ाने के लिए। महाधिवेशन की विषय-निर्धारिणी समिति में भी दर्शकमात्र नहीं रहते थे, विवाद में काफी दिलचस्पी लेते थे और प्रस्ताव-निर्माण में भी सत्परामर्श देते थे। कलकत्ते में सम्मेलन का महाधिवेशन था। कविवर रत्नाकरजी अध्यक्ष थे। महेश्वरी-भवन में प्रतिनिधि-निवास था। हास्यरसावतार पं. जगन्नाथप्रसाद चतुर्वेदी भी थे। बिहार के प्रतिनिधि विषय-निर्वाचिनी में अपने प्रस्ताव देने के लिए विचार-विनिमय के हेतु समवेत हुए। एक किसी प्रस्ताव के लिए कुछ प्रतिनिधि बड़े आग्रही बन गये। चतुर्वेदीजी ने सम्मेलन की नियमावली चाही। रामधारी बाबू ने अपना पुलिन्दा खोलकर विधान दिखा दिया। प्रस्ताव पर

विचार भी न हो सका; क्योंकि वह अवैधानिक था। उनकी फाइल में नियमावली की कई संस्करणों की प्रतियाँ थीं और कई महाधिवेशनों के प्रस्तावों की भी प्रतिलिपियाँ थीं। चतुर्वेदीजी उनकी फाइल में संग्रह देख पीठ ठोंकते हुए कह उठे–तुम सचमुच चित्रगुप्तकुल-चन्दन हो, यदि विधान का पता न देते तो बिहार पर अनभिज्ञता की कालिख लग जाती, पर तुमने उसे चन्दनचर्चित कर दिया।

बिहार-सरकार ने अपनी किसी भाषा-कमिटी का मेम्बर उन्हें बनाया था। उसकी बैठकें सेक्रेटेरियट (सचिवालय) में हुआ करती थीं, जिनके कार्य-विवरण दिखाकर उन्होंने कहा था कि हिन्दुस्तानी की आवाज सिर्फ हवा में उड़कर गूँज रही है, दरअसल जन-जन के मन में बसी हिन्दी ही सब ठौर आसन जमाती जा रही है, क्योंकि उसमें अनेक भाषाओं के असंख्य शब्द पहले ही से खपे हुए हैं, और बहुतेरे पारिभाषिक शब्द भी काफी परिचित एवं प्रचलित हो चुके हैं; इसलिए वैज्ञानिक अथवा वैधानिक शब्दावली का सोता अब अरबी-फारसी की ओर से न आकर संस्कृत की ओर से ही आएगा, जिसमें बूँद-बूँद करके देशज और ठेठ शब्द भी घुलते-मिलते चले आयँगे।

भाषा के सम्बन्ध में उनके विचार बड़े उदार थे। वे कहा करते थे कि हिन्दी की पाचनशक्ति जितनी ही अधिक बढ़ाई जायगी उतना ही इसका प्रसार होगा और इसकी व्यापकता भी बढ़ती चली जायगी। विदेशी भाषाओं के जो शब्द या मुहावरे हिन्दी की नसों में खून बन गये हैं, उनके सिवा अगर और भी अच्छे शब्द या मुहावरे रुचने-पचने योग्य मिल सकें तो उन्हें प्रयोग की खराद पर चढ़ाना चाहिए। वे स्वयं भी बोलचाल की भाषा लिखते थे। प्रेमचन्द की शैली उन्हें बहुत पसन्द थी; उसकी बड़ी तारीफ किया करते थे। एक बार भाषा-सम्बन्धी बातचीत में उन्होंने कहा था कि चिट्ठी की भाषा से मँजी लेखनी परखी जाती है। उनका विचार था कि हिन्दी में पत्र-साहित्य की वृद्धि का यत्न होना चाहिए। पत्रात्मक साहित्य की कमी उन्हें बहुत खटकती थी। कहते थे कि चुस्त-दुरुस्त कलमवाला ही चिट्ठियों में साहित्य का रस भर सकता है। हिन्दी में जो इने-गिने पत्रात्मक उपन्यास हैं, उन्हें वे साहित्यिक दृष्टि से मूल्यवान मानते थे। यात्रा-सम्बन्धी पुस्तकों को भी वे चिट्ठियों के रूप में पढ़ने की कामना करते थे। उनको यह बात बहुत खलती थी कि सभी तरह की रुचि के पाठकों को अपने मन के माफिक पाठ्यसामग्री हिन्दी में नहीं मिल रही है। वे हिन्दी के अभावों और साहित्य की आवश्यकताओं की चर्चा करते समय अपनी सोची हुई स्कीमों की चर्चा भी करते जाते थे। लेकिन ईश्वर की ऐसी इच्छा कि उनकी योजनाएँ उनके साथ ही चली गईं।

उनसे भेंट होने पर हिन्दी-भाषा और हिन्दी-साहित्य के विषय में अनेकानेक प्रकार की बातें हुआ करती थीं। अगर अँगरेजी या बँगला में कोई अनोखी-अनूठी पुस्तक देख लेते तो सोचने लगते कि ऐसी ही पुस्तक हिन्दी में भी निकलती तो

अच्छा होता। कोई सुन्दर पत्र-पत्रिका भी देखकर उनके मन में यही भावना उठती थी। 'अमृत-बाजार-पत्रिका' और 'स्टेट्समैन' देखकर हिन्दी में भी वैसे ही दैनिक पत्र का सपना देखने लगते थे। कई बार 'इलस्ट्रेटेड वीकली' देखकर उन्हें अफसोस जाहिर करते देखा, और टोका भी कि जब देखो तब हिन्दी के अभावों पर ही निगाह क्यों; मगर उनकी तो लालसा यही रहती कि अन्य भाषाओं के साहित्य में जो कुछ भी सुन्दर और उत्तम है वह हिन्दी में भी हो जाय–बल्कि हिन्दी में ही पहले हो। इस तरह की बातों का जिक्र वे बराबर किया करते थे। उनका खयाली पुलाव भी मिठास का आभास देता था। उनका हवाई महल भी हिये की आँखों को सुखकर लगता था। उनके सपने भी बड़े सुहावने लगते थे। कारण, उन सबमें हिन्दी की सर्वतोमुखी उन्नति की ही उत्कट कामना रहती थी। एकमात्र हिन्दी का अभ्युदय ही उनका अभीष्ट था। हिन्दी के मोह-छोह ने उनको ऐसा ग्रस लिया था कि वे हिन्दी की खातिर काँगरेस को भी दूर से ही प्रणाम कर सकते थे।

प्रान्तीय साहित्य-सम्मेलन का एक इतिहास उन्होंने हजारीबाग जेल में लिख डाला था। उसमें शुरू से आज तक के विकास की कहानी है। उसे सम्मेलन की ओर से प्रकाशित करने का निश्चय हो चुका था। किन्तु वे अपनी आँखों उसे मुद्रित न देख सके। सम्मेलन के आरम्भिक वर्ष उन्हीं की छत्रच्छाया में बीते थे। उनके बचपन के कई साथी गुजर गये। जैसे–वैद्यनाथ बाबू, राघवजी, युद्धविक्रम मारुक, आदि। इन सबके मुखिया पंडित मथुराप्रसाद दीक्षित तो उस समय सम्मेलन के परिपोषक ही थे। दीक्षितजी, बेनीपुरीजी और नटवरजी तो रामधारी बाबू के अभाव का प्रभाव अनुभव करते ही रहे। उनके निधन से उनका परिवार तो निर्धन हुआ ही है, उनका मित्रमण्डल भी निर्धन हो गया। उनकी मित्रमण्डली में पारस्परिक घनिष्ठता ही दर्शनीय विशेषता थी, जहाँ बस 'तुम' ही अपेक्षित और 'आप' सर्वथा उपेक्षित था।

उनके साहित्यिक मित्रों में पं. मथुराप्रसाद दीक्षित, पं. छविनाथ पांडेय, पं. नन्दकिशोर तिवारी ('बिहार'-सम्पादक) श्रीरामवृक्ष बेनीपुरी, श्रीललितकुमारसिंह 'नटवर', पं. यमुनाप्रसाद त्रिपाठी (मुजफ्फरपुर), प्रोफेसर नवलकिशोर गौड़ (पटना-कालेज), श्री'दिनकर'जी, श्री'कैरव'जी, श्रीरामजी बाबू (प्रिंसिपल, पटना-इंजीनियरिंग कालेज), श्रीउमानाथजी, एम. ए. (डिपुटी डाइरेक्टर, पब्लिसिटी, बिहार), श्रीसाँवलिया बाबू, आदि विशेष उल्लेखनीय हैं। जब इन सबकी मित्रगोष्ठी कहीं होती थी तब साहित्य-चर्चा एवं हास-परिहास से आनन्द उमड़ पड़ता था। दीक्षितजी से उनकी बड़ी अभिन्न मैत्री थी। पांडेयजी ने उनके प्यारे सम्मेलन को संवर्द्धित और समुन्नत किया। तिवारीजी तो उनके सहपाठी ही थे। बेनीपुरीजी, नटवरजी, त्रिपाठीजी और गौड़जी के साथ उनका घरेलू व्यवहार चलता था।

दिनकरजी और बेनीपुरीजी को वे बिहार की साहित्यिक निधि कहा करते थे। कभी-कभी वे बिहार के लेखकों और कवियों की गिनती करने लगते थे और फिर चुनाव करते थे कि कौन ऐसा है जिसकी प्रतिभा एवं साहित्य-सेवा से हिन्दी-संसार में बिहार का मस्तक ऊँचा हुआ है। वे चाहते थे कि बिहार के साहित्यकारों की कीर्त्ति-पताका गौरव-गिरि पर लहराती रहे। इसीलिए उन्होंने बेतिया-राज्य से निधि प्राप्त कर सम्मेलन में साहित्यिक पुरस्कार की व्यवस्था की। दुःख है कि पुरस्कार-दान का एक भी अवसर वे स्वयं देख न सके।

बेतिया-राज्य से उनके घराने का पुराना सम्बन्ध था। उस राज्य के 'खिरिया' नामक गाँव में वे बहुत बड़े पैमाने पर खेती कराते थे। फसल के दिनों में वे प्रायः वहीं रहा करते थे। बेतिया-निवासी श्रीपीरमहम्मद मूनिस उनके पुराने साहित्यिक मित्र थे। मूनिसजी प्रसिद्ध लेखक और सार्वजनिक कार्यकर्त्ता थे–प्रान्तीय सम्मेलन के अध्यक्ष भी रहे। रामधारी बाबू उनकी सेवा-सहायता का हमेशा खयाल रखते थे। अभावग्रस्त साहित्यिकों की चिन्ता और चर्चा करते समय वे उद्विग्न-से दीख पड़ते थे। असमर्थ लेखकों के निर्वाह के लिए एक कोष स्थापित करने का इरादा वे अक्सर जाहिर किया करते थे। उनके उद्योग-बल से कुछ अधिकारी व्यक्तियों को सहायता मिलती भी थी। होनहार विद्यार्थियों को भी वे सहायता देते-दिलाते रहते थे। बेतिया-राज्य की ओर से प्रतिवर्ष दशहरे में जो कवि-सम्मेलन हुआ करता है, उसके आयोजन में उनकी भी प्रेरणा थी। बेतिया-राज्य के हिन्दी-प्रेमी मैनेजर श्रीविपिनबिहारी वर्मा उनके साहित्यिक सुझाव की बड़ी कद्र करते थे। उन्होंने बेतिया के साहित्यानुरागियों के सहयोग से दशहरे के कवि-सम्मेलन का स्थायी रूप खड़ा कर दिया। उसमें प्रान्त के और बाहर के कवियों का यथोचित सम्मान हुआ करता था। उनका विचार था कि एक बार प्रान्तीय सम्मेलन की ओर से बिहार के वयोवृद्ध साहित्यसेवियों को एकत्र कर विशेष समारोह के साथ उनका अभिनन्दन किया जाय। इसके लिए उन्होंने बूढ़े महारथियों की नामावली लिखवाई थी, पर उनके रंगीन सपने उनके साथ ही चले गये, इसी का शोक है, यों तो मरण इस मर्त्यलोक का स्वाभाविक धर्म ही है।

वे मुजफ्फरपुर-जिला-बोर्ड के वाइस-चेयरमैन थे। उन्होंने जिला-बोर्ड के दफ्तर में हिन्दी और नागरी का प्रवेश तो करा ही दिया था, खुद भी अधिकांश काम हिन्दी-नागरी में ही करते-कराते थे। बोर्ड का एक कलेण्डर उन्होंने हिन्दी में ही छपवाया था, जिसमें बोर्ड के खास-खास कामों का ब्यौरा संक्षेप में दिया गया है–कच्ची-पक्की सड़कों का विस्तार, स्कूलों और औषधालयों की संख्या, आदि। उनकी इच्छा थी कि बोर्ड का एक मासिक मुखपत्र भी हिन्दी में निकाला जायगा, जिससे जिले की जनता की सेवा भी होगी और बोर्ड की प्रगति का दिग्दर्शन भी होता रहेगा। स्थानीय पत्र की रूप-रेखा जो उन्होंने बनाई थी उससे उनकी

लोकसेवा की भावना स्पष्ट होती थी। जिस सार्वजनिक संस्था से उनका सम्पर्क होता था उसकी सेवा बड़ी लगन से करते थे। परिश्रम करने की उमंग और लगन ऐसी थी कि कभी उनमें शिथिलता न दीख पड़ी। सोनपुर के मशहूर मेले में जब प्रान्तीय सेवा-समिति का कैम्प जाता था तब वे भी मुजफ्फरपुर की नवयुवक-सेवा-समिति के साथ वहाँ पहुँचकर सेवाकार्य में योगदान करते थे। 1934 के भीषण भूकम्प की रिलीफ-कमिटी में भी अपनी सेवाएँ अर्पित करके अपने जिले की जनता का उपकार किया था।

अपनी जेल-यात्रा को वे साहित्यसेवा के निमित्त मिला हुआ अवकाश समझते थे। प्रान्तीय साहित्य-सम्मेलन का इतिहास उनके कारा-प्रवास में ही लिखा गया। एक बार की यात्रा में उन्होंने 'मूलर' की व्यायाम-प्रणाली पर एक पुस्तक लिख डाली। 'सैण्डो' आदि पाश्चात्य मल्लों की वैज्ञानिक पद्धति पर भी वे हिन्दी में पुस्तक लिखना चाहते थे। इसके लिए जरूरी सामान जुटाकर अध्ययन भी जारी रखते थे। लेकिन मनुष्य की सोचावट काल-प्रवाह में बालू की दीवार सिद्ध होती है। उनसे अनेक अवसरों पर अनेक प्रकार की बातें हुई थीं और प्रायः होती ही रहती थीं; पर सब-की-सब साहित्य-सम्बन्धी होती थीं। न जाने कितने संकल्प और मनोरथ उनकी दिवंगत आत्मा के अनुयायी हो गये।

उनका भ्रातृस्नेह और वात्सल्य भी आदर्श था। अपने सगे छोटे भाइयों–श्यामाजी और राजाजी–पर उनका अविरल स्नेह था। भाईचारा देखकर बड़ा सुख होता था। धन-जन-सम्पन्न घराने में ऐसा भ्रातृत्व बहुत कम देखा जाता है। इस भायप भाव के निबाहने का श्रेय उन्हीं को था। अपने पुत्र श्रीविनयकुमार से भी बढ़कर अपने अनुजों को प्यार करते थे। कभी-कभी इस रहस्य को प्रकट भी कर देते थे। श्रीविनयकुमार के एम. ए. पास कर प्रोफेसर हो जाने पर उन्होंने आत्मतोष व्यक्त करते हुए कहा कि अब ईश-कृपा से जीवन में शान्ति-सी अनुभूत हो रही है। हिन्दी-साहित्य में विनयकुमार की अभिरुचि और आसक्ति देखकर वे पहले से ही चाहते थे कि विनय हिन्दी के ही प्रोफेसर हों। जीते-जी उनकी यह साध पूरी हो गई। उनके जीवन में प्रत्यक्ष कोई दुःख न था। अपनी चिन्ताओं और कठिनाइयों को वे हिन्दी की आराधना में लीन रहकर भुलवाए रहते थे। उनकी चिन्ताएँ उनकी सहज सहिष्णुता और सहृदयता की तह में दबी पड़ी रहती थीं। मधुर हँसी का गाढ़ा पर्दा भीतर झाँकने भी न देता था। कभी-कभी एकान्त के विश्रम्भालाप में उनका हृदय-पटल खुल पड़ता था। इससे भी उन्हीं की महत्ता की सुरभि निकलती थी। उनके दर्जनों पत्र मेरे संग्रह में संचित हैं; उनके प्रकाश का समय ईश्वराधीन है।

श्रीश्यामधारीप्रसाद

1906-1960

बिहार-हिन्दी-साहित्य-सम्मेलन के संस्थापक और भूतपूर्व सभापति स्वर्गीय श्रीरामधारीप्रसाद के अनुज श्रीश्यामधारीप्रसाद हिन्दी के एक मेधावी कवि थे। उनका देहावसान 15 जून, 1960 को अपने गाँव भगवानपुर (कुढ़नी, मुजफ्फरपुर) में हुआ था। प्रौढ़ावस्था में ही देहान्त होने से उनके शील-सौजन्य से परिचित इष्ट-मित्र शोकाकुल हो उठे।

हमने पहले-पहल उनको, असहयोग-आन्दोलन के आरम्भिक वर्षों में, एक होनहार किशोर कवि के रूप में, मोतिहारी (चम्पारन) के एक कवि-सम्मेलन में, राष्ट्रीय भावोत्तेजक कविता सुनाते देखा था। राजनीति और साहित्य के क्षेत्र में काम करनेवालों के लिए उनका परिवार एक विश्वस्त विश्राम-स्थल था। दोनों क्षेत्रों में उनके परिवार की सेवाएँ बड़े महत्त्व की थीं। उन्होंने युवावस्था में जो कहानियाँ और कविताएँ लिखीं, उनसे ऐसा आभास मिला कि भविष्य में उनकी साहित्य-सेवा उन्हें हिन्दी-संसार में प्रभूत यशःश्री प्रदान करेगी; किन्तु अपने पूज्य पिता और अग्रज के आकस्मिक निधन से उन पर, परिवार-संचालन का ऐसा उत्तरदायित्व आ पड़ा कि फिर अनेक वर्षों तक वे अपनी साहित्यिक अभिरुचि को कीलित किये मौन बने रहे। आज से कई साल पहले अपना एक प्रकाशित कविता-संग्रह हमारे पास भेजकर उन्होंने बड़े खेद के साथ लिखा था कि अब पारिवारिक प्रपंचों में व्यस्त रहने के कारण मैं इसी पुस्तक को अपनी अन्तिम पुस्तक समझता हूँ। मनुष्य जब कभी जो कुछ बोलता या लिखता है, उसमें उस व्यक्ति का अन्तःस्थ ब्रह्म भविष्य-कथन भी करता चलता है। श्रीरामधारीप्रसादजी उनकी प्रतिभा देखकर बड़े आशावान् थे; क्योंकि वे स्वयं देश के सार्वजनिक कामों में तत्पर रहने के कारण अपनी इच्छा के अनुसार साहित्याराधन नहीं कर पाते थे, अतः बड़े सन्तोष के साथ कहा करते थे कि मेरे परिवार की श्रद्धा के अनुकूल श्यामजी ही साहित्य का रचनात्मक कार्य करके हम लोगों की आशा पूरी करेंगे। किन्तु, 'अपने मन कछु और है, विधना के कछु और' !

डॉ. गोरखप्रसाद

डॉ. गोरखप्रसाद 5 मई, 1961 को काशी में गंगा-स्नान करते समय अपने नौकर को डूबने से बचाने की चेष्टा में स्वयं भी गंगा की गहरी धारा में बिलीन हो

गये। वे प्रयाग-विश्वविद्यालय से अवसर-ग्रहण करके काशी-नागरी-प्रचारिणी-सभा के हिन्दी-विश्वकोश-विभाग में संयुक्त सम्पादक के पद पर काम कर रहे थे। वे हिन्दी-जगत के लब्धकीर्त्ति विज्ञानाचार्य और मंगलाप्रसाद-पारितोषिक-प्राप्त सुप्रतिष्ठ साहित्यकार थे। उनकी वैज्ञानिक कृतियों से हिन्दी के विज्ञान-साहित्य की श्रीवृद्धि हुई थी, हो रही थी और आगे भी होने की आशा थी। प्रयाग की प्रसिद्ध प्रतिष्ठित संस्था विज्ञान-परिषद् के वे एक प्रमुख स्तम्भ थे। हिन्दी के वैज्ञानिक साहित्य की समृद्धि के लिए उनकी सेवाओं की बड़ी आवश्यकता थी। बिहार-राष्ट्रभाषा-परिषद् (पटना) से उनकी 'नीहारिकाएँ' नामक पुस्तक प्रकाशित हुई है। उसके प्रकाशन के क्रम में उनसे पत्राचार का हमें अवसर मिला था, जिससे उनकी विनयशीलता और सहृदयता का जो परिचय प्राप्त हुआ, उससे यह भी आभास मिला कि वे अपने अवकाश-काल का उपयोग साहित्य-सेवा में ही करना चाहते थे। किन्तु, उनकी आकांक्षाएँ तो उनके साथ चली ही गईं, हिन्दी की भी बड़ी भारी क्षति हुई। उनका गंगा-लाभ अत्यन्त करुणोत्पादक और मर्मोत्पीड़क घटना थी।

पं. गोविन्दशास्त्री दुगवेकर
1881-1961

काशी-निवासी पण्डित गोविन्दशास्त्री दुगवेकर का देहान्त जबलपुर में 26 जून, 1961 को हुआ। मृत्यु-काल में उनकी आयु लगभग अस्सी वर्ष की थी। वे सागर (मध्यप्रदेश) के रहनेवाले महाराष्ट्र-ब्राह्मण थे, पर उनका अधिकांश जीवन काशी में ही बीता था। मराठी के अतिरिक्त वे संस्कृत, अँगरेजी, गुजराती, हिन्दी आदि भाषाओं के भी अच्छे विद्वान थे। पत्रकार और नाटककार के रूप में उन्होंने हिन्दी की स्तुत्य सेवा की थी। संगीत-कला, नाट्य-कला और ज्योतिष-विद्या के वे बड़े मर्मज्ञ थे। हिन्दी-रंगमंच की व्यवस्था और उसके संचालन में उनकी दक्षता प्रसिद्ध थी।

हमें अपने काशी-प्रवास के समय उनके सत्संग का लाभ अनेक अवसरों पर मिला था। जब वे 'गृहस्थ' मासिक पत्र के सम्पादक थे, तब रामघाट के हित-चिन्तक प्रेस में उनसे बहुत दिनों तक सम्पर्क बना रहा। वे भारतधर्म-महामण्डल (काशी) की 'आर्यमहिला' नाम्नी मासिक पत्रिका का भी सम्पादन कर चुके थे। महामण्डल से 'धर्मकल्पद्रुम' नामक जो विशाल ग्रन्थ प्रकाशित हुआ था, जिसके चार-चार सौ पृष्ठों के बारह खण्ड थे और जो सनातन धर्म का विश्वकोश माना गया था, उसके प्रणयन में उनका दीर्घकालीन सहयोग उनकी ज्ञानसीमा के [illegible] और उनकी

अखण्ड धर्मनिष्ठा का परिचायक है। वे अनेक वर्षों तक उक्त महामण्डल में हिन्दी के प्रामाणिक धार्मिक साहित्य की रचना करने में संलग्न रहे। वे सिद्धहस्त हिन्दी-अनुवादक समझे जाते थे। संस्कृत-नाटक 'मालविकाग्निमित्र' का हिन्दी-अनुवाद उन्होंने एक ही सप्ताह में कर डाला था। 'सुभद्रा-हरण' और 'हरहर महादेव' उनके प्रकाशित नाटक उनके ही निर्देशन में सफलतापूर्वक अभिनीत हुए थे। वे स्वयं भी कुशल अभिनेता थे। उनका रूप बड़ा सुन्दर था। बड़ी-बड़ी आँखें बड़ी मनोहारिणी थीं। उनके देशभक्तिपूर्ण विचारों में महाराष्ट्रीय संस्कृति की तेजस्विता थी। उनके साहित्यिक विनोद संस्कृत-महाकवियों की सूक्तियों से रससिक्त होते थे। मौन भाव से बड़ी गहरी लगन के साथ पचास वर्षों तक लगातार साहित्य-समाराधन में तत्पर रहकर वे चुपचाप ही चले गये।

पं. गिरिधर शर्मा 'नवरत्न'

1881-1961

साहित्य-वाचस्पति पण्डित गिरिधर शर्मा 'नवरत्न' 1 जुलाई, 1961 को झालरापाटन (राजस्थान) में गोलोकवासी हुए। अन्तकाल में उनकी आयु एकासी वर्ष की थी। वे द्विवेदी-युग के पुराने कवियों में बड़े लोकप्रिय यशोधन थे। कवीन्द्र रवीन्द्र की 'गीतांजलि' और उमर खैयाम की रुबाइयों का सर्वप्रथम हिन्दी-अनुवाद उन्होंने ही किया था। रवि बाबू की 'चित्रांगदा' का भी अनुवाद उन्हीं की लेखनी से खड़ी बोली के आधुनिक युग में पहले-पहल प्रकट हुआ था। खैयाम की रुबाइयों का संस्कृतानुवाद तो उन्होंने स्वयं अपने सरस्वती-भवन से ही प्रकाशित किया था। झालरापाटन के राणा के दरबार में उनकी बड़ी प्रतिष्ठा थी। वे कई प्रमुख साहित्यिक संस्थाओं के प्रतिष्ठापक और अनेक भाषाओं के विशेषज्ञ विद्वान थे। उनके पाण्डित्य से प्रभावित होकर कई विख्यात संस्थाओं ने उन्हें गौरववर्द्धिनी उपाधियों और द्रव्यराशिदान से सम्मानित तथा पुरस्कृत किया था। उन्होंने जयपुर और काशी में प्राचीन पद्धति से संस्कृत की शिक्षा प्राप्त की थी। गुजराती के प्रसिद्ध उपन्यास 'सरस्वतीचन्द्र' के एक ही खण्ड का हिन्दी-अनुवाद वे कर सके; पर गुजराती काव्य-ग्रन्थ 'जयाजयन्त' का अनुवाद पूरा कर दिया था। गुजराती और मराठी की कई अनूदित पुस्तकें हिन्दी में उनकी निकल चुकी हैं। उनकी ग्रन्थावली यदि प्रकाशित हो, तो उनके साहित्य-निर्माण का विराट रूप हिन्दी-संसार के समक्ष प्रत्यक्ष हो सकता है।

गुजराती होते हुए भी वे हिन्दी के कृतसंकल्प अनुरागी तथा आराधक थे।

पूज्य महामना मालवीयजी की अध्यक्षता में दिल्ली में जो काँगरेस हुई थी, उसी अवसर पर हमें उनके दर्शन का सौभाग्य प्राप्त हुआ था। 'हिन्दुस्तान-समाचार' नामक हिन्दी-साप्ताहिक पण्डित शिवनारायण द्विवेदी के सम्पादकत्व में निकलता था। उसी के कार्यालय में उन्हें देखा था। आपाद-मस्तक फरासीसी छींट के रुईदार कपड़े–कनटोप, अँगरखा, पायजामा–पहने हुए थे। पटना से 'पाटलिपुत्र'-सम्पादक श्रीसोनासिंह चौधरी उसी प्रेस में जा ठहरे थे और परम विनोदी भी थे। 'नवरत्न'जी ने अपनी उर्दू-शायरी सुनाकर सभी उपस्थित साहित्यिकों को लोट-पोट कर दिया। वे 'कलन्दर' उपनाम से बड़ी अच्छी शायरी करते थे।

पं. दशरथप्रसाद द्विवेदी
1886-1961

गोरखपुर के 'स्वदेश'-सम्पादक पं. दशरथप्रसाद द्विवेदी का निधन, पचहत्तर वर्ष की आयु में, वहीं के सदर अस्पताल में, अप्रैल, 1961 की नवीं तारीख को, सन्ध्या समय हुआ था। स्वनामधन्य सम्पादकाचार्य अमर शहीद श्रीगणेशशंकर विद्यार्थी के सहयोगियों में वे बड़े दृढ़ संकल्प के पत्रकार थे। देश के स्वतन्त्रता-संग्राम में उनके आदर्श त्याग और उनकी निःस्पृह सेवा का महत्त्व प्रमुख नेताओं को भी उनकी ओर आकृष्ट करनेवाला सिद्ध हुआ था।

उनका 'स्वदेश' शहीद-शिरोमणि विद्यार्थीजी के 'प्रताप' के समान ही एक सुसम्पादित साप्ताहिक पत्र समझा जाता था। उसका प्रत्येक अंक 'प्रताप' की सम्पादन-शैली का सच्चा प्रतिबिम्ब होता था। उसके प्रत्येक पृष्ठ से उनके अनवरत परिश्रम और सम्पादन-कौशल का परिचय मिलता था। घोर दमन के दिनों में भी उस पत्र का राष्ट्रीय स्वर सदैव ऊँचा ही रहा। देश के उत्थान और उद्धार में 'प्रताप' और 'स्वदेश' की सेवाएँ इतिहास के एक स्वतन्त्र अध्याय की गौरव-वृद्धि करनेवाली हैं। द्विवेदीजी के ही उद्योग और उत्साह से अखिल-भारतीय हिन्दी-साहित्य-सम्मेलन के गोरखपुर-अधिवेशन में विद्यार्थीजी ने अध्यक्ष-पद को गौरवान्वित किया था। दोनों सम्पादक-प्रवर सच्चे अर्थ में कर्मयोगी और कर्मवीर थे।

द्विवेदीजी के दर्शनों का सौभाग्य हमें दो बार प्राप्त हुआ था–1921 में कानपुर के 'प्रताप'-कार्यालय में और 1925 में 'माधुरी'-कार्यालय (लखनऊ) में। उनके एक समीपी सम्बन्धी श्रीभगवतीप्रसादजी लखनऊ में हमारे ही साथ रहते और 'माधुरी'-कार्यालय में ही काम करते थे। मोटी खादी की पोशाक में द्विवेदीजी की

सादगी और सरलता उस समय दर्शक को श्रद्धावनत कर देती थी, जिस समय वे अपनी ओजस्विनी वाणी से गान्धीवाद के सिद्धान्तों का समर्थन करने लगते थे। उनकी वाणी और लेखनी की शक्ति में आकर्षक प्रबलता और तेजस्विता थी। उनकी पत्र-सम्पादन-कला ने 'स्वदेश' को अपने युग के सुसम्पादित हिन्दी-साप्ताहिकों में आदरणीय स्थान का अधिकारी बना दिया था। उनके समान कर्मठ, निर्भीक और देशभक्त पत्रकार के निधन से हिन्दी-पत्रकारिता के इतिहास का एक महान व्यक्ति जाता रहा।

स्वामी सत्यदेव परिव्राजक
1877-1961

स्वामी सत्यदेव परिव्राजक भारत के देशभक्त और लोकसेवक संन्यासियों की परम्परा में विशिष्ट स्थान के अधिकारी हैं। 10 दिसम्बर, 1961 को, चौरासी वर्ष की आयु में, गुरुकुल-काँगड़ी के चिकित्सालय में, उनका शरीरपात हुआ। वे 5 दिसम्बर को सीढ़ी से उतरते समय पैर फिसल जाने पर गिर पड़े थे, जिससे उनके मस्तक से बहुत अधिक रक्तस्राव हुआ था। उनके निधन से हिन्दी का एक अनन्य भक्त, समर्थ और उद्‌भट लेखक तथा ओजस्वी वक्ता जाता रहा। वे पंजाबी और आर्यसमाजी तथा अखण्ड ब्रह्मचर्यव्रती थे। द्विवेदी-युग की 'सरस्वती' के लेखकों में वे बहुत लोकप्रिय थे। उन्होंने 'मनुष्य के अधिकार', 'यूरोप के अनुभव', 'मेरी कैलास-यात्रा', 'लेखन-कला', 'खतरे की घण्टी', 'लहसुन बादशाह' आदि पुस्तकें लिखकर स्वयं प्रकाशित की थीं। ज्वालापुर (उत्तर प्रदेश) में गंगातट पर 'सत्यनिकेतन' नामक संस्था स्थापित करके उन्होंने उस क्षेत्र की जनता की स्तुत्य सेवा की थी। अन्त में, उन्होंने वह संस्था काशी-नागरी-प्रचारिणी-सभा को समर्पित कर दी थी।

वे अदम्य साहसी और पुरुषार्थी व्यक्ति थे। उनकी निर्भीकता और देश-भक्ति अत्यंत प्रचंड थी। उन्होंने अपने जीवन से स्वावलम्बन और त्याग का ऊँचा आदर्श उपस्थित किया। उनकी वाणी और लेखनी ने भारतीय समाज की चिरस्मरणीय सेवा की। उनका सारा जीवन देश और समाज के हित-चिन्तन और सेवाव्रत-पालन में ही व्यतीत हुआ। उनका बलिष्ठ शरीर ढलती उम्र में भी शक्तिशाली बना रहा; किन्तु स्वतन्त्रता-संग्राम में उनकी देह बहुत लच गई। उन्होंने स्वयं कहा था कि नौकरशाही गोरी सरकार के उत्पीड़न से ही मेरी दृष्टि-शक्ति नष्ट हो गई। समस्त भारत में भ्रमण करके उन्होंने हिन्दी का प्रचार किया था। सामाजिक कुरीतियों

और अन्धविश्वासों पर उनकी लेखनी और वाणी बड़ी तेजस्विता के साथ व्रज-प्रहार किया करती थी। दक्षिण भारत के हिन्दी-प्रचार-कार्य का संचालन उन्होंने ही आरम्भ में बड़ी सफलता से किया था। उत्तर भारत का शायद ही कोई प्रमुख स्थान हो, जहाँ वे हिन्दी का झण्डा फहराने के लिए न पहुँचे हों।

जहाँ तक हमें स्मरण है, वे सन् 1911 ई. में अमेरिका से भारत लौटे थे। उसी समय से बिहार में उनका दौरा शुरू हुआ था। वर्त्तमान शती की पूरी दूसरी दशाब्दी में उनके भाषणों से बिहार गूँजता रहा। हमने उनके असंख्य भाषण सुने थे। उन भाषणों से जन-जागरण का बड़ा महत्त्वपूर्ण कार्य हुआ। चम्पारन में महात्मा गाँधी ने जब स्वाधीनता-संघर्ष का सूत्रपात किया था, तब उन्होंने भी एक बहादुर सैनिक की भाँति सरकारी आदेश की अवज्ञा करके जेलयात्रा की थी। जनता में राष्ट्रीय चेतना जगाकर उन्होंने काँगरेसी नेताओं के लिए मैदान तैयार किया था। छात्रों और युवकों पर उनका बड़ा गहरा प्रभाव था। वे पौरुष और वीरत्व के पुजारी थे। आजीवन ब्रह्मचर्य-पालन और अज्ञान तथा अभाव से पीड़ित जनता की सेवा में जीवनोत्सर्ग करने का सन्देश देकर वे हमारे बीच से चले गये।

श्रीदेवव्रत शास्त्री
1901-1962

श्रीदेवव्रत शास्त्री 10 जनवरी, 1962 (बुधवार) को मोटर-दुर्घटना में स्वर्गगामी हो गये। वे सपरिवार पटना से अपने घर (चम्पारन) मोटर द्वारा जा रहे थे। उनके साथ ही उनकी विवाहिता भतीजी का भी देहान्त हो गया। उनकी धर्मपत्नी घायल होकर बच गईं। उनकी आकस्मिक अकालमृत्यु से सर्वत्र शोक छा गया।

वे हिन्दी-दैनिक 'नवराष्ट्र' (पटना) के प्रधान सम्पादक थे। बिहार-हिन्दी-साहित्य-सम्मेलन के जमशेदपुर-अधिवेशन के सभापति हो चुके थे। चीन की यात्रा से लौटकर उन्होंने वहाँ के अनुभवों पर एक संस्मरणात्मक पुस्तक भी लिखी थी। बिहार पहले हिन्दी-पत्रों के लिए ऊसर प्रदेश कहा जाता था। उन्होंने साप्ताहिक 'नवशक्ति' निकालकर बिहार को उपजाऊ सिद्ध कर दिया। 'नवशक्ति' को दैनिक रूप देकर उसके लिए स्वतन्त्र भवन बनवाया। फिर, 'राष्ट्रवाणी' नामक दैनिक पत्र निकालकर बड़ी सफलता से चलाते रहे। जब 'नवशक्ति' और 'राष्ट्रवाणी' से उनको अलग होना पड़ा, तब अपने उन दोनों प्रिय पत्रों के नाम से प्रथम शब्द लेकर उन्होंने 'नवराष्ट्र' को जन्म दिया। वे बड़े कर्मठ, उद्योगी और उत्साही थे। उनका साहस और अध्यवसाय पत्रकारों के लिए आदर्श है। स्वावलम्बन द्वारा उन्होंने

अपने पत्रकार-जीवन का स्वयं निर्माण किया था। भारत के पड़ोसी देश नेपाल में हिन्दी और मैत्री-भावना का प्रचार करने के लिए उन्होंने साप्ताहिक 'हिमालय-सन्देश' निकाला था। औद्योगिक क्षेत्र के श्रमिकों के कल्याणार्थ 'उद्योगभूमि' नामक साप्ताहिक पत्रिका अलग चलाते थे। उनको जीवन-भर आर्थिक कठिनाइयों से जूझना पड़ा, पर कभी उनकी हिम्मत न टूटी। वे 'प्रताप' (कानपुर) के सम्पादकीय विभाग में स्वनामधन्य सम्पादकप्रवर श्रीगणेशशंकर विद्यार्थी के सहयोगी रह चुके थे और काशी-विद्यापीठ के स्नातक थे। इसलिए, उनके विचारों में संस्कारी दृढ़ता थी। जिस काम के लिए वे कृतसंकल्प होते थे, उसे पूरा करके ही दम लेते थे।

एक बार उन्होंने अपने इस अटल मनोबल का रहस्य बतलाया था। जब वे काशी-विद्यापीठ में विद्यार्थी थे, उसके संस्थापक श्रीशिवप्रसाद गुप्त का एक पत्र देखा था। उस पत्र पर और उसके लिफाफे पर भी जो सिद्धांत-वाक्य छपा था–'संकल्पमात्रेण मदीयसिद्धिः'–उसको देखते ही उनके मन पर सहसा जादू का असर हुआ। उन्होंने उस सूक्ति को अपने जीवन में अक्षरशः चरितार्थ कर दिखाया। प्रतापी सम्पादक विद्यार्थीजी के संघर्षशील व्यक्तित्व का प्रभाव भी उनके जीवन पर गहरा पड़ा था। दैवी सम्पदा का प्रथम गुण 'अभय' और धर्म का प्रथम लक्षण 'धैर्य'–दोनों ही उनकी प्रकृति के अंग बन गये थे। घोर संकट की घड़ियों में भी विचलित होते नहीं देखे गये। 'नवशक्ति' द्वारा उन्होंने अपना पत्र-सम्पादन-कौशल भी बड़े आकर्षक ढंग से प्रदर्शित किया। सम्पादन-कला के प्रशिक्षण के लिए पटना में कोई संगठित प्रयत्न करने की योजना उनकी कल्पना में बहुत दिनों से थी। यदि वे जीवित रहते तो सम्भव था कि उनकी कल्पना कभी साकार होकर रहती। किन्तु, वे मन की वात मन में ही लिये चले गये। हिन्दी-पत्रकारिता के इतिहास में वे अमर रहेंगे।

पं. रामनरेश त्रिपाठी
1889-1962

पण्डित रामनरेश त्रिपाठी की निधन-तिथि के विषय में कई पत्र-पत्रिकाओं में मतभेद रहा। दैनिकों से पता लगा था कि वे 16 जनवरी, 1962 (एकादशी) को प्रयाग में दिवंगत हुए; पर उनके अभिन्न मित्र श्रीयुत श्रीगोपाल नेवटियाजी ने अपने मासिक 'नवनीत' (बम्बई) में 19 जनवरी ही लिखकर भ्रम-निवारण कर दिया था।

नेवटियाजी से त्रिपाठीजी का बहुत ही घनिष्ठ सम्बन्ध था। नेवटियाजी ने उनकी 'कविता-कौमुदी' के दो भागों का नवीन संस्करण भी उनके जीवन-काल में ही प्रकाशित किया था। त्रिपाठीजी ने साहित्य-संसार में ग्रामगीतों की महत्ता स्थापित करके हिन्दी की अतुलनीय सेवा की थी। संस्कृत, बँगला, उर्दू, व्रजभाषा और खड़ी बोली के प्रमुख कवियों की जीवनी तथा रचनाओं का सुसम्पादित संग्रह 'कविता-कौमुदी' के नाम से कई खण्डों में प्रकाशित करके उन्होंने हिन्दी का जो उपकार किया, उस महान कार्य के लिए वे साहित्य के इतिहास में अमर रहेंगे। ग्रामगीतों के संग्रह में उन्होंने अक्लान्त भाव से घोर परिश्रम किया था। बिहार-हिन्दी-साहित्य-सम्मेलन के रजत-जयन्ती-महोत्सव में पटना पधारे थे, तो अपनी कठिनाइयों का वर्णन करते हुए कहते थे कि ठेठ देहात में कोसों पैदल चलकर, चना-चबेना और सत्तू खाते हुए ग्रामवासियों से निहोरा करता फिरता था तथा रात में लालटेन जलाकर मकान के पिछवाड़े बैठे स्त्रियों के कण्ठ से निकले गीतों को एकाग्रता से सुनकर मनोयोग के साथ लिखता चला जाता था–कितने ही गाँवों में स्त्रियों को कपड़े और रुपये भी देने पड़ते थे–इस प्रकार ग्राम-यात्रा और गीत-संग्रह में हजारों रुपये खर्च करने पड़े। उनका कहना था कि देश के हर एक गाँव में जाकर क्षेत्रीय भाषा के शब्द, मुहावरे, कहावत, लोकगीत, लोकगाथा आदि का संग्रह करने के लिए मिश्नरी स्पिरिट के साहित्यिक यात्री-दल की आवश्यकता है; क्योंकि प्रत्येक जनपद की भाषा में विशाल साहित्य-राशि अछूती-अनदेखी पड़ी है।

त्रिपाठीजी ने अपने हिन्दी-मन्दिर (प्रयाग) से कई सुन्दर पुस्तकें प्रकाशित की थीं। उनकी तीन कविता-पुस्तकें–'पथिक', 'मिलन', 'स्वप्न'–उनकी कवित्व-शक्ति की परिचायिका हैं। ये पुस्तकें बहुत दिनों से स्कूल-कॉलेजों में पढ़ाई जाती रही हैं। उनकी गद्य-पद्य-रचनाओं में जो प्रांजलता और सरसता है, वह उनके समकालीन कुछ ही साहित्यकारों की रचनाओं में दृष्टिगोचर होती है। वे उत्तर प्रदेश के जौनपुर जिले के निवासी थे। 1921 से ही हमारा-उनका परिचय और पत्राचार था। लगातार तीस वर्षों तक अनवरत परिश्रम करते रहने के बाद सुल्ताँपुर (उ. प्र.) में एक उद्यान के बीच 'वसन्त-निवास' बनाकर वे विश्राम करने लगे थे; किन्तु वह स्थान भी रेलवे के अधिकार में चला गया और अपनी पारिवारिक अशान्ति के कारण वे अहर्निश चिन्तित रहने लगे, जिसका घातक प्रभाव उनके स्वास्थ्य पर पड़ा। इसीलिए, उनके अन्तिम समय के भावोद्गार बड़े ही कारुणिक और मर्मस्पर्शी हैं। अगर उनके दिल-दिमाग में गृह-कलह की बेचैनी न होती, तो साहित्य-क्षेत्र से वे सहसा संन्यास न लेते और न बहत्तर वर्ष की आयु में ही दम तोड़ते।

राजर्षि पुरुषोत्तमदास टण्डन

1882-1962

परम श्रद्धेय राजर्षि श्रीपुरुषोत्तमदास टण्डन ने अपनी ओजस्विनी वाणी से राष्ट्रभाषा हिन्दी की जो निस्पृह सेवा की है वह समस्त हिन्दी-संसार में सर्वथा अतुलनीय एवं चिरस्मरणीय है। अखिल-भारतीय-हिन्दी-साहित्य-सम्मेलन को सर्वतोभावेन एक समर्थ संस्था के रूप में परिणत करके देश-देशान्तर में उसके व्यापक प्रभाव को स्थापित करने का श्रेय एकमात्र उन्हीं को है। यद्यपि आज उसकी शक्ति सीमित हो गई है तथापि वह अपना लक्ष्य सिद्ध कर चुका है और उसकी लक्ष्य-सिद्धि की पताका के दण्ड-स्वरूप राजर्षि टण्डनजी ही हैं।

हिन्दी-जगत् को भली भाँति विदित है कि आचार्य महावीरप्रसाद द्विवेदी आजीवन 'सम्मेलन' से उदासीन और तटस्थ रहे। उनको सम्मेलन का सभापति बनाने के लिए अनेक बार प्रयत्न हुए, पर कभी उन्होंने सभापतित्व स्वीकार नहीं किया। सम्मेलन के अधिवेशनों में सम्मिलित होने से भी वह विमुख रहे। किन्तु हिन्दी के सच्चे सेवक की साहित्य-सेवा के प्रति उनके हृदय में पर्याप्त आदर-भाव था। इसी कारण जब बाबू श्यामसुन्दरदास प्रयाग में छठे सम्मेलन के सभापति हुए तब द्विवेदीजी उसमें सहर्ष पधारे। बाबू साहब के साथ उनका मतभेद जग-जाहिर था, फिर भी वह बाबू साहब की अनिर्वचनीय हिन्दी-सेवा के प्रति सम्मान प्रदर्शित करने की भावना से अधिवेशन में निस्संकोच उपस्थित हुए। मैं भी उस महोत्सव में उपस्थित था। वह लाला रामप्रसाद के बाग में हुआ था। उस दर्शनीय समारोह में भारतेन्दु-सखा पंडित बदरीनारायण चौधरी 'प्रेमघन' भी आये थे। उस समय के सामयिक पत्रों में यह बात छपी भी थी कि द्विवेदीजी के हृदय में श्यामसुन्दरदासजी की हिन्दी-सेवा के लिए जो प्रतिष्ठा थी उसी को प्रकट करने की इच्छा से वह सर्वविदित वैमनस्य को विस्मृत कर सम्मेलन में चले आये। फिर उस समय के कई साल बाद जब सम्मेलन का अधिवेशन कानपुर में हुआ तब भी सभापतित्व के लिए द्विवेदीजी से आग्रह किया गया था, पर उनका संकल्प तो शम्भु-शरासन-सदृश अटल था। अतः राजर्षि टण्डनजी उसके सभापति बनाये गए। उस युग के पत्रों के पाठकों को यह स्मरण होगा कि टण्डनजी के निर्वाचन को सार्वदेशिक समर्थन प्राप्त हुआ था और जब द्विवेदीजी को यह समाचार मिला तो वह अत्यन्त प्रसन्न हुए। इतना ही नहीं, जब द्विवेदीजी से स्वागताध्यक्ष होने के लिए निवेदन किया गया तब सम्मेलन की छत्रछाया में किसी प्रकार का कोई पद अंगीकृत न करने की अपनी प्रतिज्ञा को बिसारकर वह स्वागताध्यक्ष बन गए। उन दिनों के पत्र-पाठकों को स्मरण होगा--आचार्यजी ने स्पष्ट कहा था कि सम्मेलन के मण्डप में कोई पदाधिकारी होकर प्रवेश करना मेरे सिद्धान्त के विरुद्ध है; पर

जब टण्डनजी सभापति होकर मेरे नगर में आ रहे हैं तब उनका स्वागत करना मेरा कर्त्तव्य है; क्योंकि हिन्दी को भारतव्यापी बनाने में उनका भगीरथ प्रयत्न प्रत्येक हिन्दी-हितैषी के लिए वन्दनीय और अभिनन्दनीय है। आधुनिक पाठकों को भी यह ज्ञात होगा कि द्विवेदीजी बहुत दिनों तक जूही (कानपुर) में रहे थे, जहाँ उनका कमर्शियल प्रेस भी था और उनका यह पता 'सरस्वती' में भी बराबर छपता रहा। उनका वह स्वागत-भाषण दृष्टव्य है।

'राजर्षि टण्डनजी सम्मेलन के आदिकाल से ही उसके सजग प्रहरी रहे। आप उन्हें उसका प्रतिपालक पिता, सम्पोषक, संरक्षक अथवा संवर्धक, जो कुछ भी कहें, उनके लिए उपयुक्त ही होगा। उन्होंने उसके माध्यम से हिन्दी-हितार्थ जो प्रचारात्मक और रचनात्मक कार्य किये-कराये हैं वे ऐतिहासिक महत्त्व के हैं।

सन् 1914 में मुझे उनके प्रथम दर्शन का सौभाग्य लखनऊ के पाँचवें सम्मेलन में प्राप्त हुआ था। कविवर पंडित श्रीधर पाठक उस अधिवेशन के अध्यक्ष थे। बाबू श्यामसुन्दरदास वहाँ कालीचरण हाई-स्कूल के प्रधानाध्यापक थे और उसी विद्यालय के प्रशस्त प्रांगण में महोत्सव-मण्डप था। उर्दू के उस प्राचीन गढ़ में हिन्दी की सर्वभाषा हितैषणा और व्यापकता पर टण्डनजी का जो प्रभावशाली भाषण हुआ था वह समागत प्रतिनिधियों के बीच बराबर चर्चा का विषय बना रहा। कलकत्तावाले एकादश अधिवेशन में भी, जिसके सभापति डॉक्टर भगवानदासजी थे, प्रतिष्ठित वंगीय विद्वान सर देवीप्रसाद सर्वाधिकारी ने जब वंगभाषा के साहित्य की समृद्धि-वृद्धि का गुणगान करते हुए हिन्दी-साहित्य के अभावों पर असन्तोष एवं खेद प्रकट किया, तब टण्डनजी ने बड़ी ओजस्विता के साथ और संयत भाषा में उन्हें ऐसा सटीक उत्तर दिया कि टण्डनजी का भाषण समाप्त होते ही वह मौन धारण किये उठ चले। हिन्दी की साहित्यिक सम्पत्ति का यथार्थ मूल्यांकन करनेवाला वह भाषण सचमुच मर्मस्पर्शी था। उस उपयुक्त अवसर की टण्डनजी की तेजस्विता देख हिन्दी-प्रेमियों का हृदय गर्वोल्लास से स्पन्दित होने लगा। उन्होंने हिन्दी के साहित्यिक ऐश्वर्य का विशद वर्णन करते हुए कहा था कि काँच के चमकीले टुकड़ों की असंख्य राशियाँ भी एक अमूल्य रत्न की बराबरी नहीं कर सकतीं–ग्रन्थों की संख्यावृद्धि से ही कोई साहित्य वैभवशाली नहीं होता–परमोच्च कोटि के दो-चार ही लोकप्रिय ग्रन्थ किसी साहित्य को महिमा-मण्डित कर सकते हैं–हिन्दी का रामचरितमानस अकेला ही अन्य भाषाओं के ग्रन्थ-समुदाय से बढ़ा-चढ़ा है–अपने प्राचीन साहित्य के बल पर हिन्दी विश्व-साहित्य के सामने भी अपना सिर ऊँचा कर सकती है…'

वस्तुतः वह भाषण रेकर्ड करने योग्य था। मैंने तो उसका अतिशय संक्षिप्त आशय-मात्र यहाँ लिखा है। उनके इस प्रकार के अनेक भाषणों की चर्चा करने के लिए यहाँ स्थान ही नहीं है। हिन्दी के निमित्त हुए उनके भाषण यदि लिपिबद्ध

और संगृहीत होते तो साहित्य की एक अमूल्य निधि होते।

यदि यह कहा जाए कि हिन्दी टण्डनजी की साँस है तो अत्युक्ति न होगी। वह जहाँ कहीं, चाहे जिस परिस्थिति में रहे, उनके चिन्तन का विषय हिन्दी-हित ही रहा और किसी प्रकार हिन्दी उनके ध्यान से न हटी। जब वह विधान-सभा के अध्यक्ष थे, कांग्रेस के सभापति थे, केन्द्रीय संसद में थे; कहीं हिन्दी को न भूले। हिन्दी के लिए उन्होंने राष्ट्रपतित्व तक को त्याग दिया। अपमान का भी ध्यान छोड़कर हिन्दी की भलाई पर ही निगाह रखना उन्हीं के समान वीतराग तपस्वी का काम है।

उन्होंने भारतीय संस्कृति-सम्मेलन की स्थापना करके स्वदेशवासियों के नैतिक उत्थान का जो प्रयास किया वह भी उनके तपोमय जीवन का एक मुख्य प्रसंग है। उस मुख्य संस्था की त्रैमासिक पत्रिका 'भारतीय संस्कृति' और उसके वार्षिक अधिवेशनों के सभापतियों के भाषणों से साहित्य की जो श्रीवृद्धि हुई है वह उपेक्षणीय नहीं है। उदाहरणार्थ, डॉक्टर भगवानदास का भाषण भारतीय संस्कृति का स्फटिक-स्वच्छ स्वरूप प्रदर्शित करनेवाला एक अभूतपूर्व निबन्ध है। उक्त सम्मेलन से गिने-चुने विद्वानों द्वारा सांस्कृतिक साहित्य तैयार कराने का सर्वतोधिक श्रेय टण्डनजी को ही है।

जुलाई, सन् 1954 में राजर्षि टण्डनजी पटना पधारे और बिहार सरकार के वित्तमन्त्री डॉक्टर अनुग्रहनारायणसिंह (अब स्वर्गीय) के अतिथि हुए। मैं स्टेशन पर उनके स्वागतार्थ गया था। चरण-स्पर्श करते समय उन्होंने सहसा मुझे नहीं पहचाना। जब निवास-स्थान गये तब उनको पता चला तो वह दोपहर के समय अचानक बिहार-राष्ट्रभाषा-परिषद् के कार्यालय में मुझे आशीर्वाद देने के लिए पहुँच गए। कहने लगे कि मैंने भीड़ में तुम्हें पहचाना नहीं, अब तुम्हारा स्वास्थ्य कैसा है ? मैं उनका सौहार्द और सौजन्य देख अवाक् रह गया। उनकी सेवा में परिषद् की पुस्तकें बराबर भेजता ही रहता था। जो नई छपी पुस्तकें शेष थीं उन्हें समर्पित कर आशीर्वाद की याचना की तो भाव-विभोर होकर ग्रन्थ-प्रकाशन की सराहना करने लगे। फिर दूसरे ही दिन बिहार-हिन्दी-साहित्य-सम्मेलन के अन्तर्गत मेरी स्वर्गीया धर्मपत्नी के नाम पर जो 'बच्चनदेवी-साहित्य-गोष्ठी' स्थापित हुई उसका उद्घाटन करते हुए उन्होंने अपने भाषण में साहित्य-सेवा के लिए निष्कलंक चरित्र की अनिवार्य आवश्यकता पर ही विशेष बल दिया। उनका प्रत्येक वाक्य उनके अन्तस्तल का दर्पण था। उन्होंने बड़े दृढ़ शब्दों में अपनी यह धारणा व्यक्त की थी कि ऊँचे चरित्र के साहित्यसेवी का साहित्य ही समय के थपेड़े को सहता हुआ सदियों तक टिकाऊ रह सकता है। और जिस साहित्य के पीछे चरित्रोत्कर्ष की शक्ति होगी वही लोक-कल्याणकारी तथा स्थायी होगा। जिस समय वह बोल रहे थे उनके मुखड़े की शिराएँ तन गई थीं। चेहरा तो उनका ऋषियों-जैसा था ही।

उनकी वाणी उनके अंतस्तल से निकलती थी और उसमें उनकी तपस्या की तेजस्विता रहती थी। आधुनिक साहित्य-संसार में पवित्र चरित्र को महत्त्वहीन समझने की प्रवृत्ति पर उन्होंने खेद प्रकट किया था। वास्तव में आदर्श चरित्र की व्यावहारिक शिक्षा देने के लिए उनका सारा जीवन एक विद्यालय के समान है।

टण्डनजी ने अपनी लेखनी से अधिक अपनी वाणी से ही राष्ट्रभाषा हिन्दी की सेवा की है। देश-विदेश में हिन्दी को व्यापक बनाकर वह अमर हो गए हैं। उनका सच्चा स्मारक होने योग्य साहित्य-सम्मेलन तो अब न रहेगा, पर वह चाहे जब बने और जहाँ कहीं बने, उनकी वाणी का प्रसाद जो देश को समय-समय पर मिलता रहा है उसी का संचय ग्रन्थ के रूप में होना चाहिए। वही उनका वास्तविक स्मारक होगा और उनकी ओर से भावी पीढ़ी को उत्तराधिकार में प्राप्त वही धरोहर भी।

राजर्षि टण्डनजी राष्ट्रभाषा हिन्दी के अद्वितीय भक्त थे। हिन्दी के कृत-संकल्प पृष्ठपोषक होने के कारण ही वह राजनीति के क्षेत्र से अलग होने को विवश कर दिये गए। यदि हिन्दी के तिरस्कार का हथौड़ा उनके हृदय पर लगातार चोट न करता तो वह अभी दम न तोड़ते। अन्तिम समय में जब वह रोगशैया पर असमर्थ पड़े थे, हिन्दी पर अन्याय होते देख-सुनकर भीतर-ही-भीतर घुलते रहे। उनको हिन्दी प्राणों से भी प्यारी थी। उसी के लिए उन्होंने साहित्य-सम्मेलन से महात्मा गांधी के सम्बन्ध-विच्छेद का असह्य दुःख सहन किया। उसी के लिए वह देश के कर्णधारों की आँखों का काँटा बने। भारतीय संविधान में हिन्दी को राष्ट्रभाषा का पद उन्हीं के अथक प्रयास से मिला, पर अपनी परम प्यारी हिन्दी को जिस रूप में प्रतिष्ठित देखना चाहते थे, उस रूप में उसे उन्हें नहीं देखने दिया गया। उनके अपूर्व त्याग का तिरस्कार हुआ, उनकी वंदनीय सेवा और तपस्या का तिरस्कार हुआ। जब से देश स्वतन्त्र हुआ तभी से वह हिन्दी के अनुदिन अभ्युदय के सुनहले सपने देखने लगे। हिन्दी के हितार्थ उनके मन में जितनी आशाएँ और कल्पनाएँ थीं, वे यदि सफल तथा साकार हुई होतीं तो निश्चय ही वह शतायु होते। उनके सपनों का महल निर्ममता से ढहाया गया, उनके देहावसान के बाद यह कठोर सत्य प्रत्येक हिन्दी-प्रेमी के समक्ष आज प्रत्यक्ष हो उठा है। कोई सत्य को भले ही अब न माने, न कहे-सुने, पर यह सर्वथा निर्विवाद है। हिन्दी-साहित्यसेवी अपनी अन्तरात्मा से पूछने पर सहज ही इसका साक्षात्कार कर रहे हैं आज।

प्रत्येक व्यक्ति सचाई के साथ सोच-समझकर अनुमान कर सकता है कि जिस हिन्दी को राजर्षि अपने प्राणों से भी बढ़कर प्रिय मानते थे, उसको अपनी खुली आँखों से अपदस्थ होते देखकर उन्हें कैसी मर्मवेदना हुई होगी। उनकी मानसिक यन्त्रणा की कल्पना भी मर्मवेधी जान पड़ती है। मौन रहकर वह हिन्दी

के प्रति अपने राष्ट्र का रुख देखते रहे। जब उनकी आखिरी साँस चल रही थी तब आकाशवाणी की विकृत हिन्दी का वज्राघात उनके जर्जर हृदय को और भी चूर-चूर कर गया। चलते-चलते भी शान्ति की अनुभूति नहीं होने पाई। जिसके कलेजे पर बार-बार वृश्चिकदंश हो उसकी पीड़ा और अशान्ति की थाह पाना इस हृदयहीन युग के लिए सम्भव नहीं।

विगत वर्ष महाकवि निराला को देखने मैं प्रयाग गया था। उसी समय राजर्षि के दर्शन करने भी गया। उनके पास पंडित मौलिचन्द्र शर्मा बैठे हुए थे। साहित्य-सम्मेलन की चर्चा छिड़ी थी। शर्माजी से वह कभी-कभी कुछ साँसों में बोलते थे। अत्यन्त मन्द स्वर उनकी अशक्तता का द्योतक था। देश में हिन्दी की गतिविधि सुनकर उनका मुखमण्डल विवर्ण हो गया। पलंग पर वह मसनद के सहारे बैठे थे। हिन्दी का हाल सुनते-सुनते वह साँस खींचकर लेट गए। दाहिने हाथ की अँगुलियों को आढ़ी-तिरछी करके शून्य में हिला दिया और आँखें मूँद लीं। उनकी मनःस्थिति देखकर चित्त कातर हो गया। अब उनकी तरह साँस-साँस में हिन्दी को कौन जपेगा ?

अक्तूबर, 1960 में उनके सार्वजनिक अभिनन्दन के अवसर पर मैंने 'भारत' में एक संस्मरण लिखा था। वह किसी ने उन्हें पढ़कर सुनाया था। दुबारा भेंट होने पर उन्होंने धीमे स्वर में पूछा, "कलकत्ता-सम्मेलन और लखनऊ-सम्मेलन की बातें मेरे ध्यान से उतर गई थीं, मगर तुमको आज तक याद थीं ?" इतना कहकर मुसकराए और चुप हो रहे। सम्मेलन का दसवाँ अधिवेशन कलकत्ता में डॉक्टर भगवानदासजी के सभापतित्व में हुआ था। उसमें एक वंगीय विद्वान ने हिन्दी और वँगला के प्रकाशित साहित्य का तुलनात्मक विवेचन करके अपनी भाषा को ऊँचा पीढ़ा दिया। टण्डनजी ने अपने लम्बे भाषण में कहा था कि काँच के टुकड़ों की राशि एक रत्न से तौल में भारी हो सकती है, पर मूल्य में नहीं, और हिन्दी का अकेला 'रामचरितमानस' ही हजारों ग्रन्थों को अपनी बराबरी में टिकने नहीं देगा। केवल ग्रन्थ-संख्या-वृद्धि से कोई साहित्य समृद्धिशाली नहीं होता, पर गिने-चुने ग्रन्थ-रत्नों से साहित्य अवश्य गौरवशाली होता है। हिन्दी में ग्रन्थ-रत्नों की कमी नहीं है। लखनऊ के पंचम अधिवेशन में पंडित श्रीधर पाठक अध्यक्ष थे। लखनऊ उर्दू का गढ़ है। उर्दूवालों की एक अलग सभा उसी अवसर पर हुई, जिसके मन्तव्यों पर टण्डनजी का बड़ा ही प्रभावशाली भाषण सम्मेलन-पण्डाल में हुआ। उन्होंने हिन्दी और उर्दू की एकता का प्रतिपादन बड़े ओजस्वी शब्दों में किया था और दोनों भाषाओं की अभिन्नता को छिन्न-भिन्न करने की कुचेष्टा के उदाहरण भी दिये थे। उनके भाषण के संग्रह यदि प्रकाशित हों तो वे निश्चय ही हिन्दी की अनमोल निधि होंगे। राजर्षि पुरुषोत्तमदास टण्डन हिन्दी के लिए जिये और हिन्दी के लिए मरे। हिन्दी उनकी जिन्दगी की साँस थी। हिन्दी उनकी आँखों की पुतली

और ज्योति थी। हिन्दी उनके मस्तिष्क की चिन्तनधारा थी। हिन्दी उनके हृदय की शाश्वत गति थी। हिन्दी उनके मन की स्मृति और अनुभूति थी। उनकी जिह्वा हिन्दी के रस से ही तृप्त होती थी। उनकी हड्डियों के लिए हिन्दी ही मज्जा थी। उनके रक्त-विन्दुओं की लाली थी हिन्दी। उनकी घ्राणेन्द्रिय के लिए वासन्ती सुगन्ध थी हिन्दी। उनकी श्रवणेन्द्रिय के लिए सरस संगीत-लहरी थी हिन्दी। हिन्दी ही उनके रोम-रोम में रमी हुई थी।

उनकी कल्पना में हिन्दी का जो उज्ज्वल भविष्य था उसको वह अपने जीवनकाल में प्रत्यक्ष न देख सके। हिन्दी के लिए वह जैसे रंगीन सपने देखा करते थे, वैसे सपनों को भी साकार होते न देख पाए। मरते दम तक उनके कलेजे पर हिन्दी की उपेक्षा की चोट बजरती-घहरती रही। अन्तिम क्षणों में भी उनके प्राण शान्ति का अनुभव न कर सके। हिन्दीवालों को अपने सर्वश्रेष्ठ नेता की ऐसी कारुणिक विवशता कभी भूल नहीं सकती। स्वाभाविक मृत्यु तो इस मर्त्यलोक का सहज धर्म ही है; किन्तु मर्मघाती यन्त्रणा से व्यग्र रहकर घुलते-घुलते मरना बड़ा हृदयवेधी होता है। इसीलिए हम हिन्दीवालों को किसी तरह धीरज नहीं बँधता।

टण्डनजी भारत-राष्ट्र के स्वतन्त्रता-संग्राम के एक प्रमुख सेनानी थे। उन्हें अपनी लेखनी से हिन्दी की विशेष सेवा करने का अवसर नहीं मिल पाया, पर अपनी वाणी से उन्होंने हिन्दी की अपूर्व सेवा की। अखिल-भारतीय हिन्दी-साहित्य-सम्मेलन के वह सजग प्रहरी थे। आप उन्हें उसका प्रतिपालक, पिता, सम्पोषक, संरक्षक अथवा संवर्द्धक, जो कुछ भी कहें, उनके लिए उपयुक्त होगा, फिर भी कम ही होगा। उन्होंने उसके माध्यम से हिन्दी-हितार्थ जो प्रचारात्मक और रचनात्मक कार्य किये-कराये हैं, वे ऐतिहासिक महत्त्व के हैं। यद्यपि 'मिश्रबन्धुविनोद' के अतिरिक्त हिन्दी के अन्यान्य साहित्यिक इतिहासों में उनकी स्पृहणीय हिन्दी-सेवा का यथोचित वर्णन नहीं पाया जाता—और 'विनोद' में भी साधारणतया उल्लेख-मात्र ही है—तथापि साहित्याकाश की दिव्योज्ज्वल नक्षत्र-पंक्तियों में यह अमर लेख अंकित रहेगा कि टण्डनजी ने हिन्दी-भाषा के कल्पवृक्ष को अपने शरीर के एक-एक रक्तविन्दु से सींचकर उसे पल्लवित, पुष्पित और फलित किया था। आज भी प्रत्येक सहृदय साहित्यिक व्यक्ति हिन्दी-हित-साधन में उनके आदर्श आत्मोत्सर्ग का स्मरण करके गर्व-गौरव का अनुभव करते हुए उनके त्यागमय जीवन के समक्ष नतमस्तक है। त्याग और तप की दृष्टि से वह हिन्दी-जगत् के महात्मा गांधी थे।

डॉ. दिवाकरप्रसाद विद्यार्थी
1913-1962

डॉक्टर दिवाकरप्रसाद विद्यार्थी अंग्रेजी भाषा के मर्मज्ञ और अंग्रेजी साहित्य के विशेषज्ञ तो थे ही, राष्ट्रभाषा हिन्दी के भी प्रतिभा-सम्पन्न कवि, कथाकार, निबन्धकार और आलोचक थे। नवयुग का सुप्रभात उनकी कविता-किरणों से उद्भासित हुआ। कथा-साहित्य का प्रवाह-क्षेत्र उनकी कहानियों की मनोवैज्ञानिक धारा से आप्लावित हुआ। उनके निबन्धों और उनकी आलोचनाओं में प्राच्य और पाश्चात्य साहित्य के तुलनात्मक अध्ययन की गहराई मिली। उनकी भाषा में गहन अनुभूतियों की मार्मिक अभिव्यंजना का कौशल पदे-पदे दिखाई पड़ा। उनके विचारों पर उनकी चिन्तनशीलता की छाप स्पष्ट झलकती रही। किन्तु कठिन-कठोर श्वासरोग से आक्रान्त रहने के कारण वह अपनी बहुमुखी प्रतिभा का मनोनुकूल सदुपयोग न कर सके। विधि-विधान विलक्षण है। जो अपने गम्भीर स्वाध्याय के फलस्वरूप हिन्दी-साहित्य को समृद्धिशाली बनाने में समर्थ था, वह महारोग का शिकार होकर विवश रह गया। वह केवल असाध्य रोग के ही शिकार न थे, घोर अन्याय के भी शिकार थे। रोग का प्रभाव तन पर था, अन्याय का मन पर। तन-मन दोनों पर अन्याय का सम्मिलित प्रभाव पड़ा। विचारवान् और समझदार के लिए मानसिक दंश की यन्त्रणा असह्य होती है। स्वाभिमान और स्वाधिकार पर लगी अप्रत्याशित ठेस अनुभूतिशील व्यक्ति के हृदय में रह-रहकर कसकती है। उसकी टीस में ग्लानि का विष मिल जाने से भयावह परिणाम होता है। 'सम्भावितस्य चाकीर्त्तिर्मरणादतिरिच्यते'। किन्तु उनकी सहिष्णुता अगाध थी। मर्मवेधी पीड़ा को भी अपनी स्वाभाविक मुसकानों में छिपा लेने की कला उन्हें मालूम थी। भले ही मुसकान के बाद उनका चेहरा विवर्ण हो जाए, पर बातचीत के प्रसंग में उनका दिल-दर्द लखाई नहीं पड़ता था। मानस और मस्तिष्क के मन्थन से उन्हें सन्तोष का अमृत उपलब्ध हो गया था। कभी वह अपनी कसक किसी को ताड़ने नहीं देना चाहते थे।

उनकी वास्तविक महत्ता उनके जीवनकाल में परखी न जा सकी। प्रायः महान व्यक्तियों के प्रति ऐसी ही भूल हुआ करती है। उनसे जो काम लिया जाना चाहिए था वह लिया न जा सका। देश और समाज ने उन्हें वैसी सुविधा नहीं दी। किसी अप्रतिम मेधावी की मेधाशक्ति का उपयुक्त उपयोग न हो सकना देश और समाज का दुर्भाग्य है। उनकी ज्ञानगरिमा का यथोचित उपयोग साहित्य-निर्माण में होना आवश्यक था। मुझे जब कभी उनके सत्संग का सुअवसर मिलता था, मैं बराबर उनसे अंग्रेजी में हिन्दी-साहित्य का इतिहास लिखने का अनुरोध किया करता था। वह भी इसकी आवश्यकता का अनुभव करते रहे। किन्तु कभी तो

मनःस्थिति ठीक न रही और कभी परिस्थिति प्रतिकूल हो गई। वह सोचते ही चले गए। आचार्य नलिनविलोचन शर्मा ने भी उनसे यह बात कही थी। शर्माजी का भी मत था कि कम-से-कम बिहार में एकमात्र विद्यार्थीजी ही इस काम को सफलता से पूरा कर सकते हैं। मैंने 'साहित्य' में भी यह बात लिखी थी। परन्तु ईश्वर की ऐसी इच्छा और कृपा न हुई कि यह काम यथार्थ अधिकारी व्यक्ति के हाथों सम्पन्न होता। यदि कोई इसे अतिशयोक्ति न समझे तो यह निर्द्वन्द्व भाव से कहा जा सकता है कि हिन्दी-संसार में जो दो-चार विशिष्ट विद्वान इस काम को अधिकारपूर्वक पूरा करने योग्य समझे जाते हैं उनमें विद्यार्थीजी का स्थान सर्वोपरि था।

जब मैं बिहार-राष्ट्रभाषा-परिषद् की सेवा में था, आरम्भ में वह भी उसके मान्य सदस्य थे। उन्हें अंग्रेजी के एक प्रसिद्ध ग्रन्थ के हिन्दी-अनुवाद का भार सौंपा गया था, पर उनकी विद्वत्ता और साहित्य-सेवा की साध को अनवरत अस्वस्थता ने सफल न होने दिया। इसका विषाद उनके मन पर भी छाया रहता था। हमारे समाज में असाधारण प्रज्ञा के विद्वानों से साक्षात्कार द्वारा लाभ उठाने की प्रवृत्ति बहुत कम दीख पड़ती है। लोकप्रिय पत्र-पत्रिकाओं के सम्पादकों और जन-सम्पर्क में रहनेवाले पत्रकारों का भी ध्यान साहित्यिक मनीषियों की ओर विशेष उन्मुख नहीं है, जिसका नतीजा साहित्य के हित में बड़ा हानिकारक हो रहा है। विद्यार्थीजी अपने लंदन-प्रवास के अनुभव सुनाते हुए कहते थे कि विदेशों के पत्रकार अपने मूर्धन्य साहित्यकारों के ज्ञानकोष का प्रसाद जनता में वितरित करने की कला खूब जानते हैं। किन्तु अब ये बातें निरर्थक और निस्सार हैं। विद्यार्थीजी की प्रतिभा के जो प्रसून हिंदी को प्राप्त हो चुके हैं उन्हीं से उसका साहित्योद्यान चिरकाल तक सुरभित और सुशोभित रहेगा। उनके समान आदर्श मित्रवत्सल का सौहार्द ही अब उनके इष्टमित्रों के हृदयों में सँजोया हुआ मूलधन है।

■ ■ ■